KB214822

BIBLE in Hand 교양인을 위한 성경

신약 | 로마서 · 고린도전후서 · 갈라디아서

벼랑 끝 인생에게 주는
생존방정식

해제 **권연경**

넘이다
프로젝트

해제 **권연경** | 숭실대학교 기독교학과 교수

서울대학교 영어영문학과를 졸업하고, 풀러신학교(M.Div.)와
예일대학교 신학부(S.T.M.)를 거쳐 런던대학교 킹스칼리지에서
박사학위(Ph.D.)를 받았다. 현재 숭실대학교 기독교학과 교수로 재직하고 있으며,
기독연구원 느헤미야 연구위원을 맡고 있다. 지은 책으로는 〈위선〉(IVP),
〈로마서 산책〉〈갈라디아서 산책〉(복있는사람),
〈행위 없는 구원?〉〈네가 읽는 것을 깨닫느뇨?〉(이상 SFC출판부),
〈갈라디아서 어떻게 읽을 것인가〉(성서유니온),
〈로마서 13장 다시 읽기〉(뉴스앤조이) 등이 있으며, 〈일상, 부활을 살다〉(복있는사람),
〈IVP 성경신학사전〉〈예수의 정치학〉(이상 IVP, 공역),
〈기독교와 문학〉(크리스천다이제스트) 등을 우리말로 옮겼다.

신약 | 로마서·고린도전후서·갈라디아서

벼랑 끝 인생에게 주는
생존방정식

믿음에 관심이 있거나 새로 예수를 믿게 된 사람들이 성경을
읽어야 하는데, 이때 전권을 주고 읽으라고 하면 질려서 잘 읽
지를 못한다. 이런 사람들에게 이 책을 권하면 좋을 것 같다.
새번역을 사용하고 있고, 읽으면서 생길 수 있는 질문에 답을
주는 짧은 주석이 붙어 있어서 재미있게 읽을 수 있기 때문이
다. 이 낱권 성경책은 특별히 비신자 전도에 집중하는 가정교
회에서 잘 활용할 수 있을 것이다. 처음 성경을 접하는 분들이
성경을 쉽게 이해하고, 성경 읽는 데 자신감이 생길 것이다.

_ **최영기** | 휴스턴서울교회 은퇴목사, 국제가정교회사역원 초대원장

베스트셀러를 주로 읽는 요즘 사람들은 정작 인류 최고의 베
스트셀러인 성경에는 무지하다. 일반인들이 성경을 읽으려면
먼저 성경은 종교적 경전의 모양새에서 벗어나야 한다. 이 책
은 바로 그런 목적으로 출간되었다. 이제 종교적인 편견을 버
리고 성경을 읽고, 세계 시민에 걸맞은 교양을 가져보자.

_ **방선기** | 일터개발원 이사장

거룩할 '성'과 날 '경' 자로 구성된 성경(聖經)은 우리 삶이 혼돈의 심연으로 빠져들지 않도록 지켜주는 수직의 중심이다. 사람들이 성경에는 오류가 없어야 한다고 믿는 것은 그 때문이다. 성경을 읽다가 모순되는 지점을 발견하는 순간 경건한 사람들은 마치 연모하던 이의 비밀스러운 모습을 본 것처럼 민망해한다. 기독교에 대해 반감을 가진 이들은 '잘코사니!' 하면서 공격의 빌미를 삼는다. 민망해할 것도 없고, 쾌재를 부를 것도 없다. 김근주 교수와 권연경 교수의 안내를 받아 성경 속을 거닐다 보면 그 모순 속에 담긴 삶의 심오함에 가 닿을 것이다. 교회 밖의 사람들은 물론이고 기독교인에게도 이 책은 좋은 길잡이가 되어주리라 믿는다.

_ 김기석 | 청파교회 담임목사

01

이 책에 사용된 한글 번역본은 대한성서공회의 허락을 받아
〈성경전서 새번역〉(2001년)을 사용했습니다.

기독교 성서를 번역, 출판, 반포하는 대한성서공회는 〈성경전
서 새번역〉에 대해 "원문의 뜻을 우리말 독자들이 이해할 수
있도록 정확하게 번역하고, 쉬운 현대어로, 우리말 어법에 맞
게, 한국교회에서 사용할 수 있도록 번역된 성경"이며, "번역
이 명확하지 못했던 본문과 의미 전달이 미흡한 본문은 뜻이
잘 전달되도록 고쳤다. 할 수 있는 대로 번역어투를 없애고,
뜻을 우리말로 표현하려고 노력했다. 그러나 신학적으로 중요
한 본문에서는 원문을 그대로 반영하려고 노력했다. 대화문에
서는 현대 우리말 존대법을 적용했다"고 밝히고 있습니다.

02

성경 본문 하단은 성경을 읽으면서 생기는 궁금한 내용에 대해
질문과 해제 형식으로 담아냈습니다. 질문은 편집부에서 만들
고, 해제는 구약성경은 김근주 교수(기독연구원 느헤미야), 신
약성경은 권연경 교수(숭실대 기독교학과)가 맡았습니다.

성경 본문입니다.

장을 말합니다.

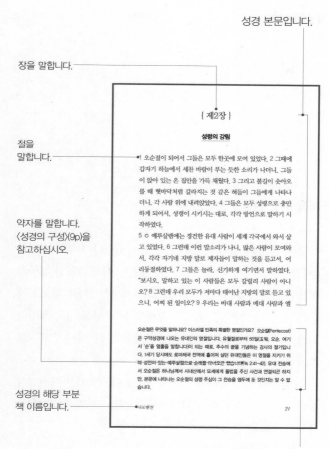

{ 제2장 }

성령의 강림

절을
말합니다.

1 오순절이 되어서 그들은 모두 한곳에 모여 있었다. 2 그때에 갑자기 하늘에서 세찬 바람이 부는 듯한 소리가 나더니, 그들이 앉아 있는 온 집안을 가득 채웠다. 3 그리고 불길이 솟아오를 때 혓바닥처럼 갈라지는 것 같은 혀들이 그들에게 나타나더니, 각 사람 위에 내려앉았다. 4 그들은 모두 성령으로 충만하게 되어서, 성령이 시키시는 대로, 각각 방언으로 말하기 시작하였다.

약자를 말합니다.
〈성경의 구성〉(9p)을
참고하십시오.

5 ○ 예루살렘에는 경건한 유대 사람이 세계 각국에서 와서 살고 있었다. 6 그런데 이런 말소리가 나니, 많은 사람이 모여와서, 각각 자기네 지방 말로 제자들이 말하는 것을 듣고서, 어리둥절하였다. 7 그들은 놀라, 신기하게 여기면서 말하였다. "보시오. 말하고 있는 이 사람들은 모두 갈릴리 사람이 아니오? 8 그런데 우리 모두가 저마다 태어난 지방의 말로 듣고 있으니, 어찌 된 일이오? 9 우리는 바대 사람과 메대 사람과 엘

오순절은 무엇을 말하나요? 이스라엘 민족의 특별한 명절인가요? 오순절(Pentecost)은 구약성경에 나오는 유대인의 명절입니다. 유월절로부터 50일(五旬, 오순. 여기서 '순'을 엿흘을 말합니다)이 되는 때로, 추수의 끝을 기념하는 감사의 절기입니다. 1세기 당시에도 로마제국 전역에 흩어져 살던 유대인들은 이 명절을 지키기 위해 성전이 있는 예루살렘으로 순례를 다녀오곤 했습니다(눅 2:41-42). 유대 전승에 서 오순절은 하나님께서 시내산에서 모세에게 율법을 주신 사건과 연결되곤 하지만, 본문에 나타나는 오순절의 성령 주심이 그 전승을 염두에 둔 것인지는 알 수 없습니다.

성경의 해당 부분
책 이름입니다.

●사도행전

21

질문과 해제입니다.

7

성경, 구약 39권 + 신약 27권

성경은 한 권의 책이 아닙니다. 기원전 1천 년 전부터 기원후 2세기에 이르기까지 아주 긴 시간 동안 쓰여진 다양한 책들의 묶음입니다. 성경은 66권의 책으로 구성되어 있습니다. 그 책들은 저자도, 내용도, 형식도, 분량도 모두 다릅니다. 성경은 크게 구약과 신약으로 구분되며, 구약은 39권, 신약은 27권으로 구성되어 있습니다.

또 성경에는 여러 종류의 번역판이 있는데, 이 책은 대한성서공회가 최근에 번역해 출간한 〈성경전서 새번역〉(2001년)을 채택하고 있습니다.

성경의 구성

구약

율법서 { 창세기(창) 출애굽기(출) 레위기(레) 민수기(민) 신명기(신)

역사서 ⌈ 여호수아기(수) 사사기(삿) 룻기(룻) 사무엘기상(삼상)
├ 사무엘기하(삼하) 열왕기상(왕상) 열왕기하(왕하) 역대지상(대상)
└ 역대지하(대하) 에스라기(라) 느헤미야기(느) 에스더기(더)

시가서 { 욥기(욥) 시편(시) 잠언(잠) 전도서(전) 아가(아)

대선지서 ⌈ 이사야서(사) 예레미야서(렘) 예레미야 애가(애) 에스겔서(겔)
└ 다니엘서(단)

소선지서 ⌈ 호세아서(호) 요엘서(욜) 아모스서(암) 오바댜서(옵) 요나서(욘)
├ 미가서(미) 나훔서(나) 하박국서(합) 스바냐서(습) 학개서(학)
└ 스가랴서(슥) 말라기서(말)

신약

복음서 { 마태복음서(마) 마가복음서(막) 누가복음서(눅) 요한복음서(요)

역사서 { 사도행전(행)

바울서신 ⌈ 로마서(롬) 고린도전서(고전) 고린도후서(고후)
├ 갈라디아서(갈) 에베소서(엡) 빌립보서(빌) 골로새서(골)
├ 데살로니가전서(살전) 데살로니가후서(살후)
└ 디모데전서(딤전) 디모데후서(딤후) 디도서(딛) 빌레몬서(몬)

공동서신 ⌈ 히브리서(히) 야고보서(약) 베드로전서(벧전) 베드로후서(벧후)
└ 요한1서(요일) 요한2서(요이) 요한3서(요삼) 유다서(유)

예언서 { 요한계시록(계)

※괄호 안은 각 책을 줄여서 표기할 때 쓰는 약자입니다.

로마서

Romans

복음을
가장 짧게
집대성한
편지

항간의 오해와 달리, 바울은
결코 순종이 없는 구원을 말하지 않습니다.
하나님께서는 사람의 행위를 살피는 분이며,
우리는 늘 창조주 앞에서 책임을 지는 존재입니다.
복음은 이 근본적인 '언약' 관계를 회복합니다.
그래서 바울은 하나님의 차별 없는 부르심 속에서
어떻게 신자들이 예수 그리스도를 통해
죄의 통치로부터 벗어나 은혜의 통치로 들어가는지,
그리하여 어떻게 죽음을 향한 죄의 여정에서
순종을 통한 영생의 길로 갈아타는지를 보여줍니다.

신약성경은 예수님의 행적에 관한 4개의 복음서로 시작하고, 사도들의 행적을 따라 교회의 탄생과 확장 과정을 추적한 사도행전이 뒤를 잇습니다. 그다음 초대교회를 배경으로 한 사도들의 편지가 '서'(書)라는 이름으로 등장합니다. '서신'(書信)이라는 말을 줄인 것입니다.

그중 가장 많은 것이 사도 바울의 편지입니다. 모두 13개인데, 편지를 받는 지역이나 개인을 두고 이름을 붙였습니다. 가장 먼저 나오는 로마서는 '로마 사람들에게 보내는 편지'(Letter to the Romans)의 줄임말입니다(일반서신 혹은 공동서신이라 불리는 다른 사도들의 편지는 '야고보서'나 '베드로전서'처럼 저자의 이름으로 제목을 붙였습니다).

일목요연하게 정리된 복음

사실 로마서는 세계 역사를 움직인 가장 중요한 문서 중 하나입니다. 서구 역사의 중심에 기독교가 있고, 기독교 교리의 중심에 사도 바울의 사상이 있습니다. 그리고 그 사상의 뼈대가 로마서입니다. 여기에는 그럴 만한 이유가 있습니다. 편지라는 장르 자체가 특정 상황에 좌우되기 마련이고, 이는 바울의 편지들도 마찬가지입니다. 그런데 유독 로마서에는 바울이 전파했던 복음이 매우 일목요연하게 정리되어 있습니다.

예수 그리스도를 통한 구원 이야기가 1-8장까지 이어지고,

9–11장에는 이스라엘과 관련된 긴 논의가 나옵니다. 그리고 12–15장에는 공동체를 향한 실천적 가르침이 깔끔한 형태로 정리되어 등장합니다. 사람들에게 복음을 제대로 가르치려고 작성한 글이라고 해도 별로 이상하지 않습니다. 실제로 16세기 멜란히톤 같은 사상가는 로마서를 '기독교 교리 지침서'라고 부르기도 했습니다. 지금도 로마서는 신약성경 중에서 단연 최고의 인기를 자랑합니다.

하지만 로마서 역시 편지인지라 나름의 사연이 있습니다. 당시 로마제국 동쪽 선교를 마무리했다고 느낀 바울은 스페인을 중심으로 한 서쪽의 선교를 계획합니다. 하지만 여기는 더 낯선 곳이어서 선교를 위한 일종의 거점이 필요했습니다. 바울은 그 역할을 로마의 교회에 기대했습니다. 하지만 로마교회는 바울이 세운 공동체가 아니었습니다. 사적인 지인은 많았지만, 공식적인 관계는 없었습니다. 게다가 이방 선교의 첨병인 바울에 대한 오해가 적지 않아, 무턱대고 방문해서 지원을 요청하기는 어려웠습니다.

로마서는 바로 이런 상황에서 기록된 일종의 자기소개입니다. 바울은 이방인의 사도로서 자신의 역할과 복음을 상세히 설명하고 유대인의 위상과 관련된 오해를 해명함으로써, 호의적 관계를 맺고 선교를 위한 실질적인 도움을 받고자 했습니다. 결론에 해당하는 15장 14절 이후, 그리고 편지의 시작 부분에 이런 정황이 잘 드러나 있습니다.

모든 믿는 사람을 구원에 이르게 하는 하나님의 능력

로마서에서 바울은 자신의 복음을 "모든 믿는 사람을 구원에 이르게 하는 하나님의 능력"으로 요약합니다. 당시 상황에서 '모든' 사람이란 특별히 '유대인뿐 아니라 이방인 또한'을 의미합니다. 기독교 교회가 최초의 유대인 공동체에서 모든 민족의 공동체로 변모하는 과정에서 유대인 신자들은 이방인 신자들에게 배타적인 태도를 보이는데, '모든'이라는 단어에는 바로 이러한 유대인 신자들의 배타주의를 극복하려는 신학적인 노력이 담겨 있습니다.

바울은 선민적 자부심과 실제 불순종 사이의 괴리를 지적하며, 유대인이나 이방인 '모두' 하나님의 심판 아래 있음을 보여줍니다. 동시에 구원이 외면적 조건이나 표지가 아니라 예수 그리스도의 희생에 토대를 둔 믿음에 달려 있음을 지적하면서 그 구원의 '차별 없음'과 '개방성'을 역설합니다. 이것이 1-4장까지의 핵심 논지입니다.

이러한 거침없는 개방성의 배후에는 복음 속에 '죽은 자를 살리시는 하나님'의 '능력'이 놓여 있습니다. 아브라함이 처음 보여주었던 이 신앙은 "예수 그리스도를 죽은 자 가운데서 살리신" 하나님을 믿는 신자들에게 이어집니다. 항간의 오해와 달리, 바울은 결코 순종이 없는 구원을 말하지 않습니다. 하나님께서는 사람의 행위를 살피는 분이며, 우리는 늘 창조주 앞에서 책

이야기체로 된 복음서나 사도행전과 달리 로마서는 대부분 논증(discourse)입니다. 분명한 논지가 있고, 이를 만들어내는 논리적 흐름이 있습니다. 그래서 논리적 접속사가 많이 나옵니다. 로마서를 '읽는다'는 것은 이 논증을 따라가며 논지를 파악하는 것입니다. 바울서신 읽기가 더 까다로운 이유이기도 합니다. 하지만 이해하는 만큼 더 큰 유익이 있습니다. 단편적이고 피상적인 사고에서 벗어나, 바울이 선포하는 복음의 세계 자체로 들어갈 수 있기 때문입니다. "무슨 말을 하려는 것일까?" 하는 물음과 더불어, 바울의 복음을 더욱 신선하게 경험하는 읽기가 되기를 바랍니다.

임을 지는 존재입니다. 복음은 이 근본적인 '언약' 관계를 회복합니다. 그래서 바울은 하나님의 차별 없는 부르심 속에서 어떻게 신자들이 예수 그리스도를 통해 죄의 통치로부터 벗어나 은혜의 통치로 들어가는지, 그리하여 어떻게 죽음을 향한 죄의 여정에서 순종을 통한 영생의 길로 갈아타는지를 보여줍니다. 바울은 현재 신자들이 고난의 시간을 인내하며 미래 구원의 희망을 이어간다고 말합니다. 이 힘겨운 여정을 지키는 것은 십자가에서 증명된 하나님의 사랑입니다. 예수 그리스도와 성령 또한 신자들의 고통을 공유하며 그들을 위해 기도하십니다. 바울은 이 확신 속에서 구원을 향한 걸음을 멈추지 말라고 신자들을 독려합니다. 이것이 5-8장에 이르는 긴 논증의 주제입니다. 12-15장의 다양한 권고들은 이런 삶의 면모를 구체적인 상황 속에서 그려냅니다.

바울이 선포하는 복음의 핵심 바로 알기

당시 교회에서 가장 어려운 물음 중 하나가 이스라엘의 위상입니다. 선민 유대인의 불신앙 자체도 당혹스럽고, 언약과 무관했던 이방인들의 유입 역시 해명되어야 할 새로운 상황입니다. 바울은 이런 현실을 다각도로 조명하면서, 이스라엘을 선택한 하나님의 신실하심을 재확인하고, 모든 사람을 구원으로 초대하는 그분의 자비를 드러냅니다. 또한 이를 통해 유대인들에 대한 역차별의 위험을 경고하기도 합니다.

이야기체로 된 복음서나 사도행전과 달리 로마서는 대부분 '논증'(discourse)입니다. 분명한 논지가 있고, 이를 만들어내는 논리적 흐름이 있습니다. 그래서 논리적 접속사가 많이 나옵니다. 로마서를 '읽는다'는 것은 이 논증을 따라가며 논지를 파악하는 것입니다. 바울서신 읽기가 더 까다로운 이유이기도 합니다. 하지만 이해하는 만큼 더 큰 유익이 있습니다. 단편적이고 피상적인 사고에서 벗어나, 바울이 선포하는 복음의 세계 자체로 들어갈 수 있기 때문입니다. "무슨 말을 하려는 것일까?" 하는 물음과 더불어, 바울의 복음을 더욱 신선하게 경험하는 읽기가 되기를 바랍니다.

{ 제1장 }

인사

1 그리스도 예수의 종인 나 바울은 부르심을 받아 사도가 되었습니다. 나는 하나님의 복음을 전하기 위하여 따로 세우심을 받았습니다. 2 이 복음은 하나님께서 예언자들을 통하여 성경에 미리 약속하신 것으로 3 그의 아들을 두고 하신 말씀입니다. 이 아들은, 육신으로는 다윗의 후손으로 태어나셨으며, 4 성령으로는 죽은 사람들 가운데서 부활하심으로 나타내신 권능으로 하나님의 아들로 확정되신 분이십니다. 그는 곧 우리 주 예수 그리스도이십니다. 5 우리는 그를 통하여 은혜를 입어 사도의 직분을 받았습니다. 그것은 우리가 그 이름을 전하여 모든 민족이 믿고 순종하게 하려는 것입니다. 6 여러분도 그들 가운데 들어 있어서, 예수 그리스도의 부르심을 받은 사람이 되었습니다.

바울은 어떤 인물이며, '사도'는 어떤 사람을 말하는 건가요? 바울은 원래 열정적인 유대교 신자였습니다. 유대인은 하나님께서 선택하신 백성이기에, 바울 역시 '조상들의 전통'에 기초한 유대인의 정체성을 지키는 것이 신앙의 핵심이라 믿었습니다. 그래서 그 정체성을 훼손하는 주범으로 보였던 예수 공동체, 곧 교회를 박해하는 데 앞장섰습니다. 그러다 부활하신 예수님을 만나는 환상과 더불어 극적 '회심'을 경험합니다. 그에게 이 회심은 '사도'가 되라는 부르심이기도 했습니다. '파송된 사람'을 뜻하는 '사도'(使徒, apostle)는 특별한 의미로 예수님의 열두 제자들을 가리키는데, 바울은 자신도 이 그룹과 동등한 역할을 맡았다고 믿었습니다. 다른 사도들이 유대인들을 중심으로 복음을 전한 것처럼, 자신은 비유대인에게 예수 그리스도를 전파하는 사람, 곧 '이방인의 사도'로 부르심을 받았다는 확신입니다(롬 1:1-5; 11:13; 갈 1:1, 15-16).

7 ㅇ 나는 로마에 있는 모든 신도에게 이 편지를 씁니다. 하나님께서 여러분을 사랑하셔서, 그의 거룩한 백성으로 부르셨습니다. 하나님 우리 아버지와 주 예수 그리스도께서 내려주시는 은혜와 평화가 여러분에게 있기를 빕니다.

바울의 로마 방문 계획

8 ㅇ 나는 먼저 여러분 모두의 일로, 예수 그리스도를 통하여 나의 하나님께 감사를 드립니다. 그것은 여러분의 믿음에 대한 소문이 온 세상에 퍼지고 있기 때문입니다. 9 하나님은, 내가 그 아들의 복음을 전하는 일로 충심으로 섬기는 분이시기에, 내 마음속을 알고 계십니다. 나는 기도할 때마다, 언제나 여러분을 생각하며, 10 어떻게 해서든지 하나님의 뜻으로 여러분에게로 갈 수 있는 좋은 길이 열리기를 간구하고 있습니다. 11 내가 여러분을 간절히 보고 싶어 하는 것은, 여러분에게

바울이 로마에 간절히 가고 싶어 했던 이유는 무엇이며, 왜 쉽게 가지 못했나요?
바울은 로마의 그리스도인들과 친분을 맺고 그들과 한동안 교제를 나누고자 했습니다. 또 제국의 중심지인 로마에서 복음을 전하려는 의도도 있었던 것으로 보입니다. 하지만 그가 마음에 둔 선교의 최종 목적지는 아직 복음이 전파되지 않은 스페인이었습니다. 현재의 터키에서 태어나 헬라어를 모국어로 사용했던 바울로서는 라틴어가 주로 쓰이고 문화도 생소한 스페인 선교가 만만치 않았을 겁니다. 그래서 그는 먼저 로마로 가서 그곳 신자들로부터 필요한 도움을 받고자 했습니다. 하지만 로마의 교회 공동체는 바울이 설립한 교회가 아닌 데다가 그의 신학을 오해하는 이들도 있어 조심스러웠습니다. 그래서 그는 먼저 편지를 보내 자신의 선교와 복음을 상세히 설명하고, 자신의 방문 의사를 미리 알리고자 했습니다. 이것이 로마서입니다. 일종의 소개 편지이자, 선교 후원을 요청하는 편지입니다. 이런 상황 덕분에 우리는 바울이 전하는 복음의 전모를 어느 편지에서보다 더욱 자세하게 배울 수 있습니다.

신령한 은사를 좀 나누어주어, 여러분을 굳세게 하려고 하는 것입니다. 12 이것은, 내가 여러분과 함께 지내면서, 여러분과 내가 서로의 믿음으로 서로 격려를 받고자 하는 것입니다. 13 형제자매 여러분, 여러분은 이것을 아시기 바랍니다. 나는 여러분에게 가려고 여러 번 마음을 먹었으나, 지금까지 길이 막혀서 뜻을 이루지 못하였습니다. 나는 다른 이방 사람들 가운데서도 열매를 거둔 것과 같이, 여러분 가운데서도 그것을 좀 거두려고 했던 것입니다. 14 나는 그리스 사람에게나 미개한 사람에게나, 지혜가 있는 사람에게나 어리석은 사람에게나, 다 빚을 진 사람입니다. 15 그러므로 나의 간절한 소원은, 로마에 있는 여러분에게도 복음을 전하는 일입니다.

복음의 능력

16 ○ 나는 복음을 부끄러워하지 않습니다. 이 복음은 유대 사람을 비롯하여 그리스 사람에게 이르기까지, 모든 믿는 사람

바울은 자신을 '빚을 진 사람'(14절)이라고 표현했는데, 여기서 빚은 무슨 의미인가요? 비유적 표현으로 "빚을 졌다"는 말은 무언가를 해야 할 "의무가 있다"는 뜻입니다. 모든 이방인들에게 복음을 전할 책임을 맡았다는 점에서 그들에게 '빚진 사람'이라고 말한 것입니다. 물론 보다 사적인 의미를 부여할 수도 있습니다. 교회를 박해하던 바울이 예수님을 만나고 구원의 공동체 안으로 들어온 것은 그를 이방인의 사도로 삼겠다는 하나님의 계획 때문이었습니다. 이방인들에게 복음을 전하기 위해 바울을 회심하게 하고 사도로 삼으신 것입니다. 이렇게 보면, 그의 구원과 부르심 자체가 이방인들 때문에 생겨난 일이라 할 수 있습니다. 바울은 이런 정황을 생각하면서 자신이 모든 이방인들에게 '빚진 사람'이라고 말했을 수도 있습니다. 물론 이는 '빚을 진 사람'이라는 표현 자체가 아니라, 바울이 겪은 특수한 상황에서 비롯된 생각입니다.

을 구원하는 하나님의 능력입니다. 17 하나님의 의가 복음 속에 나타납니다. 이 일은 오로지 믿음에 근거하여 일어납니다. 이것은 성경에 기록한바 "의인은 믿음으로 살 것이다" 한 것과 같습니다.

사람이 짓는 갖가지 죄

18 ○ 하나님의 진노가, 불의한 행동으로 진리를 가로막는 사람의 온갖 불경건함과 불의함을 겨냥하여, 하늘로부터 나타납니다. 19 하나님을 알 만한 일이 사람에게 환히 드러나 있습니다. 하나님께서 그것을 환히 드러내주셨습니다. 20 이 세상 창조 때로부터, 하나님의 보이지 않는 속성, 곧 그분의 영원하신 능력과 신성은, 사람이 그 지으신 만물을 보고서 깨닫게 되어 있습니다. 그러므로 사람들은 핑계를 댈 수가 없습니다. 21 사람들은 하나님을 알면서도, 하나님을 하나님으로 영화롭게 해 드리거나 감사를 드리기는커녕, 오히려 생각이 허망해져서,

만물을 보면 하나님의 능력과 신성을 알 수 있다(20절)고 하는데, 그것은 무슨 뜻인 가요? 모든 것이 하나님의 창조물이라면, 그 속에 만드신 분의 속성이 깃드는 것은 당연합니다. 우리가 창조주와 참된 관계 안에서 살며 맑은 눈으로 세상을 보았다면, 하나님께서 만드신 것들 속에서도 그분의 음성을 들었을 것입니다(시 19편). 하지만 사람은 창조주를 경배하는 삶을 거부하고, 스스로 지혜로운 존재, 곧 자기만의 존재가 되고자 했습니다. 만들어진 존재라는 '진실'을 왜곡하고, 스스로 독자적 존재가 되려는 무모한 독립선언이 죄의 본질입니다. 만들어진 존재라는 진실을 외면하고, 스스로 신이 되고자 하는 왜곡된 열망에서부터 모든 정신적 타락과 혼란이 생겨납니다. 욕망에 비틀린 눈길로는 하나님을 발견할 수 없습니다. 바울은 이런 '어둠'을 죄의 결과로 설명합니다. 그 결과는 원하던 지혜가 아니라 사유의 비틀림이며, 완벽한 자유가 아니라 더 나쁜 종류의 종속입니다.

그들의 지각없는 마음이 어두워졌습니다. 22 사람들은 스스로 지혜가 있다고 주장하지만, 실상은 어리석은 사람이 되었습니다. 23 그들은 썩지 않는 하나님의 영광을, 썩어 없어질 사람이나 새나 네 발 짐승이나 기어 다니는 동물의 형상으로 바꾸어놓았습니다.

24 ○ 그러므로 하나님께서는, 사람들이 마음의 욕정대로 하도록 더러움에 그대로 내버려두시니, 서로의 몸을 욕되게 하였습니다. 25 사람들은 하나님의 진리를 거짓으로 바꾸고, 창조주 대신에 피조물을 숭배하고 섬겼습니다. 하나님은 영원히 찬송을 받으실 분이십니다. 아멘. 26 이런 까닭에, 하나님께서는 사람들을 부끄러운 정욕에 내버려두셨습니다. 여자들은 남자와의 바른 관계를 바르지 못한 관계로 바꾸고, 27 또한 남자들도 이와 같이, 여자와의 바른 관계를 버리고 서로 욕정에 불탔으며, 남자가 남자와 더불어 부끄러운 짓을 하게 되었습니다. 그래서 그들은 그 잘못에 마땅한 대가를 스스로 받았습니다. 28 사람들이 하나님을 인정하기를 싫어하므로, 하나님께

욕정, 동성애, 불의, 악행, 탐욕, 악의, 시기, 살의, 분쟁 등 온갖 나쁜 것들이 언급되어 있습니다. 이것이 당시 로마의 현실이었나요? 로마 시대가 도덕적으로 타락한 시대라 할 수 있지만, 사실 모든 시대가 다 마찬가지입니다. 인간의 이기적인 욕망이 표출되는 양상이나 '악'을 규정하는 구체적인 방식은 문화나 시대에 따라 달라질 수 있지만, 자기중심적 욕망이라는 본질은 다르지 않습니다. 그래서 바울이 작성한 죄의 목록은 당시 사람들에게나 오늘 우리에게나 익숙합니다. 문화나 종교나 정치 등의 제도를 통해 욕망을 간접적으로 표출하게 되면서 "우리는 문명인"이라는 착각에 빠질 수 있지만, 이 역시 피상적 허위의식에 불과할 때가 많습니다. 오히려 고대인들이 우리를 본다면, 과학기술에 기댄 악의 적나라함과 파괴력에 놀랄 것입니다. 바울은 이기적 욕망에 의한 인간관계의 도덕적 왜곡은 근본적으로 하나님과의 관계 왜곡이라는 영적 타락의 불가피한 결과라 말합니다.

서는 사람들을 타락한 마음자리에 내버려두셔서, 해서는 안 될 일을 하도록 놓아두셨습니다. 29 사람들은 온갖 불의와 악행과 탐욕과 악의로 가득 차 있으며, 시기와 살의와 분쟁과 사기와 적의로 가득 차 있으며, 수군거리는 자요, 30 중상하는 자요, 하나님을 미워하는 자요, 불손한 자요, 오만한 자요, 자랑하는 자요, 악을 꾸미는 모략꾼이요, 부모를 거역하는 자요, 31 우매한 자요, 신의가 없는 자요, 무정한 자요, 무자비한 자입니다. 32 그들은, 이와 같은 일을 하는 자들은 죽어야 마땅하다는 하나님의 공정한 법도를 알면서도, 자기들만 이런 일을 하는 것이 아니라, 이런 일을 저지르는 사람을 두둔하기까지 합니다.

{ 제2장 }

하나님의 공정한 심판

1 그러므로 남을 심판하는 사람이여, 그대가 누구이든지, 죄가 없다고 변명할 수 없습니다. 그대는 남을 심판하는 일로 결국 자기를 정죄하는 셈입니다. 남을 심판하는 그대도 똑같은 일을 하고 있기 때문입니다. 2 하나님의 심판이 이런 일을 하는 사람들에게 공정하게 내린다는 것을 우리는 압니다. 3 이런 일을 하는 사람들을 심판하면서, 스스로 그런 일을 하는 사람이여, 그대는 하나님의 심판을 피할 수 있을 줄로 생각합니까? 4 아니면, 하나님께서 인자하심을 베푸셔서 그대를 인도하여 회개하게 하신다는 것을 알지 못하고, 오히려 하나님의 풍성하신 인자하심과 너그러우심과 오래 참으심을 업신여기는 것입니까? 5 그대는 완고하여 회개할 마음이 없으니, 하나

2장에 나오는 '심판'은 어떤 의미인가요? 바울은 하나님의 심판이 공정하다는 것을 전제로 이야기하고 있는데, 하나님은 정말 공정한 신인가요? 심판이란 하나님께서 사람의 삶을 판가름해 궁극적 운명에 처하게 한다는 신념입니다. 잘못에 응분한 '진노'를 내리시는 '진노의 날'(롬 2:5)입니다. 이 진노로부터 구출되는 것이 '구원'입니다(롬 5:9-10). 심판 사상은 하나님의 공평하심과 하나님에 대한 인간의 도덕적 책임을 전제로 합니다. 하나님께서는 각 사람에게 그가 행한 대로 심판해 갚아주실 것입니다. 선을 추구한 사람에게는 영원한 삶이, 악을 추구한 사람에게는 파멸이 주어집니다(롬 2:6-11; 갈 6:7-8). 하지만 오늘 우리의 삶은 종종 불공평하고, 이유 없는 불행도 잦습니다. 그래서 많은 이들은 '전능하고도 자애로운' 하나님을 믿기 어려워합니다. 반면 기독교는 불공평이라는 오늘의 현실을 하나님의 공정한 심판이라는 미래적 희망의 빛으로 바라봅니다. 그리고 인간의 고통에 공감하며 자기희생의 모습으로 찾아오시는 하나님, 곧 십자가와 부활의 하나님을 이야기합니다. 이것이 바울이 로마서에서 말하고자 하는 복음의 핵심입니다.

님의 공정한 심판이 나타날 진노의 날에 자기가 받을 진노를 스스로 쌓아 올리고 있는 것입니다. 6 하나님께서는 "각 사람에게 그가 한 대로 갚아주실 것입니다." 7 참으면서 선한 일을 하여 영광과 존귀와 불멸의 것을 구하는 사람에게는 영원한 생명을 주시고, 8 이기심에 사로잡혀서 진리를 거스르고 불의를 따르는 사람에게는 진노와 분노를 쏟으실 것입니다. 9 악한 일을 하는 모든 사람에게는, 먼저 유대 사람을 비롯하여 그리스 사람에게 이르기까지, 환난과 고통을 주실 것이요, 10 선한 일을 하는 모든 사람에게는, 먼저 유대 사람을 비롯하여 그리스 사람에게 이르기까지, 영광과 존귀와 평강을 내리실 것입니다. 11 하나님께서는 사람을 차별함이 없이 대하시기 때문입니다. 12 율법을 모르고 범죄한 사람은 율법과 상관없이 망할 것이요, 율법을 알고 범죄한 사람은 율법을 따라 심판을 받을 것입니다. 13 하나님 앞에서는 율법을 듣는 사람이 의로운 사람이 아닙니다. 오직 율법을 실천하는 사람이라야 의롭

6-11절 말씀을 요약하면 "착하게 살면 천국 가고, 나쁜 일을 하면 지옥 간다"는 말처럼 들립니다. 기독교는 정말 행위가 중요한 종교인가요? 정의로움에 대한 갈망의 표현인 권선징악은 기독교뿐 아니라 모든 인간의 심층에 깔린 근본적 신념입니다. 대부분의 동화는 나쁜 이들은 처벌받거나 회개하고, 착한 이들이 대접을 받는 행복한 결말로 마무리됩니다. 항간의 뿌리 깊은 오해와 달리, 기독교의 십자가 복음은 이 원리를 넘어서지 않습니다. 예수님의 대리적 죽음과 용서는 "아무렇게나 살아도 좋다"는 재가가 아니라, "이제는 책임 있게 살라"는 부르심입니다. 그래서 예수님의 죽음은 지은 죄를 면하는 용서이자 죄의 지배를 끊어내는 해방입니다(롬 8:1-4). 물론 회심한 이들의 삶에서도 '행한 대로 갚으시는' 원리는 그대로 적용됩니다(롬 2:6-11, 16). 언제나 누구에게나 악의 필연적 결과는 궁극적 죽음이며, 순종의 궁극적 결과는 영생입니다(롬 5:21; 6:15-23; 8:13; 갈 6:7-8). 바울은 이 두 삶을 '성령을 따르는 삶'과 '속된 욕망을 따르는 삶'으로 나눕니다(갈 6:7-8).

게 될 것이기 때문입니다. 14 율법을 가지지 않은 이방 사람이, 사람의 본성을 따라 율법이 명하는 바를 행하면, 그들은 율법을 가지고 있지 않아도, 자기 자신이 자기에게 율법입니다. 15 그런 사람은, 율법이 요구하는 일이 자기의 마음에 적혀 있음을 드러내 보입니다. 그들의 양심도 이 사실을 증언합니다. 그들의 생각들이 서로 고발하기도 하고, 변호하기도 합니다. 16 이런 일은, 내가 전하는 복음대로, 하나님께서 그리스도를 내세우셔서 사람들이 감추고 있는 비밀들을 심판하실 그날에 드러날 것입니다.

유대 사람과 율법

17 ○ 그런데, 그대가 유대 사람이라고 자처한다고 합시다. 그래서 그대는 율법을 의지하며, 하나님을 자랑하며, 18 율법의 가르침을 받아서 하나님의 뜻을 알고 가장 선한 일을 분간할

율법과 할례를 가진 유대 사람의 이중적인 모습을 신랄하게 지적합니다. 하나님의 백성이라는 유대인들도 일상에서는 보통 사람과 별 차이가 없었나요? 그것이 로마서 2~3장의 핵심 주장입니다. 바울의 대화 상대인 '유대인'은 스스로를 거룩한 사람, 곧 하나님의 백성이며 율법을 가진 자로 이해합니다. 혈통과 종교적 관행에 토대를 둔 이런 정체성은 스스로를 비유대인들, 곧 '이방인'과 구별하는 근거로 작용합니다. 물론 이 구별은 금세 실제적인 차별로 이어집니다. 바울은 이런 선민의식이 실제 삶의 거룩함으로 나타나지 않는다는 사실을 지적합니다. 유대인은 행위대로 심판하는 공평하신 하나님을 잘 알았습니다. 하지만 "우리는 다르다"는 생각이 강해질수록 내 현실의 모습을 보는 눈이 흐려집니다. 여기서 남다른 신앙과 남다를 것 없는 현실 사이의 괴리, 곧 위선이 생겨납니다. 이 위험은 유대인이든 기독교인이든, 하나님의 백성을 자처하는 모든 이들에게 마찬가지입니다. 바울은 당시 유대인의 이런 위선을 지적하며 혈통적, 종교적 차별성에 근거한 특권 의식의 공허함을 보여주고, 동시에 모든 사람을 향해 열린 은혜의 복음을 제시합니다.

줄 알며, 19 눈먼 사람의 길잡이요 어둠 속에 있는 사람의 빛이라고 생각하며, 20 지식과 진리가 율법에 구체화된 모습으로 들어 있다고 하면서, 스스로 어리석은 사람의 스승이요 어린아이의 교사로 확신한다고 합시다. 21 그렇다면 그대는 남은 가르치면서도, 왜 자기 자신은 가르치지 않습니까? 도둑질을 하지 말라고 설교하면서도, 왜 도둑질을 합니까? 22 간음을 하지 말라고 하면서도, 왜 간음을 합니까? 우상을 미워하면서도, 왜 신전의 물건을 훔칩니까? 23 율법을 자랑하면서도, 왜 율법을 어겨서 하나님을 욕되게 합니까? 24 성경에 기록한바 "너희 때문에 하나님의 이름이 이방 사람들 가운데서 모독을 받는다" 한 것과 같습니다. 25 율법을 지키면 할례를 받은 것이 유익하지만, 율법을 어기면 그대가 받은 할례는 할례를 받지 않은 것으로 되어버립니다. 26 그러므로 할례를 받지 않은 사람이 율법의 규정을 지키면, 그 사람은 할례를 받지 않았더라도 할례를 받은 것으로 여겨질 것이 아니겠습니까?

할례나 율법이 유대인을 규정하는 중요한 요소로 보이는데, 바울은 성령으로 마음에 받는 할례를 강조합니다. 이 말을 오늘의 우리에게도 적용할 수 있나요? 사람들 사이에서 내 정체성은 나와 남의 '다름'에 토대를 둡니다. 그런데 우리의 이기적인 욕망은 이런 자연스러운 '다름'을 금세 "나는 너보다 낫다"는 차별과 경쟁의 틀로 엮습니다. 유대인들은 할례 받은 아브라함의 후손이자 율법의 소유자인 자신을 '이방 죄인들'과 구별했고, 그들과 종교적, 문화적으로 거리를 두었습니다. 바울은 할례를 자랑하는 유대인 역시 실제 삶은 남다를 바 없다는 사실을 지적하며, 이런 외면적 차별성의 공허함을 폭로합니다. 하나님 앞에서 필요한 것은 순종을 이끌어내는 마음의 할례입니다. 혈통이나 율법의 소유는 '남달라 보이게' 할 수는 있지만, 내 마음과 삶을 바꾸지는 못합니다. 이는 성령, 곧 '생명의 영'을 통해 이루어집니다. 이 생명은 사람이 아닌 하나님으로부터 오는 선물입니다. 바울은 예수님의 십자가와 부활을 통해 하나님께서 새로운 생명으로 우리를 부르신다고 선포합니다.

27 그리고 본래 할례를 받지 않았더라도 율법을 온전히 지키는 사람이, 율법의 조문을 가지고 있고 할례를 받았으면서도 율법을 범하는 사람인 그대를 정죄할 것입니다. 28 겉모양으로 유대 사람이라고 해서 유대 사람이 아니요, 겉모양으로 살갗에 할례를 받았다고 해서 할례가 아닙니다. 29 오히려 속사람으로 유대 사람인 이가 유대 사람이며, 율법의 조문을 따라서 받는 할례가 아니라 성령으로 마음에 받는 할례가 참 할례입니다. 이런 사람은, 사람에게서가 아니라, 하나님에게서 칭찬을 받습니다.

{ 제3장 }

1 그러면 유대 사람의 특권은 무엇이며, 할례의 이로움은 무엇입니까? 2 모든 면에서 많이 있습니다. 첫째는, 그들이 하나님의 말씀을 맡았다는 것입니다. 3 그런데 그들 가운데서 얼마가 신실하지 못했다고 해서 무슨 일이라도 일어납니까? 그들이 신실하지 못했다고 해서, 하나님의 신실하심이 없어지겠습니까? 4 그럴 수 없습니다. 사람은 다 거짓말쟁이이지만, 하나님은 참되십니다. 성경에 기록한바 "주님께서는 말씀하실 때에 의로우시다 인정을 받으시고 재판을 받으실 때에 주님께서 이기시려는 것입니다" 한 것과 같습니다. 5 그런데 우리의 불의가 하나님의 의를 드러나게 한다면, 무엇이라고 말하겠습니까? 우리에게 진노를 내리시는 하나님이 불의하시다는 말입니까? (이것은 사람들이 말하는 방식으로 내가 말해본 것입니다.) 6 절대로 그럴 수 없습니다. 만일 그렇다면 하나님께서 어떻게 세상을 심판하실 수 있겠습니까? 7 다

"하나님의 말씀을 맡았다"(2절)는 말은 무슨 뜻인가요? 하나님의 말씀은 율법, 곧 이스라엘 백성이 시내산에서 하나님과 언약을 체결하면서 받은 '모세 율법'입니다. "맡았다"는 것은 "위임을 받았다"는 뜻입니다. 이스라엘에게는 이 말씀, 곧 율법이 하나님의 백성이라는 정체성의 토대이자 하나님을 섬기는 삶의 지침이었습니다. 하나님께서는 유대인들에게 그분의 뜻을 구체적인 계명으로 기록한 율법을 맡기셨습니다. 따라서 유대인은 하나님께 순종하는 삶을 사는 데 다른 민족보다 훨씬 더 유리한 입장이었습니다. 하지만 바울은 이 놀라운 특권이 그들의 불순종으로 무의미해지고 말았다고 비판합니다. 하나님의 뜻을 가장 잘 알면서도 율법을 지키지 않았고, 결과적으로 다른 사람과 다를 바 없는 죄인의 모습을 보였기 때문입니다. 바울의 시선은 정작 율법을 지키지는 않으면서 율법을 가졌다 자랑하는 모습, 하나님의 뜻대로 살지는 않으면서 하나님의 선민이라 자랑하는 위선의 공허함을 겨냥합니다.

음과 같이 반박하는 사람도 있을 것입니다. "나의 거짓됨 때문에 하나님의 참되심이 더욱 분명하게 드러나서 하나님께 영광이 돌아간다면, 왜 나도 역시 여전히 죄인으로 판정을 받습니까?" 8 더욱이 "좋은 일이 생기게 하기 위하여, 악한 일을 하자" 하고 말할 수 있겠습니까? 사실, 어떤 사람들은 우리가 그런 말을 한다고 비방합니다. 그런 사람들은 심판을 받아야 마땅합니다.

사람은 모두 죄인이다

9 ○ 그러면 무엇을 말해야 하겠습니까? 우리 유대 사람이 이방 사람보다 낫습니까? 전혀 그렇지 않습니다. 유대 사람이나 그리스 사람이나, 다 같이 죄 아래에 있음을 우리가 이미 지적하였습니다. 10 성경에 이렇게 기록되어 있습니다.

10절 이하에는 성경에 기록된 여러 인용문이 나옵니다. 유대인들은 누구나 이렇게 성경을 모두 잘 파악하고 있었나요? 유대인들에게 (구약)성경은 하나님의 백성이라는 그들의 정체성을 지탱하는 가장 중요한 종교적, 문화적 유산이었습니다. 유대인들은 어릴 때부터 성경을 배우며 자랐고, 예배할 때마다 성경을 들었습니다. 여러 시편에서 보듯, 하나님의 사랑은 그분이 주신 율법에 대한 사랑이기도 했습니다(시편 1, 19, 119편 등). 따라서 대부분의 유대인들은 성경을 꽤 잘 알았고, 진지한 대화나 토론에는 늘 성경이 인용되었습니다. "어려서부터 성경을 알았던" 디모데처럼, 로마제국 전역에 흩어져 살던 경건한 유대인들도 크게 다르지 않았던 것으로 보입니다(딤후 3:15). 로마서의 수신자인 로마의 기독교 공동체 안에도 경건한 유대인으로 자라 예수님을 믿은 이들이 많았습니다. 끊임없이 성경을 인용하고 암시하는 바울의 논증 방식은 독자들 편에서 상당한 성경 지식을 전제하고 있습니다. 물론 이것은 나중에 예수님을 믿고 성경을 하나님의 말씀으로 사랑하게 된 비유대인들의 경우에도 크게 다르지 않았을 것입니다.

"의인은 없다. 한 사람도 없다. 11 깨닫는 사람도 없고, 하나님을 찾는 사람도 없다. 12 모두가 곁길로 빠져서, 쓸모가 없게 되었다. 선한 일을 하는 사람은 없다. 한 사람도 없다." 13 "그들의 목구멍은 열린 무덤이다. 혀는 사람을 속인다." "입술에는 독사의 독이 있다." 14 "입에는 저주와 독설이 가득 찼다." 15 "발은 피를 흘리는 일에 빠르며, 16 그들이 가는 길에는 파멸과 비참함이 있다. 17 그들은 평화의 길을 알지 못한다." 18 "그들의 눈에는 하나님을 두려워하는 빛이 없다." 19 율법에 있는 모든 말씀이 율법 아래 사는 사람에게 말한 것임을 우리는 압니다. 그것은 모든 입을 막고, 온 세상을 하나님 앞에서 유죄로 드러내려는 것입니다. 20 그러므로 율법의 행위로는 하나님 앞에서 의롭다고 인정받을 사람이 아무도 없습니다. 율법으로는 죄를 인식할 뿐입니다.

"하나님의 의는 예수 그리스도를 믿는 믿음을 통하여 오는 것"(22절)이라는 말은 무슨 의미인가요? 여기 나오는 '의'는 일반적으로 말하는 '의'와 다른 의미를 갖고 있나요? 이 단어는 보통 '정의'(justice)로 번역됩니다. '하나님의 정의'입니다. 문제는 바울이 구원을 설명하면서 활용한 '하나님의 정의'가 구체적으로 어떤 뜻이냐는 것입니다. 이는 학자들 사이에서도 뜨거운 논쟁거리입니다. 크게 보면 하나님의 행동 속에 드러나는 '하나님 자신의 정의로움'일 수 있고, 하나님께서 '믿는 사람에게 부여하시는 (정)의'일 수도 있습니다. 예수님은 약속된 메시아인데, 대부분의 유대인은 그분을 거부하고, 도리어 약속과 무관한 비유대인들이 그분을 믿습니다. 이런 역설적 상황은 "하나님께서 택한 백성을 버리셨나?" 하는 물음, 곧 하나님의 공정함과 신실함에 대한 질문과 함께, "이방인이 하나님 앞에 의로운 자로 받아들여질 수 있나?" 하는 물음을 야기합니다. 바울은 예수님을 통한 하나님의 구원이 이 두 물음에 대한 답이라고 말합니다. 곧 이스라엘에 대한 '자신의 의로움을 드러냄'과 동시에, 예수님을 믿는 비유대인들을 '의롭다 여겨주시는' 이야기입니다(롬 3:26).

하나님의 의

21 ○ 그러나 이제는 율법과는 상관없이 하나님의 의가 나타났습니다. 그것은 율법과 예언자들이 증언한 것입니다. 22 그런데 하나님의 의는 예수 그리스도를 믿는 믿음을 통하여 오는 것인데, 모든 믿는 사람에게 미칩니다. 거기에는 아무 차별이 없습니다. 23 모든 사람이 죄를 범하였습니다. 그래서 사람은 하나님의 영광에 못 미치는 처지에 놓여 있습니다. 24 그러나 사람은, 그리스도 예수 안에서 얻는 구원으로 말미암아, 하나님의 은혜로 값없이 의롭다는 선고를 받습니다. 25 하나님께서는 이 예수를 속죄제물로 내주셨습니다. 그것은 그의 피를 믿을 때에 유효합니다. 하나님께서 이렇게 하신 것은, 사람들이 이제까지 지은 죄를 너그럽게 보아주심으로써 자기의 의를 나타내시려는 것이었습니다. 26 하나님께서 오래 참으시다가 지금 이 때에 자기의 의로우심을 나타내신 것은, 하나님은

"그의 피를 믿을 때에 유효하다"(25절)는 말은 무슨 뜻인가요? 예수님의 십자가 죽음은 하나의 희생제사입니다. 모든 피 흘림 제의처럼, 예수님의 피 흘림 역시 다른 이의 잘못을 대신 담당하는 '대속'(代贖) 행위입니다. 짐승의 피가 사람의 잘못을 대신하듯, 예수님의 피가 우리의 잘못을 대신합니다. 이 희생으로 우리 죄를 용서받고, 하나님과 건강한 관계가 회복됩니다. 다른 사람의 희생이 나의 구원이 된다는 생각을 거부하는 사람도 있지만, 실상 '대신'과 '희생'의 원리는 우리 삶의 가장 근본적인 사실 중 하나입니다. 여기서 바울은 예수님의 '피'를 강조하면서 그 외의 모든 문화적, 종교적 조건의 무의미함을 지적합니다. 우리 의로움이 예수님의 피로 가능하다면, 굳이 유대인/비유대인 같은 피상적 차이를 따질 이유가 없습니다. 물론 구원의 드라마에는 '대신'만큼 중요한 '더불어'도 있습니다. '대신'에서 시작하지만, 이는 그리스도와 '더불어' 죽고 그분과 '더불어' 살아나는 변화와 순종의 삶으로 이어집니다. 이 '더불어'의 차원은 6장에서 상세히 설명됩니다.

의로우신 분이시라는 것과 예수를 믿는 사람은 누구나 의롭다고 하신다는 것을 보여주시려는 것입니다.

27 ㅇ 그렇다면 사람이 자랑할 것이 어디에 있습니까? 전혀 없습니다. 무슨 법으로 의롭게 됩니까? 행위의 법으로 됩니까? 아닙니다. 믿음의 법으로 됩니다. 28 사람이 율법의 행위와는 상관없이 믿음으로 의롭다고 인정을 받는다고 우리는 생각합니다. 29 하나님은 유대 사람만의 하나님이십니까? 이방 사람의 하나님도 되시지 않습니까? 그렇습니다. 이방 사람의 하나님도 되십니다. 30 참으로 하나님은 오직 한 분뿐이십니다. 그러므로 하나님께서는 할례를 받은 사람도 믿음을 보시고 의롭다고 하시고, 할례를 받지 않은 사람도 믿음을 보시고 의롭다고 하십니다. 31 그러면 믿음으로 말미암아 우리가 율법을 폐합니까? 그럴 수 없습니다. 도리어 율법을 굳게 세웁니다.

{ 제4장 }

아브라함의 믿음

1 그러면 육신상으로 우리의 조상인 아브라함이 무엇을 얻었다고 우리가 말할 수 있겠습니까? 2 아브라함이 행위로 의롭게 되었더라면, 그에게는 자랑할 것이 있었을 것입니다. 그러나 하나님 앞에서는 자랑할 것이 없습니다. 3 성경이 무엇이라고 말합니까? "아브라함이 하나님을 믿으니, 하나님께서 그를 의롭다고 여기셨다" 하였습니다. 4 일을 하는 사람에게는 품삯을 은혜로 주는 것으로 치지 않고 당연한 보수로 주는 것으로 생각합니다. 5 그러나 경건하지 못한 사람을 의롭다고 하시는 분을 믿는 사람은, 비록 아무 공로가 없어도, 그의 믿음이 의롭다고 인정을 받습니다. 6 그래서 행한 것이 없어도, 하나님께서 의롭다고 여겨주시는 사람이 받을 복을 다윗도 다음과

믿음의 조상이라고 하는 '아브라함'은 누구입니까? 구약성경 창세기에서 보듯, 아브라함은 하나님의 '선택'을 받아 하나님과 '언약'을 맺은 사람으로 유대 민족의 실질적 '아버지'입니다. 모세 율법 이전 시대를 살았지만, '하나님의 율법'을 완전하게 지킨 사람으로 여겨졌습니다. 하나님께서는 그에게 그 후손을 영원히 버리지 않겠다는 약속을 주셨습니다. 그래서 '아브라함의 후손'은 사실상 '구원받을 사람'이라는 말과 같았습니다. 그런데 바울은 아브라함의 후손이라는 혈통이나 '율법'이 아닌, 오직 예수님을 믿는 믿음으로 하나님의 백성이 된다는 '도발적인' 주장을 펼칩니다. 더욱이 그는 이 복음이 하나님께서 아브라함 및 이스라엘과 맺은 언약의 계승이자 성취라고 생각합니다(롬 1:2; 3:21, 31). 그는 아브라함의 사례로 이를 '증명'하고자 합니다. 아브라함은 할례를 받기 전에 이미 믿음만으로 의롭다 하심을 받았습니다(창 15:6). 이 성경적 '판례'는 지금도 우리가 할례(유대인)와 무관하게 믿음으로 의롭다 하심을 받는다는 사실을 증명합니다. 그런 점에서 아브라함은 유대인뿐 아니라, 모든 믿는 사람의 조상(아버지)입니다.

같이 말하였습니다. 7 "하나님께서 잘못을 용서해주시고 죄를 덮어주신 사람은 복이 있다. 8 주님께서 죄 없다고 인정해주실 사람은 복이 있다." 9 그러면 이러한 복은 할례를 받은 사람에게만 내리는 것입니까? 그렇지 않으면 할례를 받지 않은 사람에게도 내리는 것입니까? 우리는 앞에서 말하기를 "하나님께서 아브라함의 믿음을 의로 여기셨다" 하였습니다. 10 그러면 어떻게 아브라함이 그러한 인정을 받았습니까? 그가 할례를 받은 후에 그렇게 되었습니까? 그렇지 않으면 할례를 받기 전에 그렇게 되었습니까? 그것은 할례를 받은 후에 된 일이 아니라, 할례를 받기 전에 된 일입니다. 11 아브라함이 할례라는 표를 받았는데, 그것은 그가 할례를 받지 않은 상태에서 이미 얻은 믿음의 의를 확증하는 것이었습니다. 그래서 그는 할례를 받지 않고도 믿는 모든 사람의 조상이 되었으니, 이것은 할례를 받지 않은 사람들도 의롭다는 인정을 받게 하려는 것이었습니다. 12 또 그는 할례를 받은 사람의 조상이 되기도 하였습

유대인에게 '할례'는 어떤 의미가 있습니까? 지금도 유대인들은 할례를 행하고 있나요? 성경은 할례의 기원을 아브라함에게 소급합니다. 하나님께서는 아브라함과 언약을 맺고, 그 표시로 모든 남자들에게 할례를 명하셨습니다. 할례를 받지 않으면 백성 중에서 끊어질 것이라는 경고도 주셨습니다(창 17장). 이는 이후 모세 율법의 일부로 명문화됩니다. 사실 고대사회에서 할례가 유대인만의 전유물은 아닙니다. 하지만 사실상 할례는 유대인을 다른 민족과 구별하는 가장 결정적인 표식이 되었습니다. 로마제국 통치 아래 있던 바울 당시에도 할례는 안식일 규정, 식탁 규정과 더불어 유대인들의 독특한 정체성을 표현하는 가장 중요한 관행이었습니다. 이방인들이 유대교를 믿고 신앙적으로 '유대인'이 되려면 할례를 받아야 했습니다. 지금도 경건한 유대인들은 할례의 관행을 지킵니다. 이렇게 중요한 할례가 더 이상 하나님의 백성이라는 정체성의 표지가 아니라는 '진보적' 지도자들의 주장은 당시 보수적 유대인들에게 충격 그 자체였고, 이는 교회 내에서도 마찬가지였습니다.

니다. 다시 말하면, 할례만을 받은 것이 아니라 또한 우리 조상 아브라함이 할례를 받지 않은 상태에서 걸어간 믿음의 발자취를 따라가는 사람들의 조상이 되었습니다.

믿음으로 약속을 주시다

13 ○ 아브라함이나 그 자손에게 주신 하나님의 약속, 곧 그들이 세상을 물려받을 상속자가 되리라는 것은, 율법으로 말미암은 것이 아니라, 믿음의 의로 말미암은 것입니다. 14 율법을 의지하는 사람들이 상속자가 된다면, 믿음은 무의미한 것이 되고, 약속은 헛된 것이 됩니다. 15 율법은 진노를 불러옵니다. 율법이 없는 곳에는 범법도 없습니다. 16 이런 까닭에, 이 약속은 믿음에 근거한 것입니다. 그것은 하나님께서 아브라함에게 이 약속을 은혜로 주셔서 이것을 그의 모든 후손에게도, 곧 율법으로 사는 사람들에게만이 아니라 아브라함이 지닌 믿음으로 사는 사람들에게도 보장하시려는 것입니다. 아브라함은 우리 모두의 조상입니다. 17 이것은 성경에 기록된 대로 "내가 너를 많은 민족의 조상으로 세웠다" 함과 같습니다. 이 약

"의롭다고 여겨주신다"(22절)는 말은 무슨 뜻인가요? 그것은 그렇게 중요한 문제인가요? 구원을 나타내는 방식은 다양합니다. "의롭다고 여겨주신다"는 것도 그중 하나입니다. 이 개념은 원래 마지막 심판을 배경으로 합니다. 마지막 심판 때, 하나님께서는 율법을 잘 지킨 신실한 사람에게 "참 잘했다"고 칭찬하시며, 그를 "의롭다 여겨주실" 것입니다. 이는 신약성경 야고보서에도 나타납니다. 사실 바울 또한 기본적으로 이런 인식을 공유합니다(롬 2:6-11, 13). 그래서 원래 칭의는 미래입니다(롬 2:13; 3:20, 30; 4:24; 5:19; 갈 5:5). 바울은 이 '칭의'(稱義)가 '율법이 아닌 믿음으로' 주어진다고 주장합니다. 이는 율법에 순종하지 않아도 된다는 말이 아닙니다.

속은, 그가 믿은 하나님, 다시 말하면, 죽은 사람들을 살리시며 없는 것들을 불러내어 있는 것이 되게 하시는 하나님께서 보장하신 것입니다. 18 아브라함은 희망이 사라진 때에도 바라면서 믿었으므로 "너의 자손이 이와 같이 많아질 것이다" 하신 말씀대로, 많은 민족의 조상이 되었습니다. 19 그는 나이가 백 세가 되어서, 자기 몸이 [이미] 죽은 것이나 다름없고, 또한 사라의 태도 죽은 것이나 다름없는 줄 알면서도, 그는 믿음이 약해지지 않았습니다. 20 그는 하나님의 약속을 믿고 의심하지 않았습니다. 오히려 그는 믿음이 굳세어져서 하나님께 영광을 돌렸습니다. 21 그는, 하나님께서 스스로 약속하신 바를 능히 이루실 것이라고 확신하였습니다. 22 그래서 하나님께서는 이것을 보시고 "그를 의롭다고 여겨주셨습니다." 23 "그가 의롭다는 인정을 받았다" 하는 말은, 아브라함만을 위하여 기록된 것이 아니라, 24 하나님께서 의롭다고 여겨주실 우리, 곧 우리 주 예수를 죽은 사람들 가운데서 살리신 분을 믿는 우리까지도 위한 것입니다. 25 예수는 우리의 범죄 때문에 죽임을 당하셨고, 우리를 의롭게 하시려고 살아나셨습니다.

불순종의 필연적 결과는 죽음입니다(롬 6:15–23; 8:13). 바울의 이분법은 율법이 줄 수 없는 생명의 능력이 예수 그리스도와 성령을 통해 주어진다는 사실, 그리고 이를 통해 신자들이 변화된 삶을 살면서 '율법 규정'이 이루어진다는 복음의 역동성 혹은 '능력'을 가리킵니다(롬 1:16; 3:21; 8:1–4). 원래 미래인 칭의가 종종 이미 이루어진 것처럼 묘사되는 것도 '그리스도'와 '성령'의 결정적인 중요성 때문입니다(롬 3:21; 5:1 등).

{ 제5장 }

의롭게 하여주심을 받은 사람의 삶

1 그러므로 우리는 믿음으로 의롭다 하심을 받았으므로, 우리 주 예수 그리스도로 말미암아 하나님과 더불어 평화를 누리고 있습니다. 2 우리는 또한, 그리스도로 말미암아 지금 서 있는 이 은혜의 자리에 [믿음으로] 나아오게 되었으며, 하나님의 영광에 이르게 될 소망을 품고 자랑을 합니다. 3 그뿐만 아니라, 우리는 환난을 자랑합니다. 우리가 알기로, 환난은 인내력을 낳고, 4 인내력은 단련된 인격을 낳고, 단련된 인격은 희망을 낳는 줄을 알고 있기 때문입니다. 5 이 희망은 우리를 실망시키지 않습니다. 하나님께서 우리에게 주신 성령을 통하여 그의 사랑을 우리 마음속에 부어주셨기 때문입니다. 6 우리가 아

아무리 그래도 환난을 자랑하다니요(3절). 이 환난에 다른 의미가 있나요? 지금도 그런 곳이 적지 않지만, 당시 그리스도인이 된다는 것은 여러 면에서 '사서 고생하는' 결단이었습니다. 신약성경에서 '환난'이란 신앙인으로 살다 보니 맞닥뜨리는 적대적인 상황 전반을 가리킵니다. 이는 체벌이나 투옥 같은 신체적, 물리적 고통뿐 아니라 경제적 손실, 사회적 압박과 배제 등 다양한 형태로 나타났습니다. 바울도 자신이 당했던 고난에 대해 자주 언급합니다(롬 8:35-36; 고전 4:11-13; 고후 11:23-27). 따라서 환난을 자랑한다는 것은 고통 자체를 즐긴다는 의미가 아니라, 불가피한 환난 속에 담긴 더 깊은 함의, 곧 우리가 그리스도인다운 삶을 제대로 살고 있다는 사실에 대한 자랑을 가리킵니다. 이 환난에서 인내를 배우고, 인내의 과정을 통해 우리는 '단련된' 인격, 곧 하나님나라에 합당한 사람이라는 인정을 받습니다. 그 마지막 결과가 우리의 희망인 구원입니다(롬 5:3-4, 9-10). 바울은 이런 과정을 장차 '그리스도의 부활'에 동참할 희망 속에서 현재 '그리스도의 고난'에 동참하는 삶으로 묘사합니다(롬 8:17-18; 빌 3:10-11).

직 약할 때에, 그리스도께서는 제때에, 경건하지 않은 사람을 위하여 죽으셨습니다. 7 의인을 위해서라도 죽을 사람은 거의 없습니다. 더욱이 선한 사람을 위해서라도 감히 죽을 사람은 드뭅니다. 8 그러나 우리가 아직 죄인이었을 때에, 그리스도께서 우리를 위하여 죽으셨습니다. 이리하여 하나님께서는 우리들에 대한 자기의 사랑을 실증하셨습니다. 9 그러므로 지금 우리가 그리스도의 피로 의롭게 되었으니, 그리스도로 말미암아 하나님의 진노에서 구원을 얻으리라는 것은 더욱 확실합니다. 10 우리가 하나님의 원수일 때에도 하나님의 아들의 죽으심으로 말미암아 하나님과 화해하게 되었다면, 화해한 우리가 하나님의 생명으로 구원을 얻으리라는 것은 더욱더 확실한 일입니다. 11 그뿐만 아니라, 우리는 또한 우리 주 예수 그리스도로 말미암아 하나님을 자랑합니다. 우리는 지금 그로 말미암아 하나님과 화해를 하게 된 것입니다.

"한 사람으로 말미암아 죄가 세상에 들어왔다"(12절)는 것은 무슨 말인가요? 바울의 사고는 죽을 수밖에 없는 인간이라는 현실, 곧 죽음의 지배라는 현실에서 출발합니다. 그리고 이 불가피한 죽음은 인간성의 본질이 아니라 죄라는 침입자의 전횡의 결과입니다(12절). 여기서 단수로 표시된 '죄'는 개별적인 일탈 행동의 결과물이 아니라, 우리의 행동 자체를 지배하는 하나의 세력으로 간주됩니다. "세상에 들어왔다"는 비유적 표현입니다. 이후 7장에서 설명하는 것처럼, 죄의 유혹은 늘 우리 속에 잠재해 있습니다. 세상에 들어왔다는 말은 그 잠재적 존재가 구체적인 위력을 발휘하기 시작했다는 의미입니다. 그 죄가 "한 사람으로 말미암아" 들어왔다는 말은 '아담'이 모든 죄의 원흉이라는 뜻이 아닙니다. 죄의 책임은 죄를 지은 모든 사람 자신에게 있습니다(롬 1:18-32). 아담과 그리스도를 연결하는 핵심 의도는 아담의 범죄 이야기를 발판으로 또 '한 사람' 그리스도의 구원을 말하기 위해서입니다. 한 사람 아담이 모든 죄와 죽음의 발단이듯, 한 사람 예수 그리스도께서 모든 사람을 위해 의와 생명의 근거가 되신다는 선언입니다.

아담과 그리스도

12 ○ 그러므로 한 사람으로 말미암아 죄가 세상에 들어왔고, 또 그 죄로 말미암아 죽음이 들어온 것과 같이, 모든 사람이 죄를 지었기 때문에 죽음이 모든 사람에게 이르게 되었습니다. 13 율법이 있기 전에도 죄가 세상에 있었으나, 율법이 없을 때에는 죄가 죄로 여겨지지 않았습니다. 14 그러나 아담 시대로부터 모세 시대에 이르기까지는 아담의 범죄와 같은 죄를 짓지 않은 사람들까지도 죽음의 지배를 받았습니다. 아담은 장차 오실 분의 모형이었습니다.

15 ○ 그러나 하나님께서 은혜를 베푸실 때에 생긴 일은, 아담 한 사람이 범죄했을 때에 생긴 일과 같지 않습니다. 한 사람의 범죄로 많은 사람이 죽었으나, 하나님의 은혜와 예수 그리스도 한 사람의 은혜로 말미암은 선물은, 많은 사람에게 더욱더 넘쳐나게 되었습니다. 16 또한, 하나님께서 주시는 선물은 한 사람의 범죄의 결과와 같지 않습니다. 한 범죄에서는 심판이 뒤따라와서 유죄판결이 내려졌습니다마는, 많은 범죄에서는 은혜가 뒤따라와서 무죄 선언이 내려졌습니다. 17 아담

아담과 그리스도를 계속 대조해서 이야기하고 있습니다. 이것은 기독교의 핵심 논리인가요? 죄와 죽음, 그리고 이를 극복하는 구원 이야기는 다양한 방식으로 설명할 수 있습니다. 인류의 대표자 아담을 그리스도의 예표(豫表)로 제시하는 것 역시 그 중 하나입니다. 이를 통해 바울은 한 사람이 모든 인류의 죄와 죽음의 원인이 될 수 있었던 것처럼, 한 사람 예수 그리스도 역시 모두에게 의와 생명을 가져다주는 구원의 근거가 된다는 사실을 해명합니다. 그리스도께서 가져온 '은혜의 통치'는 아담이 야기한 죄와 죽음의 통치보다 훨씬 더 강력합니다. 기능적으로는 같지만, 질적으로는 다르다는 것입니다. 이처럼 '아담/그리스도' 유형론은 복음을 선포하는

한 사람의 범죄 때문에 그 한 사람으로 말미암아 죽음이 왕 노릇 하게 되었다면, 넘치는 은혜와 의의 선물을 받는 사람들은, 예수 그리스도 한 분으로 말미암아, 생명 안에서 왕 노릇 하게 되리라는 것은 더욱더 확실합니다. 18 그러니 한 사람의 범죄 행위 때문에 모든 사람이 유죄판결을 받았는데, 이제는 한 사람의 의로운 행위 때문에 모든 사람이 의롭다는 인정을 받아서 생명을 얻게 되었습니다. 19 한 사람이 순종하지 않음으로 말미암아 많은 사람이 죄인으로 판정을 받았는데, 이제는 한 사람이 순종함으로 말미암아 많은 사람이 의인으로 판정을 받을 것입니다. 20 율법은 범죄를 증가시키려고 끼여 들어온 것입니다. 그러나 죄가 많은 곳에, 은혜가 더욱 넘치게 되었습니다. 21 그것은, 죄가 죽음으로 사람을 지배한 것과 같이, 은혜가 의를 통하여 사람을 지배하여, 우리 주 예수 그리스도로 말미암아 얻는 영원한 생명에 이르게 하려는 것입니다.

중요한 방식 가운데 하나입니다. 이것이 전부는 아닙니다. 아담이 죄의 원인일 수 있듯, 모두가 자기 죄의 원인입니다(롬 1:18-32). 그리스도의 십자가와 부활에 근거한 복음이 항상 과거의 아담을 불러와야만 하는 것도 아닙니다. 핵심 진리를 말하는 중요한 방식 가운데 하나지만, 유일한 방식은 아니라는 것이 현명한 생각일 것입니다.

{ 제6장 }

그리스도인은 그리스도와 함께 죽고 함께 산다

1 그러면 우리가 무엇이라고 말을 해야 하겠습니까? 은혜를 더하게 하려고, 여전히 죄 가운데 머물러 있어야 하겠습니까? 2 그럴 수 없습니다. 우리는 죄에는 죽은 사람인데, 어떻게 죄 가운데서 그대로 살 수 있겠습니까? 3 세례를 받아 그리스도 예수와 하나가 된 우리는 모두 세례를 받을 때에 그와 함께 죽었다는 것을 여러분은 알지 못합니까? 4 그러므로 우리는 세례를 통하여 그의 죽으심과 연합함으로써 그와 함께 묻혔던 것입니다. 그것은, 그리스도께서 아버지의 영광으로 말미암아 죽은 사람들 가운데서 살아나신 것과 같이, 우리도 또한 새 생명 안에서 살아가기 위함입니다. 5 우리가 그의 죽으심과 같은 죽음을 죽어서 그와 연합하는 사람이 되었으면, 우리는 부활에 있

세례로 그리스도와 하나가 되었다고 하면서, 또 세례를 받을 때 그와 함께 죽었다는 것은 무슨 의미인가요?(3절) 그리스도를 믿는다는 말은 여러 의미를 담고 있습니다. 예수님의 대리적 죽음과 부활이 나의 구원의 근거라는 사실을 이성적으로 혹은 교리적으로 받아들이는 것이 한 부분입니다. 하지만 복음은 그리스도의 '굿'을 보고 우리는 '떡'만 먹으면 되는 구경거리가 아니라, 우리가 그 속에 들어가 더불어 완성해야 하는 청중 참여(interactive) 드라마입니다. 바울은 세례라는 상징으로 이 사실을 설명합니다. 그리스도의 이름으로 받는 세례는 '그리스도 안으로' 들어감을 의미합니다. 물론 우리가 '안으로' 들어가는 그리스도는 십자가에서 죽으신 그리스도입니다. 따라서 물속에 잠기는 죽음의 의식은 그리스도의 죽음을 나의 죽음으로 받아들이는 신앙고백입니다. 그리스도의 죽음을 나의 속죄를 위한 대리적 죽음으로 믿는 수혜(受惠)적 행위이자, 그 죽음 속에 나도 들어간다는 참여의 몸짓입니다. 십자가와 부활이라는 그리스도의 여정을 이제 나 자신의 여정으로 삼는 것입니다.

어서도 또한 그와 연합하는 사람이 될 것입니다. 6 우리의 옛사
람이 그리스도와 함께 십자가에 달려 죽은 것은, 죄의 몸을 멸
하여서, 우리가 다시는 죄의 노예가 되지 않게 하려는 것임을
우리는 압니다. 7 죽은 사람은 이미 죄의 세력에서 해방되었습
니다. 8 우리가 그리스도와 함께 죽었으면, 그와 함께 우리도
또한 살아날 것임을 믿습니다. 9 우리가 알기로, 그리스도께서
는 죽은 사람들 가운데서 살아나셔서, 다시는 죽지 않으시며,
다시는 죽음이 그를 지배하지 못합니다. 10 그리스도께서 죽으
신 죽음은 죄에 대해서 단번에 죽으신 것이요, 그분이 사시는
삶은 하나님을 위하여 사시는 것입니다. 11 이와 같이 여러분
도, 죄에 대해서는 죽은 사람이요, 하나님을 위해서는 그리스
도 예수 안에서 살고 있는 사람이라는 것을 알아야 합니다.

12 ○ 그러므로 여러분은 죄가 여러분의 죽을 몸을 지배하지
못하게 해서, 여러분이 몸의 정욕에 굴복하는 일이 없도록 하
십시오. 13 그러므로 여러분은 여러분의 지체를 죄에 내맡겨

**그리스도의 죽음은 죄에 대해 단번에 죽으신 것(10절)이라고 말하는데, 죄에 대해 죽
는다는 것은 또 무슨 말인가요? 죽으면 모든 관계가 끝납니다. 여기서의 죽음도 바
로 그 사실을 포착합니다. 죄에 대한 죽음은 죄와의 관계 단절을 뜻합니다. 바울은
예수님의 십자가 죽음이 죄와의 관계를 끊는 죽음이라 말합니다. 예수님께서 죄에
휘둘리는 육신의 모습으로 오셔서, 그 육신으로 죽으셨습니다. 이로써 이 육체를
숙주로 삼던 죄의 본거지가 사라졌고, 죄는 위력을 상실합니다(롬 8:2-3). 신자들은
그리스도의 십자가 죽음에 대리적으로(vicariously) 참여하면서, 그 죽음을 나의 죽
음으로 수용합니다. 그리고 그리스도의 죽음과 더불어 나의 옛사람, 곧 죄의 통치
를 받던 나의 옛 존재도 소멸되었다 고백합니다. 이제 나의 죽음이기도 한 그리스
도의 죽음은 죄에 대해 단번에 죽는 죽음, 곧 지배와 종속이라는 죄와의 관계가 확
실하게 종식되었다는 것을 의미합니다. 바울은 십자가를 토대로 주어진 이 새로운
정체성을 구체적인 순종으로 드러내라고 권고합니다(롬 6:12-23).**

서 불의의 연장이 되게 하지 마십시오. 오히려 여러분은 죽은 사람들 가운데서 살아난 사람답게, 여러분을 하나님께 바치고, 여러분의 지체를 의의 연장으로 하나님께 바치십시오. 14 여러분은 율법 아래 있지 않고, 은혜 아래 있으므로, 죄가 여러분을 다스릴 수 없을 것입니다.

그리스도인은 의의 종이다

15 ○ 그러면 어떻게 해야 하겠습니까? 우리가 율법 아래 있지 않고, 은혜 아래에 있다고 해서, 마음 놓고 죄를 짓자는 말입니까? 그럴 수 없습니다. 16 여러분이 아무에게나 자기를 종으로 내맡겨서 복종하게 하면, 여러분은, 여러분이 복종하는 그 사람의 종이 되는 것임을 알지 못합니까? 여러분은 죄의 종이 되어 죽음에 이르거나, 아니면 순종의 종이 되어 의에 이르거나, 하는 것입니다. 17 그러나 하나님께 감사하는 것은, 여러

"율법 아래 있지 않고, 은혜 아래 있으므로"(14절). 여기서 말하는 율법은 무엇이며, 율법 아래 있지 않다는 것은 무슨 뜻인가요? '율법 아래'는 '율법의 통치 아래', 즉 율법 규정을 지켜야 할 의무 아래 놓여 있다는 의미입니다. 하나님의 율법이 나쁠 이유는 없습니다. 문제는 죄의 지배를 받는 우리 자신입니다. 죄에 휘둘리는 상황에서 율법의 등장은 순종보다는 율법 규정의 위반으로 이어질 때가 많습니다. 율법은 이 위반을 하나님의 이름으로 정죄하고 죽음을 선고합니다. 더 나아가 율법 규정의 명시성과 구체성은 역설적으로 우리의 내밀한 욕망에 형체를 부여하고 활동력을 부여합니다. "욕망하지 말라"는 계명이 오히려 깊이 잠든 욕망의 기폭제가 되는 비극입니다(롬 7장). 이것이 '율법 아래' 존재하는 삶의 현실입니다. 그리스도께서는 율법 아래서 구현되는 죄와 죽음의 통치를 물리치고, 은혜가 통치하는 새로운 세상을 창조하십니다(롬 5:21; 6:14-15). 이 강력한 은혜가 '의로움'으로 우리를 통치하면서 거룩한 삶의 열매를 맺게 하고, 마지막 결과로 영생을 누리게 합니다(롬 5:21; 6:15-23).

분이 전에는 죄의 종이었으나, 이제 여러분은 전해 받은 교훈의 본에 마음으로부터 순종함으로써, 18 죄에서 해방을 받아서 의의 종이 된 것입니다. 19 여러분의 이해력이 미약하므로, 내가 사람의 방식으로 말하겠습니다. 여러분이 전에는 자기 지체를 더러움과 불법의 종으로 내맡겨서 불법에 빠져 있었지만, 이제는 여러분의 지체를 의의 종으로 바쳐서 거룩함에 이르도록 하십시오. 20 여러분이 죄의 종일 때에는 의에 얽매이지 않았습니다. 21 여러분은 그때에 무슨 열매를 거두었습니까? 이제 와서 여러분이 그러한 생활을 부끄러워하지마는, 그러한 생활의 마지막은 죽음입니다. 22 이제 여러분은 죄에서 해방을 받고, 하나님의 종이 되어서, 거룩함에 이르는 삶의 열매를 맺고 있습니다. 그 마지막은 영원한 생명입니다. 23 죄의 삯은 죽음이요, 하나님의 선물은 우리 주 예수 그리스도 안에서 누리는 영원한 생명입니다.

하나님의 '종'이라는 말에서 '종'이라는 단어가 영 불편합니다. 여기서 말하는 '종'에는 다른 의미가 있나요? 우리가 아는 바로 그 '종'입니다. 하나님과 연결될 때조차 이 말이 불편한 까닭은 인간의 내면에는 스스로의 주인이 되려는 뿌리 깊은 욕망이 있기 때문입니다. 에덴까지 거슬러 올라가는 욕망입니다. 하지만 인간은 스스로를 창조하는 존재가 아니라, 하나님에 의해 창조된 존재입니다. 하여 우리 '인간성'은 하나님을 섬기는 관계 속에서 가장 온전하게 구현됩니다. 자유롭고 성숙한 주체성이라는 멋진 목적은 역설적이게도 하나님 앞에서 나 자신에 대한 고집을 오롯이 포기하는 데서 시작합니다. 반대로 하나님을 거부하고 섣부른 독립을 시도할 때, 우리는 창조주 하나님 대신 그분이 만드신 대상들에 자기 욕망을 투영하고, 그 대상에 탐닉하며, 이를 우상으로 숭배하는 어리석음에 빠집니다. 우리 경험은 어떤 대상도 궁극적 만족이나 참된 주체성의 원천이 아님을 가르쳐줍니다. 그런데도 우리는 하나님 앞에 무릎 꿇기보다는 자기 우상에 탐닉하는 삶을 고집스레 반복합니다. 이성을 마비시키고, 창조적 삶을 망가뜨리는 죄의 파괴력입니다.

{ 제7장 }

혼인 관계로 비유한 율법

1 형제자매 여러분, 나는 율법을 아는 사람들에게 말을 합니다. 율법은, 사람이 살아 있는 동안에만 그 사람을 지배한다는 것을 알지 못합니까? 2 결혼한 여자는, 그 남편이 살아 있는 동안에는 법으로 남편에게 매여 있으나, 남편이 죽으면 남편의 법에서 풀려납니다. 3 그러므로 남편이 살아 있는 동안에 그 여자가 다른 남자에게로 가면, 그 여자는 간음한 여자라는 말을 듣게 됩니다. 그러나 남편이 죽으면 그 법에서 해방되는 것이므로, 다른 남자에게로 갈지라도 간음한 여자가 되지 않습니다. 4 나의 형제자매 여러분, 그러므로 여러분도 그리스도의 몸으로 말미암아, 율법에 대해서는 죽임을 당했습니다.

"율법에 대해 죽임을 당했다"(4절)는 표현까지 써가며, 율법과 관계가 완전히 끝났다는 것을 그렇게 강조하는 이유는 무엇인가요? 역설입니다. 율법은 하나님의 율법이기에 거룩하고 선합니다. 그런데 복음은 그 율법의 지배력으로부터 벗어났다는 사실을 선언합니다. 그리스도의 죽음 안으로 세례를 받아 이루어지는 우리의 죽음은 죄에 대한 죽음이자, 율법에 대한 죽음입니다. 6장의 답변에서 말한 것처럼, 죽음을 통한 율법과의 결별은 율법이 나빠서가 아니라 무기력해서입니다. 율법은 거룩한 법이지만, 우리 육신 속에서 우리를 통치하는 죄를 해결할 능력이 없습니다. 오히려 죄가 율법을 도용해 자신의 위력을 과시하고, 그 하나님의 율법의 권위로 우리에게 사형선고를 내립니다. 다시 한번 말하지만, 문제의 주범은 죄입니다. 하지만 정죄의 권위를 가진 율법은 죄가 나를 통치하는 수단으로 악용됩니다. 우리가 율법 아래 존재하는 한, 이 비극적인 악순환은 파멸에 이르기까지 계속됩니다. 그래서 우리는 죽음을 통해 무기력한 율법의 통치에서 벗어나고, 생명이 약동하는 은혜의 통치 아래 들어갑니다.

그래서 여러분은 다른 분, 곧 죽은 사람들 가운데서 살아나신 그분에게 속하게 되었습니다. 그것은 우리가 하나님을 위하여 열매를 맺게 하기 위함입니다. 5 이전에 우리가 육신을 따라 살 때에는, 율법으로 말미암아 일어나는 죄의 욕정이 우리 몸의 지체 안에서 작용해서, 죽음에 이르는 열매를 맺었습니다. 6 그러나 지금은, 우리를 옭아맸던 것에 대하여 죽어서, 율법에서 풀려났습니다. 그래서 우리는 문자에 얽매인 낡은 정신으로 하나님을 섬기지 않고, 성령이 주시는 새 정신으로 하나님을 섬깁니다.

율법과 죄의 관계

7 ○ 그러면 우리가 무엇이라고 말을 하겠습니까? 율법이 죄입니까? 그럴 수 없습니다. 그러나 율법에 비추어보지 않았다면,

7장에서는 율법을 말하면서 죽었다, 또는 살았다 같은 비유와 표현이 계속 나옵니다. 여기서 '죽다' 그리고 '살다'는 어떤 의미를 갖고 있나요? 대부분의 단어 속에는 다양한 의미의 '가능성'이 존재합니다. 그 단어가 사용되는 구체적 정황이나 맥락은 그 다수의 가능성 중에서 최적의 의미를 골라내고, 나머지는 의식 아래로 숨깁니다. 이렇게 우리는 선명한 말로 소통하게 됩니다. '죽었다'와 '살았다'도 마찬가지입니다. 1-3절의 죽음은 일상적 의미의 죽음인데, 관계 소멸의 계기라는 사실이 핵심 의도입니다. 4-5절에서는 실제 우리 몸의 죽음이 아닌, 대리적 체험으로서 죽음이 등장합니다. 6장에서처럼 옛사람의 죽음으로 묘사할 수도 있습니다. 육체의 죽음이 아니라, 우리의 옛 존재가 종식되고 새로운 존재로 살게 되었음을 말하는 것입니다. 8-9절에서 죄의 '살아남'은 활성화의 의미에 가깝고, 나의 '죽음'은 도덕적 주체로서의 무기력함을 나타냅니다. 11절과 13절 뒷부분도 마찬가지입니다. 10절과 13절의 생명과 사망은 심판 이후 궁극적 운명을 나타냅니다. 성경이라고 너무 경직되게 받아들이지 말고, 찬찬히 맥락에 주의하며 읽으면 어렵지 않게 진의를 파악할 수 있습니다.

나는 죄가 무엇인지 알지 못하였을 것입니다. 율법에 "탐내지 말아라" 하지 않았다면, 나는 탐심이 무엇인지를 알지 못하였을 것입니다. 8 그러나 죄는 이 계명을 통하여 틈을 타서, 내 속에서 온갖 탐욕을 일으켰습니다. 율법이 없으면 죄는 죽은 것입니다. 9 전에는 율법이 없어서 내가 살아 있었는데, 계명이 들어오니까 죄는 살아나고, 10 나는 죽었습니다. 그래서 나를 생명으로 인도해야 할 그 계명이, 도리어 나를 죽음으로 인도한다는 것이 드러났습니다. 11 죄가 그 계명을 통하여 틈을 타서 나를 속이고, 또 그 계명으로 나를 죽였습니다. 12 그러므로 율법은 거룩하며, 계명도 거룩하고 의롭고 선한 것입니다.

13 ○ 그러니 그 선한 것이 나에게 죽음을 안겨주었다는 말입니까? 그럴 수 없습니다. 그러나 죄를 죄로 드러나게 하려고, 죄가 그 선한 것을 방편으로 하여 나에게 죽음을 일으켰습니다. 그것은 계명을 방편으로 하여 죄를 극도로 죄답게 되게 하

'내 속에 자리를 잡고 있는 죄'(17절)는 무엇을 말하나요? 죄는 인간의 현실을 하나님과의 관계 속에서 바라봅니다. 죄는 하나님의 명령을 위반한 것으로, 그에 응분한 책임을 져야 하는 사안입니다. 통속 심리학의 세례를 받은 많은 현대인에게 죄는 가장 거북한 개념 중 하나입니다. 더 나아가 바울은 이 죄를 하나의 세력, 곧 우리의 삶을 다스리는 초인간적인 세력으로 묘사합니다. 7장은 이 죄의 파괴적 작용을 수사적(rhetorical) 일인칭으로 그려냅니다. 순종하여 생명에 이르게 할 율법이지만, 이 율법의 계명이 오히려 내 속에서 잠자던 욕망을 일깨우는 슬픈 현실도 그려지고, 되살아난 죄가 나도 모르게 나를 지배해 무기력한 존재로 만드는 이야기도 묘사됩니다. 또 이 죄가 율법의 권위로 그런 나를 정죄하고, 결국 죽음에 이르게 하는 이야기도 등장합니다. '내 속에 자리 잡은 죄' 이야기는 내 존재를 좌우하는 가장 강력한 힘이 죄라는 사실, 그리고 내 구원은 바로 이 죄의 통치로부터 벗어남에서 시작한다는 사실을 일깨워줍니다. 몇몇 (심리적) 문제 해결이 아니라, 죄로부터의 해방이 구원의 첫걸음입니다.

려는 것이었습니다. 14 우리는 율법이 신령한 것인 줄 압니다. 그러나 나는 육정에 매인 존재로서, 죄 아래에 팔린 몸입니다. 15 나는 내가 하는 일을 도무지 알 수가 없습니다. 내가 해야 겠다고 생각하는 일은 하지 않고, 도리어 해서는 안 되겠다고 생각하는 일을 하고 있으니 말입니다. 16 내가 그런 일을 하면서도 그것을 해서는 안 되겠다고 생각하는 것은, 곧 율법이 선하다는 사실에 동의하는 것입니다. 17 그렇다면, 그와 같은 일을 하는 것은 내가 아니라, 내 속에 자리를 잡고 있는 죄입니다. 18 나는 내 속에 곧 내 육신 속에 선한 것이 깃들여 있지 않다는 것을 압니다. 나는 선을 행하려는 의지는 있으나, 그것을 실행하지는 않으니 말입니다. 19 나는 내가 원하는 선한 일은 하지 않고, 도리어 원하지 않는 악한 일을 합니다. 20 내가 해서는 안 되는 것을 하면, 그것을 하는 것은 내가 아니라, 내 속에 자리를 잡고 있는 죄입니다. 21 여기에서 나는 법칙 하나를

7장 후반부를 보면 내 안에서 다른 둘이 서로 싸운다고 합니다. 인간이 원래 그렇다는 말인가요? "내 속에 내가 너무도 많아"로 시작하는 노랫말처럼 다분히 수사적인 표현이지만, 그 속에는 우리 존재에 대한 매우 깊은 통찰이 담겨 있습니다. 우리는 종종 "나도 내가 왜 이러는지 모르겠다"고 말하는데, 그런 경험이 본문의 상황과 매우 가깝습니다. 나는 선을 행하고 싶지만, 실제로는 악을 행합니다. 이런 경험으로 '나'는 내 속에서 암약하는 '죄'의 존재를 감지합니다. 이 죄 때문에 선을 행하려는 마음과 악을 행하는 현실이 엇갈리고, 결국 '죄의 법'이 선을 행하려는 '내 마음의 법'을 무찌릅니다. 그래서 '나'는 육신에 속한 존재, 죄 아래 팔린 존재, 죄의 법에 사로잡힌 존재입니다. 곧 '이 죽음의 몸'(24절)입니다. 이 비관적인 그림이 모든 이에게 모든 순간에 그렇다고 말한다면 거짓말일 겁니다. 때로 '이기는' 순간도 적지 않기 때문입니다. 하지만 하나의 전체적 묘사로서 이 그림은 우리 존재의 가장 본질적인 모습을 포착합니다. 슬픈 일이지만, 사람을 알면 알수록 더 쉽게 수긍되는 진실이 아닌가 합니다.

발견하였습니다. 곧 나는 선을 행하려고 하는데, 그러한 나에게 악이 붙어 있다는 것입니다. 22 나는 속사람으로는 하나님의 법을 즐거워하나, 23 내 지체에는 다른 법이 있어서 내 마음의 법과 맞서서 싸우며, 내 지체에 있는 죄의 법에 나를 포로로 만드는 것을 봅니다. 24 아, 나는 비참한 사람입니다. 누가 이 죽음의 몸에서 나를 건져주겠습니까? 25 우리 주 예수 그리스도를 통하여 나를 건져주신 하나님께 감사를 드립니다. 그러니 나 자신은, 마음으로는 하나님의 법을 섬기고, 육신으로는 죄의 법을 섬기고 있습니다.

{ 제8장 }

성령은 생명을 주시다

1 그러므로 그리스도 예수 안에 있는 사람들은 정죄를 받지 않습니다. 2 그것은, 그리스도 예수 안에서 생명을 누리게 하는 성령의 법이 당신을 죄와 죽음의 법에서 해방하여주었기 때문입니다. 3 육신으로 말미암아 율법이 미약해져서 해낼 수 없었던 그 일을 하나님께서 해결하셨습니다. 곧 하나님께서는 자기의 아들을 죄 된 육신을 지닌 모습으로 보내셔서, 죄를 없애시려고 그 육신에다 죄의 선고를 내리셨습니다. 4 그것은, 육신을 따라 살지 않고 성령을 따라 사는 우리가, 율법이 요구하는 바를 이루게 하시려는 것입니다. 5 육신을 따라 사는 사람은 육신에 속한 것을 생각하나, 성령을 따라 사는 사람은 성령에 속한 것을 생각합니다. 6 육신에 속한 생각은 죽음입니다. 그러나 성령에 속한 생각은 생명과 평화입니다. 7 육신에 속

'예수 안에 있는 사람들'(1절)은 쉽게 말해서 기독교인을 이야기하는 건가요? '기독교인'을 어떻게 정의하느냐에 따라 답이 다를 것입니다. 예수 안에 있는 사람이란 그렇다고 말하는 사람이 아니라, 그리스도 안으로 세례를 받아 그분의 죽음을 자신의 죽음으로 받아들인 사람, 자기 옛 존재의 죽음과 새로운 존재로의 탄생을 고백하고 이제 이 새로운 정체성에 맞게 살아가려는 사람을 가리킵니다. 죄와 죽음의 전횡에서 벗어나 은혜의 통치 가운데 새로운 삶을 사는 사람들입니다. 바울은 이를 '생명의 성령'의 통치가 '죄와 죽음'의 통치에서 우리를 해방시킨 것이라 말합니다 (2절). 죄와 죽음의 전횡에서 벗어난 존재이므로 우리는 더 이상 '육신을 따르는' 삶, 곧 죄의 욕망에 휘둘리는 삶을 살지 않고, '성령을 따르는' 삶. 곧 성령의 이끌림 속에서 하나님의 거룩한 뜻을 성취하는 삶을 살아갑니다(4절). 바로 이런 이유로 예수 안에 있는 사람들에게는 "그 어떠한 정죄도 없다"는 선언이 가능해집니다.

한 생각은 하나님께 품는 적대감입니다. 그것은 하나님의 법을 따르지 않으며, 또 복종할 수도 없습니다. 8 육신에 매인 사람은 하나님을 기쁘게 해드릴 수 없습니다. 9 그러나 하나님의 영이 여러분 안에 살아계시면, 여러분은 육신 안에 있지 않고, 성령 안에 있습니다. 누구든지 그리스도의 영이 없으면, 그리스도의 사람이 아닙니다. 10 또한 그리스도께서 여러분 안에 살아계시면, 여러분의 몸은 죄 때문에 죽은 것이지만, 영은 의 때문에 생명을 얻습니다. 11 예수를 죽은 사람들 가운데서 살리신 분의 영이 여러분 안에 살아계시면, 그리스도를 죽은 사람들 가운데서 살리신 분께서, 여러분 안에 계신 자기의 영으로 여러분의 죽을 몸도 살리실 것입니다.

12 ○ 그러므로 형제자매 여러분, 우리는 빚을 지고 사는 사람들이지만, 육신에 빚을 진 것이 아닙니다. 우리는 육신을 따라 살아야 할 존재가 아닙니다. 13 여러분이 육신을 따라 살면, 죽을 것입니다. 그러나 여러분이 성령으로 몸의 행실을 죽

'하나님의 영'과 성령(9절)은 무엇을 말하나요? 하나님에게도 영혼이 있다는 말인가요? 구약성경의 히브리어나 신약성경의 헬라어에서 '영'은 '숨결'이나 '바람'과 통하는 말입니다. 성경에서 '하나님의 영'이라고 할 때 핵심은 생명을 창조하는 하나님의 능력입니다. 그러니까 하나님의 영은 우리에게 생명을 부여하시는 하나님의 영이라는 말입니다(11절). '생명을 누리게 하는 성령'(2절)이라는 표현이 바로 이 사실을 드러냅니다. 신약성경에서 이 하나님의 영은 대부분 '거룩한 영' 곧 '성령'(聖靈)이라 불립니다. 또한 하나님과 관계하는 존재로서 인간의 '영'에 관해 말하기도 합니다(16절). 반면 '영혼'은 비록 우리말로는 '영'자가 겹치지만, 사실 전혀 다른 단어입니다. 히브리어로 '네페쉬', 헬라어로 '프쉬케'(psyche)인 '영혼'(靈魂)은 '영'이신 하나님과 달리 창조된 존재, 그래서 그 한계를 오롯이 간직한 존재로서의 인간을 가리킵니다. 그래서 자주 '목숨'으로 번역되기도 합니다. 원칙적으로 영과 혼은 모두 우리 존재의 특정 부분이 아닌, 존재 전체를 규정하는 표현입니다.

이면, 살 것입니다. 14 하나님의 영으로 인도함을 받는 사람은, 누구나 다 하나님의 자녀입니다. 15 여러분은 또다시 두려움에 빠뜨리는 종살이의 영을 받은 것이 아니라, 자녀로 삼으시는 영을 받았습니다. 그래서 우리는 그 영으로 하나님을 "아빠, 아버지"라고 부릅니다. 16 바로 그때에 그 성령이 우리의 영과 함께, 우리가 하나님의 자녀임을 증언하십니다. 17 자녀이면 상속자이기도 합니다. 우리가 그리스도와 함께 영광을 받으려고 그와 함께 고난을 받으면, 우리는 하나님이 정하신 상속자요, 그리스도와 더불어 공동 상속자입니다.

모든 피조물이 구원을 갈망하다

18 ○ 현재 우리가 겪는 고난은, 장차 우리에게 나타날 영광에 견주면, 아무것도 아니라고 나는 생각합니다. 19 피조물은 하나님의 자녀들이 나타나기를 간절히 기다리고 있습니

"하나님의 영으로 인도함을 받는 사람은, 누구나 다 하나님의 자녀"(14절)라고 합니다. 앞에서는 하나님의 종이라고 했는데요. 도대체 하나님과 우리는 어떤 관계라는 말인가요? 하나님과의 관계는 사람의 관계와 다릅니다. 그런데 우리의 사고 능력은 우리의 경험으로 제한됩니다. 그래서 하나님 이야기는 종종 우리 경험으로 비추어낸 근사치에 머뭅니다. 신과 인간 사이의 다양한 특징을 인간관계에 빗대어 설명하는 것입니다. 창조주 하나님과 인간은 대등하지 않습니다. 우리 경험 속에서 이 절대적 차이를 설명하는 최적의 언어는 주인(주님)과 종입니다. 이 관계는 '섬김'으로 이루어집니다. 물론 주종 관계라 해도 실제 관계의 양상은 많이 다를 겁니다. 그 다름 중 하나가 신자들의 자유입니다. 여기에는 주종 관계 유비가 맞질 않습니다. 대신 아버지와 자녀 관계가 최적입니다. '자녀' 속에는 미래 구원의 '상속자'라는 생각도 담겨 있습니다(17절). 또한 그리스도와 형제자매로서 그리스도를 닮아간다는 생각도 표현해 줍니다(29절). 이 외에도 왕과 신하, 남편과 (바람난) 아내, 농장주와 소작농 등 다양한 관계적 언어들이 하나님과 우리 사이를 설명하는 데 활용됩니다.

다. 20 피조물이 허무에 굴복했지만, 그것은 자의로 그렇게 한 것이 아니라, 굴복하게 하신 그분이 그렇게 하신 것입니다. 그러나 소망은 남아 있습니다. 21 그것은 곧 피조물도 썩어짐의 종살이에서 해방되어서, 하나님의 자녀가 누릴 영광된 자유를 얻으리라는 것입니다. 22 모든 피조물이 이제까지 함께 신음하며, 함께 해산의 고통을 겪고 있다는 것을, 우리는 압니다. 23 그뿐만 아니라, 첫 열매로서 성령을 받은 우리도 자녀로 삼아주실 것을, 곧 우리 몸을 속량하여주실 것을 고대하면서, 속으로 신음하고 있습니다. 24 우리는 이 소망으로 구원을 얻었습니다. 눈에 보이는 소망은 소망이 아닙니다. 보이는 것을 누가 바라겠습니까? 25 그러나 우리가 보이지 않는 것을 바라면, 참으면서 기다려야 합니다.

26 ○ 이와 같이, 성령께서도 우리의 약함을 도와주십니다. 우리는 어떻게 기도해야 할지도 알지 못하지만, 성령께서 친히 이루 다 말할 수 없는 탄식으로, 우리를 대신하여 간구하여주십니다. 27 사람의 마음을 꿰뚫어보시는 하나님께서는, 성령의 생각이 어떠한지를 아십니다. 성령께서, 하나님의 뜻을 따라, 성도를 대신하여 간구하시기 때문입니다.

19절 이후에서 말하는 '피조물'이란 무엇인가요? 요즘엔 사용하지 않는 낱말인데, 글자 그대로 피조물(被造物), 곧 '만들어진 것들'을 가리킵니다. 헬라어 단어 역시 여러 의미로 사용되는데, 이 문맥에서는 인간과 구별되는 다른 창조세계를 가리킵니다. 사람들이 '창조하신' 하나님 대신 '창조된 것'을 숭배한다고 말할 때 사용된 단어입니다(롬 1:25). 바울은 타락의 여파가 인간뿐 아니라 만들어진 세상 전체에 미쳤다고 생각합니다. 현재 인간이 죽음에 굴복해야 하는 존재이듯, 하나님께서 창조하신 세상 역시 허망함에 굴복하는 존재입니다. 마찬가지로 우리가 신음하며 부활의 몸을 고대하고, 자유로운 하나님의 자녀로 나타나기를 고대하듯, 창조세계 역

28 ○ 하나님을 사랑하는 사람들, 곧 하나님의 뜻대로 부르심을 받은 사람들에게는, 모든 일이 서로 협력해서 선을 이룬다는 것을 우리는 압니다. 29 하나님께서는 미리 아신 사람들을 택하셔서, 자기 아들의 형상과 같은 모습이 되도록 미리 정하셨으니, 이것은 그 아들이 많은 형제 가운데서 맏아들이 되게 하시려는 것입니다. 30 그리하여 하나님께서는 이미 정하신 사람들을 부르시고, 또한 부르신 사람들을 의롭게 하시고, 의롭게 하신 사람들을 또한 영화롭게 하셨습니다.

하나님의 사랑은 어떠한 역경보다도 강하다

31 ○ 그렇다면, 이런 일을 두고 우리가 무엇이라고 말할 수 있겠습니까? 하나님이 우리 편이시면, 누가 우리를 대적하겠습니까? 32 자기 아들을 아끼지 않으시고, 우리 모두를 위하여 내주신 분이, 어찌 그 아들과 함께 모든 것을 우리에게 선물로 거저 주지 않으시겠습니까? 33 하나님께서 택하신 사람들을, 누가 감히 고발하겠습니까? 의롭다 하시는 분이 하나님이신데, 34 누가 감히 그들을 정죄하겠습니까? 그리스도 예수

시 현재의 허무함에서 벗어나 본래의 자유와 활력을 되찾기를 고대합니다. 한편으로 피조물이라는 이 헬라어 단어는 구원을 향한 우리 여정을 방해하는 적대적 세력을 총칭하는 말로 쓰일 수도 있고(39절), '새로운 피조물'이라는 표현으로 그리스도 안에서 새로워진 신자들을 가리키는 말로 사용되기도 합니다(고후 5:17; 갈 6:15).

는 죽으셨지만 오히려 살아나셔서 하나님의 오른쪽에 계시며, 우리를 위하여 대신 간구하여주십니다. 35 누가 우리를 그리스도의 사랑에서 끊을 수 있겠습니까? 환난입니까, 곤고입니까, 박해입니까, 굶주림입니까, 헐벗음입니까, 위협입니까, 또는 칼입니까? 36 성경에 기록한바 "우리는 종일 주님을 위하여 죽임을 당합니다. 우리는 도살당할 양과 같이 여김을 받았습니다" 한 것과 같습니다. 37 그러나 우리는 이 모든 일에서 우리를 사랑하여주신 그분을 힘입어서, 이기고도 남습니다. 38 나는 확신합니다. 죽음도, 삶도, 천사들도, 권세자들도, 현재 일도, 장래 일도, 능력도, 39 높음도, 깊음도, 그 밖에 어떤 피조물도, 우리를 우리 주 예수 그리스도 안에 있는 하나님의 사랑에서 끊을 수 없습니다.

그 어떤 것도 우리를 하나님의 사랑에서 끊을 수 없다고 하는데요, 무엇으로 그것을 확인할 수 있나요? 사랑에서 끊을 수 없다는 것은 우리를 구원에 이르게 할 하나님의 강력한 사랑에서 끊을 수 없다는 뜻입니다. 곧 구원을 향한 여정에서 우리를 막을 수 있는 것은 아무것도 없다는 뜻입니다. 이 주장을 더 강력하게 만들기 위해 바울은 31-34절에서 각 절마다 하나씩 이 강력한 사랑의 표현을 소개합니다. 다름 아닌 하나님께서 우리 편이 되셨습니다. 그래서 우리를 막을 자가 없습니다(31절). 자기 아들조차 아끼지 않고 모든 사람을 위해 내어주신 분입니다. 그러니 앞에 남은 구원도 당연히 주실 것입니다(32절). 하나님께서 우리를 택하고 의롭다 하셨습니다. 그러므로 심판에서도 우리를 고발할 존재가 없습니다(33절). 그리스도께서 죽었다가 부활하셔서 하나님 우편에서 우리를 위해 기도하고 계시니, 누구도 우리를 정죄할 수 없을 것입니다(34절). 물론 이는 앞서 5장 5절, 그리고 6-10절에서 했던 말을 보다 길게 풀어쓴 것이기도 합니다.

{ 제9장 }

하나님께서 이스라엘을 선택하시다

1 나는 그리스도 안에서 참말을 하고, 거짓말을 하지 않습니다. 내 양심이 성령을 힘입어서 이것을 증언하여줍니다. 2 나에게는 큰 슬픔이 있고, 내 마음에는 끊임없는 고통이 있습니다. 3 나는, 육신으로 내 동족인 내 겨레를 위하는 일이면, 내가 저주를 받아서 그리스도에게서 끊어질지라도 달게 받겠습니다. 4 내 동족은 이스라엘 백성입니다. 그들에게는 하나님의 자녀로서의 신분이 있고, 하나님을 모시는 영광이 있고, 하나님과 맺은 언약들이 있고, 율법이 있고, 예배가 있고, 하나님의 약속들이 있습니다. 5 족장들은 그들의 조상이요, 그리스도도 육신으로는 그들에게서 태어나셨습니다. 그는 만물 위에 계시며 영원토록 찬송을 받으실 하나님이십니다. 아멘. 6 ○ 그러나 하나님의 약속의 말씀이 폐했다고는 할 수 없습니다. 이스라엘에게서 태어난 사람이라고 해서 다 이스라엘

양심이 증언하면 되었지, 굳이 '성령을 힘입어서'(1절)라고 표현한 이유는 무엇인가요? 직역하면 '성령 안에서'라는 표현인데, 여기서는 자신의 진심을 전달하려는 수사적인 의도가 가장 커 보입니다. 이 사실은 여러 겹의 표현으로 강조됩니다. 원문의 순서를 따라가 보면, "나는 진실을 말합니다"라고 한 후에 '그리스도 안에서'라는 표현을 넣어 강조하고, "거짓말이 아닙니다" 하고 표현을 바꾸어 반복합니다. 이후 "내 양심도 나와 더불어 증언하고 있습니다"라며 양심을 소환하여 무게를 더한 후, 다시 '성령 안에서'라는 말을 더해 마무리합니다. 원문으로는 1절인데, 한 절 전체가 자신의 진심을 호소하는 맹세의 언어들입니다. 여기서 '성령 안에서'는 앞의 '그리스도 안에서'와 상응하는 표현으로, 그만큼 자신이 진리를 말하고 있다는 사실, 그리고 자기 양심의 증언 역시 진솔하다는 사실을 강조합니다.

사람이 아니고, 7 아브라함의 자손이라고 해서 다 그의 자녀가 아닙니다. 다만 "이삭에게서 태어난 사람만을 너의 자손이라고 부르겠다" 하셨습니다. 8 이것은 곧 육신의 자녀가 하나님의 자녀가 되는 것이 아니라, 약속의 자녀가 참 자손으로 여겨지리라는 것을 뜻합니다. 9 그 약속의 말씀은 "내년에 내가 다시 올 때쯤에는, 사라에게 아들이 있을 것이다" 한 것입니다. 10 그뿐만 아니라, 리브가도 우리 조상 이삭 한 사람에게서 쌍둥이 아들을 수태하였는데, 11 그들이 태어나기도 전에, 무슨 선이나 악을 행하기도 전에, 택하심이라는 원리를 따라 세우신 하나님의 계획이 살아 있게 하시려고, 12 또 이러한 일이 사람의 행위에 근거하는 것이 아니라 부르시는 분께 달려 있음을 나타내시려고, 하나님께서 리브가에게 말씀하시기를 "형이 동생을 섬길 것이다" 하셨습니다. 13 이것은 성경에 기록한바 "내가 야곱을 사랑하고, 에서를 미워하였

'택하심의 원리'(11절)는 무엇인가요? 바울이 두 사례를 들어 말하려는 것은 모두가 하나님의 선택에 달려 있다는 사실입니다. 아브라함의 경우, 통상적 과정으로 태어난 '육신의 자녀'가 아니라, 하나님의 약속으로 태어난 자녀가 그의 상속자가 됩니다. 이삭의 경우에는 태어날 아이들의 자질 때문이 아니라, 오로지 하나님의 부르심에 의해 야곱이 선택됩니다. 물론 이는 유대인이라면 누구나 다 아는 자기 조상의 이야기입니다. 그런데 유대인은 이 선택의 원리를 '아브라함의 육신적 혈통 내에서'라는 암묵적 전제 아래 읽었습니다. 그러나 놀랍게도 바울은 아예 아브라함의 혈통이라는 그 결정적인 전제마저 지우고 있습니다. 그야말로 '택하심의 원리'만 추출해 그 함의를 끝까지 밀어붙이고, 이 원리를 근거로 이방인을 향한 선교의 정당성을 논증합니다. 물론 바울이 아브라함의 육신적 혈통이라는 대전제까지 지울 수 있게 된 것은 부활하신 예수 그리스도와의 만남을 통해 죽은 자를 살리시는 하나님을 알게 되었고, 이 생명의 창조주는 사람과 사람 사이의 구별과 차별을 초월하는 분임을 깨달았기 때문입니다.

다" 한 것과 같습니다.

14 ○ 그러면 우리가 무엇이라고 말을 해야 하겠습니까? 하나님이 불공평하신 분이라는 말입니까? 그럴 수 없습니다. 15 하나님께서 모세에게 말씀하시기를 "내가 긍휼히 여길 사람을 긍휼히 여기고, 불쌍히 여길 사람을 불쌍히 여기겠다" 하셨습니다. 16 그러므로 그것은 사람의 의지나 노력에 달려 있는 것이 아니라, 하나님의 자비에 달려 있습니다. 17 그래서 성경에 바로를 두고 말씀하시기를 "내가 이 일을 하려고 너를 세웠다. 곧 너로 말미암아 내 능력을 나타내고, 내 이름을 온 땅에 전파하게 하려는 것이다" 하셨습니다. 18 그러므로 하나님께서는 긍휼히 여기시고자 하는 사람을 긍휼히 여기시고, 완악하게 하시고자 하는 사람을 완악하게 하십니다.

18절을 요약하면 '하나님 마음대로'인가요? 그렇다면 사람은 그저 하나님의 처분만 바라보게 되는 거 아닌가요? 하나님의 절대주권 사상은 우리가 받아들이기 매우 어렵습니다. 이 구절은 몰락 직전의 네로 같은 '독재자'를 떠올리게 합니다. 사실 바울은 한 술 더 뜹니다. 어차피 하나님 마음대로라면 왜 우리에게 책임을 묻느냐는 '정당한' 질문에 대해, 논리적인 답 대신 하나님의 권위로 대화를 끝내버립니다(19~21절). 이러한 논증 아닌 논증 방식의 배후에는 창조주 하나님과 창조된 인간 사이의 절대적 차이를 인정하는 유대 신앙이 있습니다. 그 속에는 하나님의 창조와 섭리에 관한 많은 생각들이 응축되어 있습니다. 삼차원 입체를 이차원 평면으로 완전하게 설명하기는 어렵듯, 하나님의 주권을 우리 경험에 투영하는 일도 간단치 않습니다. 그래서 때론 본문과 같은 '억지' 논증이 등장하기도 합니다. 물론 좀 더 상세한 이야기로 풀어낼 수도 있을 것입니다. 또 우리 경험 속에서 하나님의 주권은 늘 인간의 자유로운 결단이나 책임과 뒤엉킵니다. 그래서 주권에 대한 성급한 호소는 곧잘 무책임한 결정론으로 기울곤 합니다. 이런 주제를 다룰 때 늘 신중해야 하는 이유이기도 합니다.

하나님의 진노와 자비

19 ○ 그러면 그대는 내게 이렇게 말할 것입니다. "그렇다면 어찌하여 하나님께서는 사람을 책망하시는가? 누가 하나님의 뜻을 거역할 수 있다는 말인가?" 20 오, 사람아, 그대가 무엇이기에 하나님께 감히 말대답을 합니까? 만들어진 것이 만드신 분에게 "어찌하여 나를 이렇게 만들었습니까?" 하고 말할 수 있습니까? 21 토기장이에게, 흙 한 덩이를 둘로 나누어서, 하나는 귀한 데 쓸 그릇을 만들고, 하나는 천한 데 쓸 그릇을 만들 권리가 없겠습니까? 22 하나님께서 하신 일도 마찬가지입니다. 하나님께서 진노하심을 보이시고 권능을 알리시기를 원하시면서도, 멸망받게 되어 있는 진노의 대상들에 대하여 꾸준히 참으시면서 너그럽게 대해주시고, 23 영광을 받도록 예비하신 자비의 대상들에 대하여 자기의 풍성하신 영광을 알리시고자 하셨더라도, 어떻다는 말입니까? 24 하나

바울이 인용한 호세아, 이사야는 어떤 인물이며, 여기서 그들의 말을 가져온 의도는 무엇인가요? 호세아는 북쪽 이스라엘에서, 그리고 이사야는 남쪽 유다에서 활동한 '예언자'들입니다. 미래 일을 예언할 뿐 아니라, 불의한 현실을 비판하며 회개를 촉구하고 용서와 회복을 약속하기도 합니다. 이 두 말씀은 바로 그런 약속입니다. 결정적인 사실은 바울이 원래 유대인에 관한 말씀을 모든 민족들을 위한 것으로 재해석한다는 점입니다. "내 백성이 아니야!" 하는 말씀은 "집에서 나가!"와 같은 경고입니다. 그러다 회개하면 다시 '내 백성이야' 하고 받아준다는 말씀입니다. 그런데 바울은 이것을 진짜 '내 백성이 아닌' 이방인을 위한 예언으로 소개합니다. 이사야의 '남은 자' 예언은 불순종하는 다수 이스라엘에 대한 경고인데, 바울은 이를 자기 시대에 예수님을 거부하는 다수 유대인들에 관한 예언으로 해석합니다. 이처럼 바울과 당시의 교회는 예수님을 통해 주신 새로운 계시의 빛으로 이전의 말씀 곧 (구약)성경을 새롭게 읽었습니다.

님께서는 우리를 부르시되, 유대 사람 가운데서만이 아니라, 이방 사람 가운데서도 부르셨습니다. 25 그것은 하나님이 호세아의 글 속에서 하신 말씀과 같습니다. "나는, 내 백성이 아닌 사람을 '내 백성'이라고 하겠다. 내가 사랑하지 않던 백성을 '사랑하는 백성'이라고 하겠다." 26 "'너희는 내 백성이 아니다' 하고 말씀하신 그곳에서, 그들은, 살아계신 하나님의 자녀라고 일컬음을 받을 것이다." 27 그리고 또 이사야는 이스라엘을 두고 이렇게 외쳤습니다. "이스라엘 자손의 수가 바다의 모래와 같이 많을지라도, 남은 사람만이 구원을 얻을 것이다. 28 주님께서는 그 말씀하신 것을 온전히, 그리고 조속히 온 땅에서 이루실 것이다." 29 그것은 또한, 이사야가 미리 말한바 "만군의 주님께서 우리에게 씨를 남겨주지 않으셨더라면, 우리는 소돔과 같이 되고, 고모라와 같이 되었을 것이다" 한 것과 같습니다.

"이방인들이 의를 얻었다"(30절)는 것은 무슨 뜻인가요? 이방인들은 유대인처럼 오래 하나님을 섬기며 그분의 구원을 추구하던 사람들이 아닌데, 생각지도 않았던 '의를 갖게' 되었다는 뜻입니다. 반면 '의의 법을 추구했던' 유대인들은 오히려 그 목표에 이르지 못했습니다. '믿음이 아니라 행위에 의존했기' 때문입니다. 의견을 달리하는 이도 많습니다만(!), 이 말은 유대인들이 정말로 의의 법을 '행하려' 했다는 뜻이 아니라(2-3장에서 바울은 유대인의 불순종을 길게 비판합니다), 특정 '행위들', 곧 유대인을 이방인과 구별하는 사항들에 치중했다는 의미일 것입니다. 진짜 '하나님의 의'를 무시하고 '자기 의'를 세우려 한 것입니다. 하나님을 향한 열정이긴 했지만, '올바른 지식'이 없는 빗나간 열정인 셈입니다(롬 10:2-3). 그리스도께서는 이런 장벽을 허물고, '의라는 선물'을 모든 민족을 위한 약속으로 만드셨습니다. 많은 이방인들은 예수님을 통한 이 구원의 소식을 듣고 믿음으로 응답하며, '의를 얻고' 구원을 바라보며 살게 되었습니다.

이스라엘과 복음

30 ㅇ 그러면 우리가 무엇이라고 말해야 하겠습니까? 의를 추구하지 않은 이방 사람들이 의를 얻었습니다. 그것은 믿음에서 난 의입니다. 31 그런데 이스라엘은 의의 율법을 추구하였지만, 그 율법에 이르지 못하였습니다. 32 어찌하여 그렇게 되었습니까? 그들은 믿음에 근거하여 의에 이르려고 한 것이 아니라, 행위에 근거하여 의에 이르려고 했기 때문입니다. 그들은 걸림돌에 걸려 넘어진 것입니다. 33 그것은 성경에 기록한 바와 같습니다. "보아라, 내가 시온에, 부딪치는 돌과 걸려 넘어지게 하는 바위를 둔다. 그러나 그를 믿는 사람은 부끄러움을 당하지 않을 것이다."

1 형제자매 여러분, 내 마음의 간절한 소원과 내 동족을 위하여 하나님께 드리는 내 기도의 내용은, 그들이 구원을 얻는 일입니다. 2 나는 증언합니다. 그들은 하나님을 섬기는 데 열성이 있습니다. 그러나 그 열성은 올바른 지식에서 생긴 것이 아닙니다. 3 그들은 하나님의 의를 알지 못하고, 자기 자신들의 의를 세우려고 힘을 씀으로써, 하나님의 의에는 복종하지 않게 되었습니다. 4 그러므로 그리스도는 율법의 끝마침이 되셔서, 모든 믿는 사람에게 의가 되어주셨습니다.

만민이 구원에 이른다

5 ○ 모세는 율법에 근거한 의를 두고 기록하기를 "율법을 행

바울은 동족이 구원을 얻도록 기도한다고 했는데(1절), 그렇다면 그는 동족이 구원을 받지 않았다고 생각하고 있나요? 이스라엘은 하나님이 택한 백성 아니었나요? 바울과 같은 유대 신자들이 직면한 역설입니다. 택한 백성은 약속하신 메시아 예수님을 거부하는 반면, 그 약속을 몰랐던 이방인들이 오히려 대거 믿고 신자가 되었습니다. 다수 유대인이 예수님을 거부하며 '하나님의 의에 복종하지 않는' 것은 엄연한 현실입니다(3절). 이런 상황에서 그들의 구원을 말할 수는 없습니다. 하지만 희망이 남아 있습니다. 바울의 간절한 소원은 바로 이 희망 때문입니다. 또 현재 상황은 하나님께서 자신이 택한 백성을 버리고 이방인과 '딴 살림을 차린' 게 아닌가 하는 의구심이 들게 합니다. 바울은 하나님의 선택이 지속될 것임을 믿습니다. 유대 혈통이라는 오해만 풀면, 하나님의 선택은 변한 적이 없습니다. 수는 적지만 바울처럼 믿는 유대인의 존재가 그 증거입니다. 또 현재 이스라엘의 불신앙은 이방인의 구원을 위해 조성된 일시적인 현상이며, 머지않아 이스라엘 역시 순종하며 돌아올 것입니다. 이런 희망을 품고 바울은 동족 이스라엘을 위해 간절한 기도를 쉬지 않습니다. 그의 이방인 선교 역시 그 희망의 한 표현이기도 합니다.

한 사람은 그것으로 살 것이다" 하였습니다. 6 그러나 믿음에 근거한 의를 두고는, 이렇게 말합니다. "너는 마음속으로 '누가 하늘에 올라갈 것이냐' 하고 말하지 말아라. (그것은 그리스도를 끌어내리는 것입니다.) 7 또 '누가 지옥에 내려갈 것이냐' 하고 말하지도 말아라. (그것은 그리스도를 죽은 사람들 가운데서 끌어올리는 것입니다.)" 8 그러면 그것은 무엇을 뜻합니까? "하나님의 말씀은 네게 가까이 있다. 네 입에 있고, 네 마음에 있다" 하는 말씀이 있습니다. 이것은 우리가 전파하는 믿음의 말씀입니다. 9 당신이 만일 예수는 주님이라고 입으로 고백하고, 하나님께서 그를 죽은 사람들 가운데서 살리신 것을 마음으로 믿으면 구원을 얻을 것입니다. 10 사람은 마음으로 믿어서 의에 이르고, 입으로 고백해서 구원에 이르게 됩니다. 11 성경은 "그를 믿는 사람은 누구나 부끄러움을 당하지 않을 것이다" 하고 말합니다. 12 유대 사람이나, 그리스 사람이나, 차별이 없습니다. 그는 모든 사람에게 똑같이 주님이 되어주시고, 그를

주님의 이름을 부르는 사람은 누구든지 구원을 얻는다면(13절), 구원이 이스라엘 사람만이 아닌 모든 사람에게 가능하다는 말인가요? 원래 이 말씀은 유대인들 가운데 불신앙을 버리고 하나님의 이름을 부르는 자를 위한 약속입니다(욜 2:32). 바울은 이를 그야말로 '누구든지' 그렇다는 약속으로 해석합니다. 곧 유대인뿐 아니라 이방인들을 위한 약속이기도 하다는 뜻입니다. 원래 구원은 유대인의 이야기입니다. 하나님께서는 유대인을 자기의 특별한 소유로 선택하셨습니다. 불순종 때문에 심한 벌을 내렸지만, 메시아를 통해 다시 구원하리라 약속하셨습니다. 제자들은 예수님이 메시아, 곧 "자기 백성을 그들의 죄에서 건져낼" 구원자라 믿었습니다(마 1:21). 그래서 예수님의 부활 이후 사도들은 유대인에게만 복음을 전했습니다. 하지만 교회는 점점 이 복음이 원래 모든 민족을 위한 것임을 깨닫고, 결국 본격적인 이방인 선교에 나서게 됩니다. 바울의 신학적 노력은 많은 부분 이 사실을 성경적으로 해명하는 데 집중됩니다.

부르는 모든 사람에게 풍성한 은혜를 내려주십니다. 13 "주님의 이름을 부르는 사람은 누구든지 구원을 얻을 것입니다."

14 ○ 그런데 사람들은 자기들이 믿은 적이 없는 분을 어떻게 부를 수 있겠습니까? 또 들은 적이 없는 분을 어떻게 믿을 수 있겠습니까? 선포하는 사람이 없으면, 어떻게 들을 수 있겠습니까? 15 보내심을 받지 않았는데, 어떻게 선포할 수 있겠습니까? 성경에 기록한바 "기쁜 소식을 전하는 이들의 발걸음이 얼마나 아름다우냐!" 한 것과 같습니다. 16 그러나 모든 사람이 다 복음에 순종한 것은 아닙니다. 이사야는 "주님, 우리가 전하는 소식을 누가 믿었습니까?" 하고 말하였습니다. 17 그러므로 믿음은 들음에서 생기고, 들음은 그리스도를 전하는 말씀에서 비롯됩니다. 18 그러면 내가 묻습니다. 그들은 들은 일이 없습니까? 물론 그렇지 않습니다. 성경 말씀에 "그들의 목소리가 온 땅에 퍼지고, 그들의 말이 땅끝까지 퍼졌다" 하였습니다. 19 내가 다시 묻습니다. 이스라엘이 알지 못하였습니

바울은 왜 계속해서 이사야의 말을 인용하는 건가요? 이사야의 권위를 빌려오고 싶은 건가요? 로마서에는 모세오경(창세기, 출애굽기, 레위기, 민수기, 신명기), 호세아서, 요엘서, 시편, 욥기 등 다양한 글에서 인용과 암시가 이루어집니다. 상대적으로 이사야서가 많은 것은 바울이 개진하는 논증에 어울리는 구절이 많기 때문입니다. 성경이 자주 인용되는 것은 이것이 하나님의 말씀이라는 권위를 갖고 있기 때문입니다. 또 하나님의 계시이자 약속으로서 성경은 예수 그리스도를 통해 이루어진 결정적 계시를 미리 내다본 말씀입니다. 성경 말씀의 권위를 가져오기도 하지만, 복음에 관한 성경의 예언을 자세히 들여다보면서 예수 그리스도 사건의 의미를 이해하고 설명하려는 움직임이기도 했습니다. 물론 이는 쌍방향의 해석입니다. 성경적 예언의 빛 아래 그리스도 사건의 의미를 파악하기도 하고, 역으로 예수 사건의 빛으로 이전의 계시를 새롭게 이해하기도 합니다. 유대인을 염두에 둔 많은 성경 말씀이 이방인을 포함한 약속으로 재해석되는 것이 좋은 사례입니다.

까? 이에 대하여 하나님께서 먼저 모세를 통하여 이렇게 말씀하셨습니다. "나는 내 백성이 아닌 사람들로 너희의 질투심을 일으키고, 미련한 백성들로 너희의 분노를 자아내겠다." 20 또한 이사야는 매우 담대하게 이렇게 말씀을 전하였습니다. "나를 찾지 않는 사람들을 내가 만나주고, 나를 구하지 않는 사람들에게 내가 나타났다." 21 또한 이사야는 하나님께서 이스라엘을 보고 "복종하지 않고 거역하는 백성에게, 나는 온종일 내 손을 내밀었다" 하신 말씀을 선포하였습니다.

{ 제11장 }

이스라엘의 남은 사람

1 그러면 내가 묻습니다. 하나님께서 자기 백성을 버리신 것은 아닙니까? 그럴 수 없습니다. 나도 이스라엘 사람이요, 아브라함의 후손이요, 베냐민 지파에 속한 사람입니다. 2 하나님께서는 미리 아신 자기 백성을 버리지 않으셨습니다. 여러분은 성경이 엘리야를 두고 하신 말씀을 알지 못합니까? 그가 이스라엘을 고발하여, 하나님께 이렇게 호소하였습니다. 3 "주님, 그들은 주님의 예언자들을 죽이고, 주님의 제단들을 헐어버렸습니다. 남은 것은 나 혼자밖에 없는데, 그들은 내 목숨마저 찾고 있습니다." 4 그런데 하나님께서는 그에게 어떻게 대답하셨습니까? "내가, 바알에게 무릎을 꿇지 않은 사람 칠천 명을 내 앞에 남겨두었다" 하셨습니다. 5 이와 같이, 지금 이 시기에도 은혜로 택하심을 입은 사람들이 남아 있습니다. 6 은혜로 된 것이

바울은 갑자기 왜 자기 이야기를 꺼낸 건가요?(1절) 여기서 다루는 핵심 주제는 "지금 상황을 보면 하나님께서 자기 백성을 버리신 것이 아닌가?"라는 질문입니다. 대다수 유대인이 메시아 예수님을 거부하고 오히려 이방인들이 대거 예수님을 믿는 상황을 보면, 하나님께서 이스라엘이라는 못난 '조강지처'를 포기하고 자기를 좋아하는 이방인과 '새 살림을 차린' 것처럼 보이기 때문입니다. 바울은 이런 판단에 전혀 동의하지 않습니다. 그 첫 증거가 자신과 같은 사람들, 곧 유대인으로서 예수님을 믿는 사람들의 존재입니다. 자신의 순수한 유대 혈통을 강조하는 것은 바로 그런 이유입니다. 또한 이는 신실한 자들이 박해당하던 예언자 엘리야 시대의 이야기와 연결됩니다. 모두가 안 믿는 것 같지만, 그때처럼 지금도 '은혜로 택하심을 입은 사람들'이 존재한다는 이야기입니다(2~5절). 물론 아픈 상황이 아닐 수 없습니다. 9장 2~3절과 10장 시작 부분은 '유대인' 바울의 깊은 고통과 간절한 희망을 잘 보여줍니다.

면, 행위에 근거한 것이 아닙니다. 그렇지 않으면, 그 은혜는 이미 은혜가 아닙니다. 7 그러면 무슨 결과가 생겼습니까? 이스라엘 백성은 찾던 것을 얻지 못하였지만, 택하심을 받은 사람들은 그것을 얻었습니다. 그리고 그 나머지 사람들은 완고해졌습니다. 8 성경에 이렇게 기록한 바와 같습니다. "하나님께서 그들에게는 혼미한 영을 주셨으니, 오늘까지 그들은, 눈이 있어도 보지 못하고 귀가 있어도 듣지 못한다." 9 다윗도 다음과 같이 말하였습니다. "그들의 밥상이 그들에게 올무가 되고 덫이 되게 하여주십시오. 그들이 걸려 넘어지고, 보복을 받게 하여주십시오. 10 그들의 눈이 어두워져서 보지 못하게 되도록 하여주십시오. 그들의 등이 언제나 굽어 있게 하여주십시오."

이방 사람의 구원

11 ○ 그러면 내가 묻습니다. 이스라엘이 걸려 넘어져서 완전

"이스라엘이 걸려 넘어져서 완전히 쓰러져 망하게끔 되었습니까?"(11절)라는 질문을 던진 의도는 무엇인가요? 다수 유대인이 예수님을 믿지 않는 현실은 예수라는 '걸림돌'에 걸려 넘어진 상황에 해당합니다(롬 9:32~33). 예수님을 통한 구원이 그들이 기대했던 것과는 전혀 다른 방식으로 이루어지기 때문입니다. 7~10절은 바로 이 넘어진 상황을 묘사합니다. 그렇다면 이는 그들이 완전히 엎어졌고, 이제 다시는 일어날 수 없을 것이라는 말은 아닐까요? 상황을 보면 불가피하게 생기는 질문입니다. 바로 앞 문답에서 설명한 것처럼, 바울은 이런 판단을 거부합니다. 이스라엘이 넘어져 이방인이 구원의 기회를 얻게 된 것은 이방인 영입을 위한 역설적 조치로 해석됩니다. 역으로 이방인의 구원은 유대인들의 질투를 유발할 것이며, 결과적으로 유대인 역시 구원에 이를 것입니다. 지금은 복음이라는 걸림돌에 걸려 넘어졌지만, 결국 다시 일어나리라는 이야기입니다. 물론 이스라엘의 회복 이야기는 간단치 않으며, 바울도 이를 '신비한 비밀'이라고 이야기합니다.

히 쓰러져 망하게끔 되었습니까? 그럴 수 없습니다. 그들의 허물 때문에 구원이 이방 사람에게 이르렀는데, 이것은 이스라엘에게 질투하는 마음이 일어나게 하려는 것입니다. 12 이스라엘의 허물이 세상의 부요함이 되고, 이스라엘의 실패가 이방 사람의 부요함이 되었다면, 이스라엘 전체가 바로 설 때에는, 그 복이 얼마나 더 엄청나겠습니까?

13 ㅇ 이제 나는 이방 사람인 여러분에게 말합니다. 내가 이방 사람에게 보내심을 받은 사도이니만큼, 나는 내 직분을 영광스럽게 생각합니다. 14 나는 아무쪼록, 내 동족에게 질투심을 일으켜서, 그 가운데서 몇 사람만이라도 구원하고 싶습니다. 15 하나님께서 그들을 버리심이 세상과의 화해를 이루는 것이라면, 그들을 받아들이심은 죽은 사람들 가운데서 살아나는 삶을 주심이 아니고 무엇이겠습니까? 16 만물로 바치는 빵 반죽 덩이가 거룩하면 남은 온 덩이도 그러하고, 뿌리가 거룩하면 가지도 그러합니다.

참올리브나무와 돌올리브나무의 비유는 무엇을 이야기하기 위해 가져온 것인가요? 참올리브는 원래 택한 유대인, 돌올리브는 나중에 믿게 된 이방인입니다. 이스라엘은 참올리브인데, 그중 믿지 않은 '가지'들이 잘려나갔습니다. 그리고 그 자리에 애초에 돌올리브에 속한 '가지들'이 믿음으로 접붙여졌습니다. 이 그림은 자칫 자만할 수 있는 이방 신자들을 향한 경고입니다. 현 상황만으로는 이스라엘은 믿지 않아 버려졌고, 이방 신자들이 새로 선택된 것처럼 보입니다. 그러나 사실 이는 돌올리브 가지를 원 가지가 잘린 자리에 '접붙인' 것입니다. 참올리브나무와 그 뿌리가 접붙여진 가지를 지탱하는 것이지, 그 반대가 아니라는 말도 같은 취지입니다. 주제넘지 말라는 뜻입니다. 또한 참올리브 가지의 잘림 자체가 강력한 경고입니다. 원래 가지도 그렇게 자르는 분이라면, 접붙여진 가지가 까불면 얼마나 더 쉽게 자르시겠습니까? 그러니 겸손해야 합니다. 돌올리브도 접붙일 수 있다면 잘려나간 원래 가지를 다시 접붙이는 것은 더욱 쉽다는 말씀 역시 이방 신자들의 오만을 의식한 경고입니다.

17 ○ 그런데 참올리브나무 가지들 가운데서 얼마를 잘라내시고서, 그 자리에다 돌올리브나무인 그대를 접붙여 주셨기 때문에, 그대가 참올리브나무의 뿌리에서 올라오는 양분을 함께 받게 된 것이면, 18 그대는 본래의 가지들을 향하여 우쭐대지 말아야 합니다. 비록 그대가 우쭐댈지라도, 그대가 뿌리를 지탱하는 것이 아니라, 뿌리가 그대를 지탱한다는 것을 명심해야 합니다. 19 그러므로 "본래의 가지가 잘려나간 것은, 그 자리에 내가 접붙임을 받게 하시려는 것이었다" 하고 그대는 말해야 할 것입니다. 20 옳습니다. 그 가지들이 잘린 것은 믿지 않은 탓이고, 그대가 그 자리에 붙어 있는 것은 믿었기 때문입니다. 그러니 교만한 마음을 품지 말고, 도리어 두려워하십시오. 21 하나님께서 본래의 가지들을 아끼지 않으셨으니, 접붙은 가지도 아끼지 않으실 것입니다. 22 그러므로 하나님의 인자하심과 준엄하심을 생각해보십시오. 하나님은 넘어진 사람들에게는 준엄하십니다. 그러나 그대가 하나님의 인자하심에 머물러 있으면, 하나님이 그대에게 인자하게 대하실 것입니

바울은 마치 하나님의 속마음을 다 아는 사람처럼 말하고 있는데(21-24절), 너무 주제넘은 예단 아닌가요? 무슨 근거로 그렇게 말하는 건가요? 쉽게 할 수 있는 말은 아니지만, 그렇다고 마음대로 넘겨짚은 것도 아닙니다. 바울은 하나님의 자비로우심과 준엄하심을 함께 생각하도록 권유합니다. 이방 신자들이 복음을 받게 된 것을 생각하면 하나님의 자비로움을 떠올릴 것입니다. 이 자비는 그들만의 전유물이 아닙니다. 반면 불신앙으로 이스라엘 중 많은 가지가 잘려나간 것을 생각하면 하나님의 준엄하심을 떠올릴 것입니다. 물론 이 역시 이스라엘에게만 해당되는 것은 아닙니다. 하나님께서는 모두에게 공평한 분이기 때문입니다. 그러니까 바울은 하나님의 미래 행동을 주관적으로 예단하는 것이 아니라, 지금 벌어지는 상황 속에서 하나님의 자비와 준엄하심을 읽어내고 있습니다. 그리고 이방 신자들에게 이 두 가지 사실 모두를 깊이 숙고하며 섣부른 오만을 조심하라고 권고하는 중입니다.

다. 그렇지 않으면, 그대도 잘릴 것입니다. 23 그러나 믿지 않았던 탓으로 잘려나갔던 가지들이 믿게 되면, 그 가지들도 접붙임을 받게 될 것입니다. 하나님께서는 그들을 다시 접붙이실 수 있습니다. 24 그대가 본래의 돌올리브나무에서 잘려서, 그 본성을 거슬러 참올리브나무에 접붙임을 받았다면, 본래 붙어 있던 이 가지들이 제 나무에 다시 접붙임을 받는 것이야 얼마나 더 쉬운 일이겠습니까?

이스라엘의 회복

25 ㅇ 형제자매 여러분, 나는 여러분이 이 신비한 비밀을 알기를 바랍니다. 그것은 여러분이 스스로 현명하다고 생각하는 일이 없게 하려는 것입니다. 그 비밀은 이러합니다. 이방 사람의 수가 다 찰 때까지 이스라엘 사람들 가운데서 일부가 완고해진 대로 있으리라는 것과, 26 온 이스라엘이 구원을 받게

"구원하시는 분이 시온에서 오실 것"(26절)이라는 이 내용은 성경 어디에 나와 있나요? 왜 이 말을 인용한 것인가요? 바울은 구약성경 이사야서의 한 구절을 인용합니다(사 59:20). 그런데 구약성경 본문과는 상당히 다릅니다. 이사야서에는 "구원하시는 분이 시온을 위해 오실 것"으로 나옵니다. 시온, 곧 이스라엘의 구원과 관련된 말씀입니다. 사실 이것이 현재 바울의 의도와 잘 어울립니다. 그런데 바울이 "시온에서 오실 것"이라고 표현한 것은 이스라엘의 우선성을 부각시키기 위한 의도일 수 있습니다. 아니면 바울이 지금 우리에게 전승된 것과 다소 다른 형태의 본문을 알고 있었을 수도 있습니다. 물론 인용의 무게는 그다음 부분입니다. 그 구원자는 야곱, 곧 야곱의 후손인 이스라엘(원래 이스라엘은 야곱의 다른 이름입니다)의 경건치 못함을 제거하실 것입니다. 이는 그 구원자가 현재 대다수 이스라엘의 불신앙을 고치고, 다시 순종하는 백성으로 만들 것이라는 말씀으로 이해됩니다. 결국 "온 이스라엘이 구원을 얻을 것이라"는 진술에 대한 성경적 근거를 제시한 셈입니다(26절). 새로운 언약 체결에 관한 말씀이 연달아 인용되는 것도 같은 취지입니다(27절; 사 59:21).

되리라는 것입니다. 그것은 성경에 이렇게 기록되어 있는 바와 같습니다. "구원하시는 분이 시온에서 오실 것이니, 야곱에게서 경건하지 못함을 제거하실 것이다. 27 이것은 그들과 나 사이의 언약이니, 내가 그들의 죄를 없앨 때에 이루어질 것이다." 28 복음의 관점에서 판단하면, 이스라엘 사람들은 여러분이 잘되라고 하나님의 원수가 되었지만, 택하심을 받았다는 관점에서 판단하면, 그들은 조상 덕분에 하나님의 사랑을 받는 사람들입니다. 29 하나님께서 주시는 고마운 선물과 부르심은 철회되지 않습니다. 30 전에 하나님께 순종하지 않던 여러분이, 이제 이스라엘 사람의 불순종 때문에 하나님의 자비를 입게 되었습니다. 31 이와 같이, 지금은 순종하지 않고 있는 이스라엘 사람들도, 여러분이 받은 그 자비를 보고 회개하여, 마침내는 자비하심을 입게 될 것입니다. 32 하나님께서 모든 사람을 순종하지 않는 상태에 가두신 것은 그들에게 자비

34절과 35절에 따옴표 표시가 되어 있는 것은 인용한 말이라는 의미인가요? 이 말의 뜻은 무엇인가요? 이 책에서 활용된 새번역 성경의 신약 부분은 (구약)성경의 인용 전부를 따옴표와 좌우의 넓은 여백으로 확실하게 구분합니다. 좌우 넓은 여백은 성경 인용이 아닌 경우에도 간혹 나타납니다. 이 본문 또한 넓은 여백으로 시처럼 배열했는데, 전부가 성경 인용이어서가 아니라 실제 문장이 시적 분위기가 강한 찬양이기 때문입니다. 그 찬양 중에 성경 인용이 2번 포함되는데, 그 부분을 따옴표로 구분해 표시한 것입니다. 지금 바울은 하나님께서 구원 이야기를 쓰가는 방식, 특별히 이스라엘의 미래와 관련된 하나님의 '지혜와 지식'에 관한 묵상을 찬양 형식의 감탄으로 표현합니다. 그중에 가늠할 수 없는 하나님의 지혜를 노래하는 이사야서와 욥기의 두 구절을 인용합니다. 하나님의 마음을 인간이 파악할 도리는 없다는 말씀(사 40:13)과 인간이 그 구원 이야기의 주도권을 가질 수 없다는 말씀입니다(욥 41:1). 이스라엘의 구원을 기대하고 예상하지만, 마지막 어조는 겸허한 신중함을 보여줍니다.

를 베푸시려는 것입니다. 33 하나님의 부유하심은 어찌 그리 크십니까? 하나님의 지혜와 지식은 어찌 그리 깊고 깊으십니까? 그 어느 누가 하나님의 판단을 헤아려 알 수 있으며, 그 어느 누가 하나님의 길을 더듬어 찾아낼 수 있겠습니까? 34 "누가 주님의 마음을 알았으며, 누가 주님의 조언자가 되었습니까?" 35 "누가 먼저 무엇을 드렸기에 주님의 답례를 바라겠습니까?" 36 만물이 그에게서 나고, 그로 말미암아 있고, 그를 위하여 있습니다. 그에게 영광이 세세에 있기를 빕니다. 아멘.

{ 제12장 }

그리스도 안에서 하는 새로운 생활

1 형제자매 여러분, 그러므로 나는 하나님의 자비하심을 힘입어 여러분에게 권합니다. 여러분의 몸을 하나님께서 기뻐하실 거룩한 산 제물로 드리십시오. 이것이 여러분이 드릴 합당한 예배입니다. 2 여러분은 이 시대의 풍조를 본받지 말고, 마음을 새롭게 함으로 변화를 받아서, 하나님의 선하시고 기뻐하시고 완전하신 뜻이 무엇인지를 분별하도록 하십시오.

3 ㅇ 나는 내가 받은 은혜를 힘입어서, 여러분 각 사람에게 말합니다. 여러분은 스스로 마땅히 생각해야 하는 것 이상으로 생각하지 말고, 하나님께서 각 사람에게 나누어주신 믿음의 분량대로, 분수에 맞게 생각하십시오. 4 한 몸에 많은 지체가 있으나, 그 지체들이 다 같은 일을 하는 것이 아닙니다. 5 이와 같이, 우리도 여럿이지만 그리스도 안에서 한 몸을 이루고 있으며, 각 사람은 서로 지체입니다. 6 하나님께서 우리에게 주신 은혜를 따라, 우리는 저마다 다른 신령한 선물을 가지고 있습니

'저마다 다른 신령한 선물'(6절)을 가지고 있다네요. 이건 기독교인들에게만 주어진 것인가요? 왜 '선물'이라고 표현한 건가요? '신령한 선물'은 본래 '은혜로 주어진 선물'입니다. 아무런 조건 없이 주어지기에 '선물'이라 했고, 성령에 의해 주어진다는 점에서 '신령한' 선물이라 번역했습니다. 보통은 은혜로 주어진 것이라는 의미로 '은사'(恩賜)라고 불리며, 종종 '선물'이라는 말로 표현되기도 합니다. 원래 은사는 다양한 상황에 적용할 수 있는 일반적인 단어입니다. 지금 문맥에서는 다소 좁은 의미로 하나님의 자유로운 결정을 따라 교회 내의 각 사람에게 다양하게 주어지는 역할을 가리킵니다. 그러니까 원칙적으로 교회 내의 이야기입니다. 지도력이나 돌봄처럼 자연

다. 가령, 그것이 예언이면 믿음의 정도에 맞게 예언할 것이요, 7 섬기는 일이면 섬기는 일에 힘써야 합니다. 또 가르치는 사람이면 가르치는 일에, 8 권면하는 사람이면 권면하는 일에 힘쓸 것이요, 나누어주는 사람은 순수한 마음으로, 지도하는 사람은 열성으로, 자선을 베푸는 사람은 기쁜 마음으로 해야 합니다.

그리스도인의 생활 규범

9 ○ 사랑에는 거짓이 없어야 합니다. 악한 것을 미워하고, 선한 것을 굳게 잡으십시오. 10 형제의 사랑으로 서로 다정하게 대하며, 존경하기를 서로 먼저 하십시오. 11 열심을 내어서 부지런히 일하며, 성령으로 뜨거워진 마음을 가지고 주님을 섬기십시오. 12 소망을 품고 즐거워하며, 환난을 당할 때에 참으며, 기도를 꾸준히 하십시오. 13 성도들이 쓸 것을 공급하고, 손님 대접하기를 힘쓰십시오. 14 여러분을 박해하는 사람들을 축복하십시오. 축복을 하고, 저주를 하지 마십시오. 15 기뻐하는 사람들과 함께 기뻐하고, 우는 사람들과 함께 우십시오. 16 서로 한마음이 되고, 교만한 마음을 품지 말고, 비천한

적 성품이나 자질과 깊이 얽힌 것들도 있고, 방언이나 치유처럼 전혀 그렇지 않은 것도 있습니다. 하나님께서 교회 내의 신자들에게 다양한 은사를 내리시는 것은 그 은사들이 잘 활용되어 공동체가 튼튼하게 세워지도록 하려는 것입니다. 내가 아니라 모두의 유익을 위해 주신 선물이라는 사실, 이것이 바울이 가장 힘주어 강조하는 점입니다.

사람들과 함께 사귀고, 스스로 지혜가 있는 체하지 마십시오. 17 아무에게도 악을 악으로 갚지 말고, 모든 사람이 선하다고 생각하는 일을 하려고 애쓰십시오. 18 여러분 쪽에서 할 수 있는 대로 모든 사람과 더불어 화평하게 지내십시오. 19 사랑하는 여러분, 여러분은 스스로 원수를 갚지 말고, 그 일은 하나님의 진노하심에 맡기십시오. 성경에도 기록하기를 "'원수 갚는 것은 내가 할 일이니, 내가 갚겠다'고 주님께서 말씀하신다" 하였습니다. 20 "네 원수가 주리거든 먹을 것을 주고, 그가 목말라하거든 마실 것을 주어라. 그렇게 하는 것은, 네가 그의 머리 위에다가 숯불을 쌓는 셈이 될 것이다" 하였습니다. 21 악에게 지지 말고, 선으로 악을 이기십시오.

그리스도인의 생활 규범대로만 살면 지상이 곧 천국일 것 같습니다. 참 좋은 말들의 모음집이지만, 그렇게 살기는 너무 어려운 거 아닌가요? 현실 속에서 다양한 한계를 경험하는 우리들이기에 본문의 권고들이 너무 이상적이라고 느낄 수도 있습니다. 하지만 어려워 보인다고 그 의미나 중요성을 섣불리 무시하는 태도도 석연찮습니다. 여기 제시된 다양한 권고들은 모두 교회 공동체라는 구체적 정황을 염두에 둔 매우 실제적이고 구체적인 권고입니다. 그래서 하나하나를 살펴보면, '이상적'이라기보다는 교회를 이룬 신자들이 반드시 기억해야 할 덕목이라는 인상을 받습니다. 교회는 이 세상 한가운데서 은혜와 생명의 공동체로 존재하라는 부르심 아래 서 있습니다. 경쟁과 갈등을 부추기는 세속적 욕망과 가치의 전횡에서 벗어나, 은혜의 통치 아래 생명의 역동을 드러내는 공동체가 되라는 거룩한 부르심입니다. 교회의 도덕적 차별성은 이런 사명의 가장 중요한 표현 가운데 하나입니다. 쉽고 어렵고를 따지지 말고, 이런 구체적인 덕목들을 숙고하고 거기에 내 삶을 맞추려는 겸허한 노력, 이것이 가장 지혜로운 태도일 것입니다.

{ 제13장 }

그리스도인과 세상 권세

1 사람은 누구나 위에 있는 권세에 복종해야 합니다. 모든 권세는 하나님께로부터 온 것이며, 이미 있는 권세들도 하나님께서 세워주신 것입니다. 2 그러므로 권세를 거역하는 사람은 하나님의 명을 거역하는 것이요, 거역하는 사람은 심판을 받게 될 것입니다. 3 치안관들은, 좋은 일을 하는 사람에게는 두려울 것이 없고, 나쁜 일을 하는 사람에게만 두려움이 됩니다. 권세를 행사하는 사람을 두려워하지 않으려거든, 좋은 일을 하십시오. 그러면 그에게서 칭찬을 받을 것입니다. 4 권세를 행사하는 사람은 여러분 각 사람에게 유익을 주려고 일하는 하나님의 일꾼입니다. 그러나 그대가 나쁜 일을 저지를 때에는 두려

위에 있는 권세에 복종해야 한다는 이야기(1–2절)는 너무 위험한 내용 아닌가요? 부패한 독재자들이 이 성경을 들고 나오면 그냥 순응해야 하는 건가요? 하나의 글에서 할 말을 전부 다 하는 경우는 드뭅니다. 여기서도 그렇습니다. 이 본문의 구체적인 권고는 권력을 대하는 신자들의 태도에 관한 보편적 지침이 아닙니다. 여기서 바울은 일단 다소 일반적 의미에서 공권력의 '순기능'을 전제합니다(3–4절). 그리고 그 긍정적인 역할의 수행자로서 권력을 하나님의 '대리자'로 제시합니다(4, 6절). 이를 근거로 신자들에게 납세와 같은 시민적 의무를 성실하게 이행하라고 권고합니다(1, 5–7절). 하지만 이 특수한 지침은 "상황을 막론하고 무조건 복종하라"는 권고가 아닙니다. 권력이 본연의 역할을 망각하고 일탈을 감행하면서 하나님의 뜻에 어긋나는 복종을 요구한다면 이야기는 완전히 달라집니다. 성경에는 하나님을 섬기는 사람들이 신앙 때문에 권력과 충돌하는 상황이 자주 등장합니다. 궁극적 섬김의 대상은 권력이 아닌 하나님이기 때문입니다. 유독 보수정권 아래에서 이 구절을 들고 나오는 이들이 많다는 사실 또한 곱씹어볼 만합니다.

위해야 합니다. 그는 공연히 칼을 차고 있는 것이 아닙니다. 그는 하나님의 일꾼으로서, 나쁜 일을 하는 자에게 하나님의 진노를 집행하는 사람입니다. 5 그러므로 진노를 두려워해서만이 아니라, 양심을 생각해서도 복종해야 합니다. 6 같은 이유로, 여러분은 또한 조세를 바칩니다. 그들은 하나님의 일꾼들로서, 바로 이 일을 하는 데 힘쓰고 있습니다. 7 여러분은 모든 사람에게 의무를 다하십시오. 조세를 바쳐야 할 이에게는 조세를 바치고, 관세를 바쳐야 할 이에게는 관세를 바치고, 두려워해야 할 이는 두려워하고, 존경해야 할 이는 존경하십시오.

사랑은 율법의 완성이다

8 ○ 서로 사랑하는 것 외에는, 아무에게도 빚을 지지 마십시오. 남을 사랑하는 사람은 율법을 다 이룬 것입니다. 9 "간음하지 말아라. 살인하지 말아라. 도둑질하지 말아라. 탐내지 말아

왜 바울은 권력자를 하나님의 일꾼이라고 본 건가요? 지나치게 권력 중심적인 사고에서 나온 발언 아닌가요? 맥락을 벗어난 보편화는 늘 위험합니다. 가령 구약성경이사야서는 페르시아의 고레스(키루스) 왕을 하나님의 '메시아'라 추켜세웁니다. 하지만 고레스의 '메시아'적 역할은 포로가 된 유대인의 귀환 실행에 국한될 뿐, 그가 정말 약속된 '그 메시아'라는 의미가 아닙니다. 여기서도 통치 권력은 개별 나라에서 세상이 공정하고 평화롭게 유지되기를 바라시는 하나님의 뜻을 이행한다는 점에서 하나님의 일꾼이라 불립니다. 선한 일을 장려하고, 악을 억제하며, 악을 행한 이에게 응분의 처벌을 가함으로써 이 땅에 평화로운 질서를 유지하는 역할입니다(3~4절). 그러니까 공권력이 무슨 일을 하든 '하나님의 일꾼'으로 간주하라는 말과는 거리가 멉니다. 이와 반대로 '이 세상의 통치자'에 대한 다른 구절만 읽으면, 지상의 통치 권력을 너무 부정적으로만 본다는 인상을 받을 수도 있습니다(고전 2:6~8; 엡 6:10~12 등). 어느 쪽이든 구체적인 진술의 의도를 잘 살펴야 합니다.

라" 하는 계명과, 그 밖에 또 다른 계명이 있을지라도, 모든 계명은 "네 이웃을 네 몸과 같이 사랑하여라" 하는 말씀에 요약되어 있습니다. 10 사랑은 이웃에게 해를 입히지 않습니다. 그러므로 사랑은 율법의 완성입니다.

주님 오실 날이 가깝다

11 ○ 여러분은 지금이 어느 때인지 압니다. 잠에서 깨어나야 할 때가 벌써 되었습니다. 지금은 우리의 구원이 우리가 처음 믿을 때보다 더 가까워졌습니다. 12 밤이 깊고, 낮이 가까이 왔습니다. 그러므로 우리는 어둠의 행실을 벗어버리고, 빛의 갑옷을 입읍시다. 13 낮에 행동하듯이, 단정하게 행합시다. 호사한 연회와 술 취함, 음행과 방탕, 싸움과 시기에 빠지지 맙시다. 14 주 예수 그리스도로 옷을 입으십시오. 정욕을 채우려고 육신의 일을 꾀하지 마십시오.

행실에 대한 이야기를 강조해야 할 만큼 신앙을 가진 사람 중에도 호사한 연회, 술 취함, 음행과 방탕, 싸움과 시기에 빠진 이들이 많았나요? 표현 방식이나 정도의 차이는 있겠지만, 이런 행태는 어느 사회에나 늘 존재해온 것입니다. 현대사회 역시 이 부분에서는 과거 어느 시대 못지않습니다. 바울의 편지를 받는 교회에는 대개 어른이 되어 복음을 듣고 신자가 된 사람들이 많았습니다. 따라서 유대인으로 예수님을 믿은 사람들보다 도덕적으로 더 타락한 과거를 가진 사람들이 많았습니다. 이들은 이제 신자가 되어 이 세상과 다르게 사는 법을 배웁니다. 하지만 세상과 결별하는 것이 아니었던 만큼, 과거 생활습관의 유혹은 적지 않았습니다. 그래서 이런 식의 경고나 권고가 자주 등장합니다. 실제 문제 상황이 발생해서일 수도 있고, 영적, 도덕적 건강을 위한 예방적 권고일 때도 많습니다. 호사한 연회처럼 일부에게만 해당되는 것도 있고, 싸움이나 시기처럼 어디에나 널린 모습도 있습니다. 무엇이든, 버려야 할 과거를 생생하게 상기하면서 거룩한 삶을 향한 열정을 일깨우려는 시도입니다.

{ 제14장 }

형제자매를 비판하지 말아라

1 여러분은 믿음이 약한 이를 받아들이고, 그의 생각을 시비거리로 삼지 마십시오. 2 어떤 사람은 모든 것을 다 먹을 수 있다고 생각하지만, 믿음이 약한 사람은 채소만 먹습니다. 3 먹는 사람은 먹지 않는 사람을 업신여기지 말고, 먹지 않는 사람은 먹는 사람을 비판하지 마십시오. 하나님께서는 그 사람도 받아들이셨습니다. 4 우리가 누구이기에 남의 종을 비판합니까? 그가 서 있든지 넘어지든지, 그것은 그 주인이 상관할 일입니다. 주님께서 그를 서 있게 할 수 있으시니, 그는 서 있게 될 것입니다. 5 또 어떤 사람은 이날이 저 날보다 더 중요하다고 생각하고, 또 어떤 사람은 모든 날이 다 같다고 생각합니다. 각

바울의 이야기는 주변 사람들에게 매우 포용적인 자세를 보여줍니다. 하지만 술, 제사 음식, 일요일 등의 문제에서 기독교인들은 왜 그렇게 배타적인 입장을 취하는 건가요? 한국 기독교 역사에서 그만큼 상징성이 크기 때문입니다. 첫 선교사들의 보수적 신앙과 한국 특유의 상황이 함께 반영된 결과입니다. 선교사들은 조선 남자들의 지나친 음주와 노름 문화를 걱정했고, 이런 상황에서 자연스럽게 '건강한 신앙 = 금주'라는 분위기가 생겼습니다. 일요일 곧 '주일 성수' 전통은 선교사들의 보수적 신앙이 그대로 전수된 결과입니다. 죽은 조상에게 '음식을 차리고' 그들에게 '절하는' 모습은 그런 전통이 없는 선교사들의 눈에는 귀신에게 제물을 바치고 절하는 우상숭배일 수밖에 없었습니다. 우리의 전통 음악조차 마귀의 음악으로 치부한 이들도 있었습니다. 오랜 관행에 토대를 둔 상징성 때문에 여전히 강한 입장들이 충돌하곤 하지만, 술이나 일요일 문제에 대해 상당히 융통성 있는 생각을 가진 신자들이 많습니다. 제사 문제는 이를 아름다운 문화의 하나로 간주하는 가톨릭과 여전히 우상숭배로 보는 대다수 개신교인 사이에 견해차가 큽니다.

각 자기 마음에 확신을 가져야 합니다. 6 어떤 날을 더 존중히 여기는 사람도 주님을 위하여 그렇게 하는 것이요, 먹는 사람도 주님을 위하여 먹으며, 먹을 때에 하나님께 감사를 드립니다. 그리고 먹지 않는 사람도 주님을 위하여 먹지 않으며, 또한 하나님께 감사를 드립니다. 7 우리 가운데는 자기만을 위하여 사는 사람도 없고, 또 자기만을 위하여 죽는 사람도 없습니다. 8 우리는 살아도 주님을 위하여 살고, 죽어도 주님을 위하여 죽습니다. 그러므로 우리는 살든지 죽든지 주님의 것입니다. 9 그리스도께서 죽으셨다가 살아나신 것은, 죽은 사람에게도 산 사람에게도, 다 주님이 되시려는 것이었습니다. 10 그런데 어찌하여 그대는 형제나 자매를 비판합니까? 어찌하여 그대는 형제나 자매를 업신여깁니까? 우리는 모두 다 하나님의 심판대 앞에 서게 될 것입니다. 11 성경에는 이렇게 기록되어 있습니다. "주님께서 말씀을 하신다. 내가 살아 있으니, 모든

바울이 콕 집어 지적하는 걸로 보면 당시 교회 안에는 상대방을 비판하거나 업신여기는 일이 많았나 봅니다. 어떤 갈등이 있었나요? 이것은 채식주의와 관련된 이야기인가요? '모든 것을 먹는' 사람과 '채소만 먹는' 사람 사이의 갈등입니다. 확실하지는 않지만, 채소만 먹는 사람은 유대인일 가능성이 큽니다. 한 분 하나님을 섬기는 유대인에게는 우상숭배가 무서운 죄입니다. 도처에 신전들이 넘쳐나고, 일상의 많은 영역이 신전의 의식과 얽힌 문화 속에서는 더 예민할 수밖에 없었습니다. 당시 신전에서의 식사는 물론, 시장에서 파는 고기도 대부분 신전을 거쳐 나왔습니다. 따라서 유대인들은 우상숭배 때문에 아예 고기를 피했습니다. 예수님을 믿었다고 다를 이유는 없었습니다. 반면 이방 신자들은 아무 거리낌이 없었습니다. 특히 하나님께서는 한 분이며, 다른 신들은 없다는 사실을 깨달은 이들에게 '고기'는 신전을 거쳤든 아니든 그냥 고기였습니다. 같은 신앙이지만 이를 표현하는 구체적인 방식이 달랐고, 이것이 갈등의 원인이 되었습니다. 그냥 '채식주의' 문제가 아니라, 신앙을 표현하는 구체적인 형식 사이의 갈등입니다.

무릎이 내 앞에 꿇을 것이요, 모든 입이 나 하나님을 찬양할 것이다." 12 그러므로 우리는 각각 자기 일을 하나님께 사실대로 아뢰어야 할 것입니다.

형제자매가 걸려 넘어지지 않게 처신하라

13 ○ 그러므로 이제부터는 서로 남을 심판하지 마십시다. 형제자매 앞에 장애물이나 걸림돌을 놓지 않겠다고 결심하십시오. 14 내가 주 예수 안에서 알고 또 확신하는 것은 이것입니다. 무엇이든지 그 자체로 부정한 것은 없고, 다만 부정하다고 여기는 그 사람에게는 부정한 것입니다. 15 그대가 음식 문제로 형제자매의 마음을 상하게 하면, 그것은 이미 사랑을 따라 살지 않는 것입니다. 음식 문제로 그 사람을 망하게 하지 마십시오. 그리스도께서 그 사람을 위하여 죽으셨습니다. 16 그러므로 여러분이 좋다고 여기는 일이 도리어 비방거리가 되지 않도록 하십시오. 17 하나님의 나라는 먹는 일과 마시는 일이 아니라, 성령 안에서 누리는 의와 평화와 기쁨입니다. 18 그리스도를 이렇게 섬기는 사람은, 하나님을 기쁘게 해드리고, 사

고기 먹는 일이 무슨 대수라고 바울은 이렇게 신신당부를 하는 건가요? 몸으로 살아가는 인간의 신앙은 언제나 구체적인 실천으로 표현됩니다. 공동체 속에서 이 실천들은 전체를 하나로 엮는 문화가 되고, 그 속에 속한 개인들에게 정체성을 부여하는 종교적, 문화적 상징이 됩니다. 많은 이들은 이런 실천에 대한 도전을 신앙적 정체성 자체에 대한 도전으로 받아들입니다. 이는 개인적, 집단적 기억 또는 내밀한 삶의 체험과 얽혀 종종 신학적 논리를 넘어섭니다. 이슬람교 신자였던 이가 예수님을 믿은 후에도 여전히 돼지고기를 못 먹는 것과 같습니다. 유대인들의 체험과 의식에서 '고기'는 늘 우상숭배와 얽힙니다. 이는 설득의 차원을 넘어섭니다. 연

람에게도 인정을 받습니다. 19 그러므로 우리는 서로 화평을 도모하는 일과, 서로 덕을 세우는 일에 힘을 씁시다. 20 하나님이 이룩해놓으신 것을 음식 때문에 망치는 일이 없도록 하십시오. 모든 것이 다 깨끗합니다. 그러나 어떤 것을 먹음으로써 남을 넘어지게 하면, 그러한 사람에게는 그것이 해롭습니다. 21 고기를 먹는다든가, 술을 마신다든가, 그 밖에 무엇이든지, 형제나 자매를 걸려 넘어지게 하는 일은 하지 않는 것이 좋습니다. 22 그대가 지니고 있는 신념을 하나님 앞에서 스스로 간직하십시오. 자기가 옳다고 생각하는 일을 하면서 자기를 정죄하지 않는 사람은 복이 있습니다. 23 의심을 하면서 먹는 사람은 이미 단죄를 받은 것입니다. 그것은 믿음에 근거해서 한 것이 아니기 때문입니다. 믿음에 근거하지 않는 것은 다 죄입니다.

약한 믿음일 수 있지만, 잘못은 결코 아닙니다. 오히려 삶의 맥락을 무시한 도전과 설득은 상대의 신앙을 망가뜨릴 수도 있습니다. 그래서 바울은 철저한 상호 존중을 주문합니다. 신앙적 표현의 다양성을 인정하면서, 그 배후의 공통된 신앙에 더 깊은 관심을 기울이라는 것입니다(17-18절).

{ 제15장 }

덕을 세워라

1 믿음이 강한 우리는 믿음이 약한 사람들의 약점을 돌보아주어야 합니다. 우리는 자기에게 좋을 대로만 해서는 안 됩니다. 2 우리는 저마다 자기 이웃의 마음에 들게 행동하면서, 유익을 주고 덕을 세워야 합니다. 3 그리스도께서도 자기에게 좋을 대로만 하지 않으셨습니다. 성경에 기록하기를 "주님을 비방하는 자들의 비방이 내게 떨어졌다" 한 것과 같습니다. 4 무엇이든지 전에 기록한 것은, 우리에게 교훈을 주려고 한 것이며, 성경이 주는 인내와 위로로써, 우리로 하여금 소망을 가지게 하려고 한 것입니다. 5 인내심과 위로를 주시는 하나님께서, 여러분이 그리스도 예수를 본받아 같은 생각을 품게 하시고, 6 한마음과 한입으로 하나님 곧 우리 주 예수 그리스도의 아버

"자기 이웃의 마음에 들게 행동하면서, 유익을 주고 덕을 세워야"(2절) 한다는 말은 지금의 개인주의와는 너무 동떨어진 이야기처럼 들립니다. 과연 이 말은 이 시대에도 유효한 말이 될 수 있을까요? 개인주의가 팽배한 것처럼 보이지만, 실제 사회는 다양한 관계의 끈으로 연결되어 돌아갑니다. 또한 모든 인간 사회는 '나보다 남을 배려하는' 행동을 '도덕적'인 것으로 간주합니다. 실천 여부와 무관하게, 인간 사회의 생존 자체가 희생의 원리에 토대를 두고 있기 때문입니다. 모든 인간은 '스스로 신이 되고자 하는' 근원적인 욕망이 있고, 이 욕망은 끊임없는 경쟁과 갈등, 서로를 해치는 살인의 문화를 만들어냅니다. 기독교는 예수님의 자기 희생이 모든 사람을 위한 구원의 토대라고 가르칩니다. 또 이는 신자들이 죄와 죽음의 통치에서 벗어나 은혜와 새로운 생명의 통치 아래 살아가는 삶의 원리가 됩니다. 그러니까 바울이 강조하는 사랑의 원리는 예수님의 십자가에 기초한 기독교적 윤리입니다. 동시에 우리 사회의 생존에 가장 필요한 태도이기도 합니다. 바울은 바로 이 사랑이 사람을 구원으로 인도하는 가장 중요한 '길'이라고 가르칩니다.

지께 영광을 돌리게 해주시기를 빕니다.

유대인과 이방인이 하나님을 찬양하다

7 ○ 그러므로 그리스도께서 하나님의 영광을 드러내시려고 여러분을 받아들이신 것과 같이, 여러분도 서로 받아들이십시오. 8 내가 말하는 것은 이러합니다. 그리스도께서는 하나님의 진실하심을 드러내시려고 할례를 받은 사람의 종이 되셨으니, 그것은 하나님께서 조상에게 주신 약속들을 확증하시고, 9 이방 사람들도 긍휼히 여기심을 받아서, 하나님께 영광을 돌리게 하시려고 한 것입니다. 기록된바 "그러므로 내가 이방 사람들 가운데서 주님께 찬양을 드리며, 주님의 이름을 찬미합니다" 한 것과 같습니다. 10 또 "이방 사람들아, 주님의 백성과 함께 즐거워하여라" 하였으며, 11 또 "모든 이방 사람들은 주님을 찬양하여라. 모든 백성들아, 주님을 찬양하여라" 하

이방인들도 긍휼히 여기심을 받는다(9절)는 말은 무슨 뜻인가요? 이 말 뒤에는 '이방 사람들'이 주의 백성들과 함께 하나님을 찬양한다는 성경 구절이 계속 인용됩니다(9–12절). 원래 하나님의 백성이 아니어서 언약의 바깥에 있던 이방인들이 메시아 예수님을 통해 구원의 백성이 된다는 이야기입니다. 앞서 9–11장에서 길게 다루었던 주제입니다. 바울이 여기서 이 말을 다시 하는 이유는 이처럼 그리스도께서 유대인으로 이 땅에 오셔서 유대인뿐 아니라 이방인을 또한 하나님의 백성이 되게 하셨다는 사실을 되새기기 위해서입니다. 그리스도는 유대인이나 이방인을 구별하지 않고 우리 모두를 받아주셨습니다. 바울은 이 사실을 되새기며, "그러므로 여러분도 서로를 받아주십시오" 하고 권고합니다(7절). 바울이 긴 논의를 마무리하면서 드리는 기도가 바로 이것입니다. 곧 모두가 그리스도 예수님을 본받아 서로 같은 뜻을 품는 것, 그래서 모두가 "한마음과 한입으로 하나님 곧 우리 주 예수 그리스도의 아버지께 영광을 돌리게" 해주십사 하는 것입니다(5–6절).

였습니다. 12 그리고 이사야가 말하기를 "이새의 뿌리에서 싹이 나서 이방 사람을 다스릴 이가 일어날 것이니, 이방 사람은 그에게 소망을 둘 것이다" 하였습니다. 13 소망을 주시는 하나님께서, 믿음에서 오는 모든 기쁨과 평화를 여러분에게 충만하게 주셔서, 성령의 능력으로, 소망이 여러분에게 차고 넘치기를 바랍니다.

바울의 사도직의 근거

14 ○ 나의 형제자매 여러분, 나는, 여러분 마음에 선함이 가득하고, 온갖 지식이 넘쳐서, 서로 권면할 능력이 있음을 확신합니다. 15 그러나 내가 몇 가지 점에 대해서 매우 담대하게 쓴 것은, 하나님께서 내게 주신 은혜를 힘입어서, 여러분의 기억을 새롭게 하려고 한 것입니다. 16 하나님께서 이 은혜를 내게 주신 것은, 나로 하여금 이방 사람에게 보내심을 받은 그리스

바울은 꽤 자주 이사야서를 인용합니다. 특별한 이유가 있나요? 로마서의 가장 중요한 주제 중 하나는 하나님께서 '모든 믿는 사람'을 구원에 이르게 하신다는 것입니다. 당시 상황에서 '모든'은 구체적으로 '유대인뿐 아니라 이방인들도'를 의미합니다. 바울은 성경의 다양한 글 속에서 이런 취지의 예언을 찾아내지만, 상대적으로 이사야서의 비중이 꽤 높습니다. 이것이 의도적인 선택인지는 분명하지 않습니다. 어쨌든 이스라엘의 심판과 회복을 노래하는 이사야서의 글 속에 모든 민족을 향한 하나님의 구원 이야기가 더 많이, 더 선명하게 나오기 때문일 것입니다. 유대인과 이방인 모두를 하나의 언약으로 모으는 하나님 이야기는 여러 민족으로 이루어진 교회 공동체 신자들의 삶에도 매우 중요한 사실로 다가옵니다. 유대인과 이방인의 하나 됨이 추상적인 이상이 아니라면, 이는 결국 그들의 현실 공동체 안에서 유대와 사랑을 구체적으로 실천함으로써 드러나야 할 것이기 때문입니다. 12-15장의 실천적 가르침 역시 '모든' 믿는 자들의 구원이라는 주제와 긴밀하게 얽혀 있습니다.

도 예수의 일꾼이 되게 하여, 하나님의 복음을 전하는 제사장의 직무를 수행하게 하시려는 것입니다. 그리하여 이방 사람들로 하여금 성령으로 거룩하게 되게 하여, 하나님께서 기쁨으로 받으실 제물이 되게 하시려는 것입니다. 17 그러므로 나는 하나님을 섬기는 일을 그리스도 예수 안에서 자랑스럽게 생각합니다. 18 그리스도께서 이방 사람들을 복종하게 하시려고 나를 시켜서 이루어놓으신 것밖에는, 아무것도 감히 말하지 않겠습니다. 그 일은 말과 행동으로, 19 표징과 이적의 능력으로, 성령의 권능으로 이루어졌습니다. 그래서 나는, 예루살렘에서 일루리곤에 이르기까지 두루 다니면서, 그리스도의 복음을 남김없이 전파하였습니다. 20 나는 이와 같이, 그리스도의 이름이 알려진 곳 말고, 알려지지 않은 곳에서 복음을 전하는 것을 명예로 삼았습니다. 나는 남이 닦아놓은 터 위에다가 집을 짓지 않으려 하였습니다. 21 성경에 이렇게 기록한바, "그의 일을 알지 못하던 사람들이 보게 될 것이요, 듣지 못하

바울은 왜 이방인에게 복음을 전하는 일에 전적으로 매달렸나요? 바울은 원래 독실한 유대교 신자로, 이방인들에게 호의적이던 교회를 심하게 박해하고 없애려 했던 사람입니다. 그러다 다마스쿠스로 가던 길에 환상 속에 부활하신 예수님을 만났습니다. 그는 "하나님께서 그 아들을 자기 속에 나타내신" 이 계시가 "이방인들에게 예수 그리스도의 복음을 전파하라"는 목적을 가진 부르심이라고 믿었습니다(16절; 갈 1:15–16). 곧 '이방인들을 위한 사도'로 부르심을 받은 것입니다(롬 1:1, 5; 11:13). 자신이 모든 이방인들에게 빚을 진 사람이라는 것도 같은 신념의 표현이었고, 그래서 로마와 스페인 같은 곳에서 할 수 있는 대로 부지런히 복음을 전하려고 했습니다(롬 1:14–15). 바울은 이 사명을 '이방인들을 하나님 앞에 거룩한 제물로 바치는' 제사장의 임무와 같은 것으로 생각했습니다(롬 15:16). 이 부르심을 소홀히 하면 하나님으로부터 버림을 받을 수도 있다고 생각했습니다(고전 9:16, 27). 또한 이런 노력이 동족 유대인의 구원을 촉진할 것이라는 기대도 있었습니다.

던 사람들이 깨닫게 될 것이다" 한 것과 같습니다.

바울의 로마 방문 계획

22 ○ 그래서 내가 여러분에게로 가려고 하였으나, 여러 번 길
이 막혔습니다. 23 그러나 이제는 이 지역에서, 내가 일해야
할 곳이 더 없습니다. 여러 해 전부터 여러분에게로 가기를 바
라고 있었으므로, 내가 스페인으로 갈 때에, 24 지나가는 길에
여러분을 만나보고, 잠시 동안만이라도 여러분과 먼저 기쁨을
나누려고 합니다. 그다음에 여러분의 후원을 얻어, 그곳으로
가게 되기를 바랍니다. 25 그러나 지금 나는 성도들을 돕는 일
로 예루살렘에 갑니다. 26 마케도니아와 아가야 사람들이 기
쁜 마음으로, 예루살렘에 사는 성도들 가운데 가난한 사람들
에게 보낼 구제금을 마련하였기 때문입니다. 27 그들은 기쁜
마음으로 그렇게 하였습니다. 그들은 정말로 예루살렘 성도들

구제금을 전해주는 일이야 다른 사람이 해도 될 텐데, 바울은 왜 굳이 직접 가려고
했던 건가요? 극심한 가뭄에 시달리는 유대의 성도들을 위한 구제금 모금은 바울
이 선교 초기부터 마음먹고 준비해온 중요한 기획이었습니다. 이방 신자들이 예루
살렘의 가난한 성도들에게 보내는 물질적 사랑은 유대인들로부터 복음을 받았다는
사실에 대한 겸허한 감사의 표현이자(27절), 유대인과 이방인 모두가 하나의 교회
라는 사실을 확인하는 결정적인 몸짓이기도 했습니다. 그래서 바울은 이 모금에 매
우 많은 관심을 기울였고(갈 2:10; 고전 16장; 고후 8-9장), 또 이 구제금이 예루살
렘 성도들에게 잘 받아들여지기를 노심초사하며 기도했습니다(31절). 이방인 선교
의 주역인 만큼, 바울은 다른 사람들과 더불어 자신 또한 직접 이 구제금 전달에 함
께하고자 했습니다. 이 때문에 로마 여행을 미룰 만큼 많은 관심을 기울였던 것으
로 보입니다(25절). 하지만 돈 문제와 관련해 성도들의 오해를 사지 않으려는 신중
한 모습도 보입니다(고전 16:3-4).

에게 빛을 진 사람들입니다. 이방 사람들은 그들에게서 신령한 복을 나누어 받았으니, 육신의 생활에 필요한 것으로 그들에게 봉사할 의무가 있습니다. 28 그러므로 나는 이 일을 마치고, 그들에게 이 열매를 확실하게 전해준 뒤에, 여러분에게 들렀다가 스페인으로 가겠습니다. 29 내가 여러분에게 갈 때에, 그리스도의 충만한 복을 가지고 갈 것으로 압니다.

30 ○ 형제자매 여러분, 내가 우리 주 예수 그리스도를 힘입어서, 그리고 성령의 사랑을 힘입어서 여러분에게 부탁합니다. 나도 기도합니다만, 여러분도 나를 위하여 하나님께 열심으로 기도해주십시오. 31 내가 유대에 있는 믿지 않는 자들에게서 화를 당하지 않도록, 그리고 또 내가 예루살렘으로 가져가는 구제금이 그곳 성도들에게 기쁘게 받아들여지도록 기도해주십시오. 32 그래서 내가 하나님의 뜻을 따라 기쁨을 안고 여러분에게로 가서, 여러분과 함께 즐겁게 쉴 수 있게 되도록 기도해주십시오. 33 평화를 주시는 하나님께서 여러분 모두와 함께하시기를 빕니다. 아멘.

가장 대표적인 기독교 용어, "아멘"은 무슨 뜻인가요? 원래 '믿을 만하다'는 의미의 히브리어 형용사입니다. 주로 하나님께서 무언가를 선언하거나 명령하실 때, 그것을 들은 청중이 이를 타당한 것으로 확인하고 받아들이는 의사의 표현이었습니다 (민 5:22; 신 27:15–26; 렘 11:5 등). 처음 유대인 공동체로 시작했던 교회에서도 이 말은 계속 사용되었고, 이후 이방인들의 교회에서도 이 말은 헬라어로 번역되지 않고 그대로 사용되었습니다. 엄숙한 예전적 전통을 보존하려는 의도일 것입니다. 그래서 신약성경에서도 기도나 찬양 뒤에 "아멘"이 자주 등장하며, 뒤에 "할렐루야"가 따라오기도 합니다. 지금 기독교인들이 성경 낭독이나 기도 후에 "아멘" 하는 것과 같습니다. 신약성경에서는 그 외에도 "내가 분명히(surely) 말한다"와 같은 표현 속에서 강조 부사로 사용되기도 하고, '신실하고 진실된 증인'이라는 의미로 예수 그리스도를 가리키는 이름처럼 사용되기도 합니다(계 3:14).

{ 제16장 }

인사말

1 겐그레아교회의 일꾼이요 우리의 자매인 뵈뵈를 여러분에게 추천합니다. 2 여러분은 성도의 합당한 예절로 주님 안에서 그를 영접하고, 그가 여러분에게 어떤 도움을 원하든지 도와주시기 바랍니다. 그는 많은 사람을 도와주었고, 나도 그에게 신세를 많이 졌습니다.

3 ㅇ 그리스도 예수 안에서 나의 동역자인 브리스가와 아굴라에게 문안하여주십시오. 4 그들은 생명의 위험을 무릅쓰고 내 목숨을 구해준 사람들입니다. 나뿐만 아니라, 이방 사람의 모든 교회도 그들에게 감사하고 있습니다. 5 그리고 그들의 집에서 모이는 교회에도 문안하여주십시오. 나의 사랑하는 에배네도에게 문안하여주십시오. 그는 아시아에서 그리스

감사와 칭찬의 여러 이유들이 포함된 긴 안부 인사를 전합니다. 이것은 마치 신뢰가 담긴 보증 같은 느낌도 듭니다. 인사 외에 다른 목적이 있었나요? 인사는 우선 인사입니다. 서로 안부를 주고받으며 호의를 확인하는 방식입니다. 물론 여신도 뵈뵈(포이베, 영어로 Phoebe)를 위한 추천의 말이 포함되어 있습니다. 그녀는 바울이 현재 머물고 있는 고린도의 동쪽 항구 겐그레아교회의 지도자인데(1-2절), 이 편지의 전달자였던 것으로 보입니다. 이후 로마의 여러 지인들에게 전하는 바울의 안부 인사가 이어지고(3-16절), 중간에 다소 무거운 권고가 삽입된 후(17-20절), 다시 고린도의 다른 성도들이 로마교회에 전하는 안부가 이어집니다(21-23절). 흥미롭게도 여기에는 바울이 불러주는 로마서를 받아 적는 필경사 더디오의 안부 인사도 포함됩니다(22절). 개인적인 지인은 많았지만 공식적인 관계는 다소 미묘한 상황에서, 더욱이 스페인 선교 성사 여부가 사실상 로마교회와의 관계에 달린 상황에서, 이런 긴 인사 목록에는 호의적인 관계를 희망하는 바울의 마음이 담겨 있을 것입니다.

도를 믿은 첫 열매입니다. 6 여러분을 위하여 수고를 많이 한 마리아에게 문안하여주십시오. 7 나의 친척이며 한때 나와 함께 갇혔던 안드로니고와 유니아에게 문안하여주십시오. 그들은 사도들에게 좋은 평을 받고 있고, 나보다 먼저 그리스도를 믿은 사람들입니다. 8 주님 안에 있는 나의 사랑하는 암블리아에게 문안하여주십시오. 9 그리스도 안에서 우리의 동역자인 우르바노와 나의 사랑하는 스다구에게 문안하여주십시오. 10 그리스도 안에서 인정을 받는 아벨레에게 문안하여주십시오. 아리스도불로의 가족에게 문안하여주십시오. 11 나의 친척인 헤로디온에게 문안하여주십시오. 주님 안에 있는 나깃수의 가족에게 문안하여주십시오. 12 주님 안에서 수고한 드루배나와 드루보사에게 문안하여주십시오. 주님 안에서 수고를 많이 한 사랑하는 버시에게 문안하여주십시오. 13 주님 안에서 택하심을 받은 루포와 그의 어머니에게 문안하여주십시오. 그의 어머니는 곧 내 어머니이기도 합니다. 14 아

'자기네 배를 섬기는'(18절) 사람들을 경계하라는 조언에 이어 "선한 일에는 슬기롭고, 악한 일에는 순진하기를 바란다"(19절)고 말합니다. 악한 일에 순진하라는 말은 무슨 뜻인가요? '배'는 음식을 채우는 기관으로, 자주 사적 욕망의 이미지로 활용됩니다. 정말 하나님을 섬기는 사람이 있는가 하면, 종교적 활동을 하고 고상한 명분을 내세우면서도 실상 자신의 욕망을 추구하는 사람도 있습니다. '배'라는 표현이 말해 주듯, 물질적인 욕망이 가장 흔한 경우입니다. 아무나 추종하지 말고, 냉정하게 잘 판단하라는 주문입니다. '순진하다'는 것은 '섞이지 않았다' 내지는 '관계가 없다'는 의미로 연결될 수 있습니다. 그러니까 매우 지혜롭고 영민해서 어떻게 선을 행해야 하는지 잘 아는 것처럼, 매우 순진해서 어떻게 악을 행하는 것인지 모르는 사람이 되라는 뜻입니다. 물론 실제로 모르기는 쉽지 않습니다. 여기서 바울의 의도는 지식적 '순수함' 곧 '무지'가 아니라, 우리의 의도와 의지가 악과 무관하게 오로지 선을 지향해야 한다는 주문에 가깝습니다. 두 마음을 품고 오락가락하지 말라는 뜻입니다.

순그리도와 블레곤과 허메와 바드로바와 허마와, 그들과 함께 있는 형제자매들에게 문안하여주십시오. 15 빌롤로고와 율리아와 네레오와 그의 자매와 올름바와, 그들과 함께 있는 모든 성도에게 문안하여주십시오. 16 거룩한 입맞춤으로 서로 문안하십시오. 그리스도의 모든 교회가 여러분에게 문안합니다.

17 ○ 형제자매 여러분, 내가 여러분에게 권합니다. 여러분이 배운 교훈을 거슬러서, 분열을 일으키며, 올무를 놓는 사람들을 경계하고, 멀리하십시오. 18 이런 사람들은 우리 주 그리스도를 섬기는 것이 아니라, 자기네 배를 섬기는 것이며, 그럴 듯한 말과 아첨하는 말로 순진한 사람들의 마음을 속이는 것입니다. 19 여러분의 순종은 모든 사람에게 소문이 났습니다. 나는 여러분의 일로 기뻐합니다. 나는 여러분이 선한 일에는 슬기롭고, 악한 일에는 순진하기를 바랍니다. 20 평화의 하나님께서 곧 사탄을 쳐부수셔서 여러분의 발밑에 짓밟히게 하실 것입니다. 우리 주 예수의 은혜가 여러분과 함께 있기를 빕니다.

21 ○ 나의 동역자 디모데와 나의 친척 루기오와 야손과 소시

24절에는 (없음)이라 표기되어 있고, 25절부터 27절까지는 특별한 괄호([…])가 등장합니다. 여기에는 어떤 의미가 있나요? 신약성경의 모든 문서처럼, 로마서도 원본은 없고 수많은 사본들만 존재합니다. 학자들은 이를 비교해 원문을 복원합니다. 신약성경의 장절은 16세기 중엽, 그 당시 수준으로 복원된 본문에 붙여졌습니다. 그런데 그 이후 훨씬 오래되고 원문과 가까울 가능성이 더 높은 사본들이 많이 발견되었고, 그 결과 16세기 당시 본문에는 있지만 더 신뢰할 만한 사본에는 없는 구절들이 다수 확인되었습니다. 원래는 없었지만, 여러 이유로 사본을 만드는 중 첨가된 구절들입니다. '(없음)'이 붙은 구절은 모두 그런 경우입니다. 내용은 뺐지만, 정

바더가 여러분에게 문안합니다. 22 이 편지를 받아쓰는 나 더디오도 주님 안에서 여러분에게 문안합니다. 23 나와 온 교회를 잘 돌보아주는 가이오도 여러분에게 문안합니다. 이 도시의 재무관인 에라스도와 형제 구아도도 여러분에게 문안합니다. 24 (없음)

찬양

25 ○ [하나님께서는 내가 전하는 복음 곧 예수 그리스도에 관한 선포로 여러분을 능히 튼튼히 세워주십니다. 그는 오랜 세월 동안 감추어두셨던 비밀을 계시해주셨습니다. 26 그 비밀이 지금은 예언자들의 글로 환히 공개되고, 영원하신 하나님의 명을 따라 모든 이방 사람들에게 알려져서, 그들이 믿고 순종하게 되었습니다. 27 오직 한 분이신 지혜로우신 하나님께, 예수 그리스도로 말미암아 영광이 영원무궁하도록 있기를 빕니다. 아멘.]

착된 장절 번호를 바꿀 수는 없어 택한 방법입니다. 원문이 아닌 것이 거의 분명하지만, 그냥 빼기가 어렵거나 의문의 여지가 있는 경우에는 대괄호[…]로 묶었습니다. 사본에 따라 25-27절은 아예 없거나, 14장 23절 뒤, 15장 33절 뒤, 혹은 현 위치에 나오기도 합니다. 원문이 아닐 가능성이 높다고 판단해서 그렇게 한 것입니다. 신약성경 요한복음서 7장 53절부터 8장 11절이나 마가복음서 16장 9-20절도 유사한 사례들입니다.

고린도전·후서

1, 2 Corinthians

복음적 삶의 모습에 대한
생생한 가르침

고린도라는 세상의 한가운데서 바울은 십자가의 말씀을 선포했습니다.
이 십자가는 당시 사회의 주도적 가치들의 허울을 벗겨냅니다.
학벌과 권력과 배경이나 인맥은 스스로 생명을 품을 수 있는 참 가치가 아니라,
오로지 타인과의 경쟁을 위해 존재하는 인공적 가치입니다. 추구하면 할수록
삶과 관계가 파괴되는 죽음의 용병입니다.
십자가의 말씀으로 다가오는 하나님의 은혜는 이 모든 가치와
그에 기반을 둔 경쟁과 차별의 신화를 부정합니다. 그래서 하나님께서는
당시 고린도 사회에서 배움도 소유도 부족해 사회적 존재감이 없는
하층민들을 주로 불러주셨습니다. 새로운 삶을 만들어내는 구원의 부름은 바로
이런 죽음의 가치들과의 결별에서 시작하기 때문입니다.

고린도교회는 바울이 소위 '제2차 선교여행' 때 세운 교회입니다. 고린도와 인근에 있던 신자들의 공동체입니다. 그리스 본토와 펠로폰네소스반도를 잇는 좁은 지협(地峽, 헬라어로 '목'을 의미하는 '이스트모스'라 불림)에 자리한 고린도는 남북뿐 아니라 지중해의 동쪽과 서쪽을 연결하는 요충지였습니다. 기원전 146년 파괴되었다가 기원전 44년 율리우스 카이사르(줄리어스 시저)에 의해 로마식 식민도시로 재건되었습니다.

이후 제조업과 무역이 활발해 경제적으로 매우 번성했고, 문화적 교류 또한 활발했습니다. 특히 이곳에서 격년으로 열리던 '이스트무스' 경기는 고대 올림픽경기에 버금갈 정도로 유명했습니다. 오랜 헬라식 전통과 로마의 영향이 공존하면서, 당시 대도시의 문화적 분위기를 가장 잘 보여주는 도시 가운데 하나였습니다.

아테네를 거쳐 고린도에 온 바울은 이곳 주변에 1년 6개월가량 머무르면서 복음을 전파하고 교회를 세웠습니다. 다른 지역에 비해 비교적 오래 머무르면서 말씀을 전하고 교회를 돌본 것입니다.

세속적 가치와 복음의 한판 승부

바울이 고린도교회에 보낸 편지들은 당시 로마제국의 대도시에서 그리스도인으로 살아가는 것이 어떤 삶인지에 대해 많은 고린도교회를 향한 두 편지에서 우리는 복음과 신앙을 추상적 교리의 체계 속이 아닌, 일상적 삶의 맥락 속에서 바라보는 법을 배웁니다. 두 편지를 통해 우리는 세상이라는 삶의 환경에서 그리스도인이라는 초월적 정체성을 갖는다는 말의 의미를 숙고하고, 죽음의 가치들에 맞서서 참된 삶의 자태를 배우고 연습하며, 거기서 배태되는 영생의 소망을 우리의 일상 속으로 품어 들입니다. 고린도라는 사회가 오늘 우리 세계와 닮은 만큼, 이 두 편지들은 우리에게 복음적 삶의 모습을 아주 생생하게 가르쳐줍니다.

것을 생각하게 합니다. 도시의 경제적 번영은 우월한 지위를 확보하기 위한 경쟁적 태도와 이에 최적화된 이기적 성취욕을 자극합니다. 남보다 지혜롭고(학벌), 남보다 힘이 세며(권력), 남보다 더 나은 출신(배경)을 가진 사람이 성공한 사람으로 인식되었습니다. '가진' 사람과 '갖고 싶은' 사람들이 공감하는 이러한 세속적 가치를 추구하는 행태는 당시 사회의 '후견인 제도'와 얽혀 그 시대 사람들의 생활 방식을 규정하는 강력한 세계관의 일부가 되었습니다.

하지만 이런 파괴적인 경쟁의 생활 방식은 복음이 말하는 새로운 삶과 어긋납니다. 바울의 두 편지 속에는 고린도 사회를 지탱하던 세속적 가치들과 여기에 토대를 둔 삶의 방식, 반대로 그런 가치의 무가치함과 세속적 가치를 추구하는 삶의 파괴성을 폭로하는 복음, 이 둘의 한판 승부가 펼쳐집니다.

고린도라는 세상의 한가운데서 바울은 '십자가의 말씀'을 선포했습니다. 이 '십자가'는 당시 사회의 주도적 '가치들'의 허울을 벗겨냅니다. 학벌과 권력과 배경이나 인맥은 스스로 생명을 품을 수 있는 참 가치가 아니라, 오로지 타인과의 경쟁을 위해 존재하는 인공적 가치입니다. 추구하면 할수록 삶과 관계가 파괴되는 죽음의 용병입니다.

십자가의 말씀으로 다가오는 하나님의 은혜는 이 모든 가치와 그에 기반을 둔 경쟁과 차별의 신화를 부정합니다. 그래서 하나님께서는 당시 고린도 사회에서 배움도 소유도 부족해 사회적 존재감이 없는 하층민들을 주로 불러주셨습니다. 새로운 삶을 만들어내는 구원의 부름은 바로 이런 죽음의 가치들과의 결별에서 시작하기 때문입니다.

일상적 삶의 맥락 속에서 바라본 복음과 신앙

하지만 세상 한가운데서 십자가가 그려내는 새로운 삶을 살아내는 것은 쉽지 않습니다. 바울이 고린도로 보낸 두 편지는 '세상 속 그리스도인'의 힘겨운 삶을 여실히 드러냅니다. 떨치기 힘든 세속의 가치와 새롭게 배우는 복음의 가치 사이에서의 갈등, 몸에 익은 세상의 욕망과 새로 주어진 구원의 소망 사이에서의 몸부림입니다. 세속 사회에서 익힌 경쟁적 사고와 태도가 신자들의 공동체인 교회에서도 여실히 드러납니다.

이런 경쟁적 태도는 교회의 지도자를 바라보는 눈길도 왜곡해서 각자 자기 취향과 가치에 어울리는 지도자의 이름을 들먹이며 상호 경쟁과 분열을 조장하기도 합니다. 서로를 향한 배려의 상실과 공동체적 유대의 와해는 때로는 적나라한 도덕적 해이로, 때로는 낯 뜨거운 다툼으로 이어지기도 합니다.

신자들의 모임 자체가 이런 분열적 행태로 얼룩지기도 합니다. 공동의 식사가 분열의 마당이 되고, 성령의 은사마저 경쟁과 자랑의 수단으로 전락합니다. 고린도전서는 공동체 내의 이런 파행적 면모를 매우 상세하게 그려냅니다. 또한 이런 세속적 태도는 그들에게 복음을 전해주고 가르쳤던 교회의 설립자요, 지도자인 바울과의 관계도 어렵게 만듭니다. 복음으로부터의 이탈이면서 동시에 관계의 파탄이라는 개인적 아픔이기도 합니다. 고린도후서에는 바울의 이런 속내가 더욱 진하게 묻어납니다.

고린도교회를 향한 두 편지에서 우리는 복음과 신앙을 추상적 교리의 체계 속이 아닌, 일상적 삶의 맥락 속에서 바라보는 법을 배웁니다. 두 편지를 통해 우리는 세상이라는 삶의 환경에서 그리스도인이라는 초월적 정체성을 갖는다는 말의 의미를 숙고하고, 죽음의 가치들에 맞서서 참된 삶의 자태를 배우고 연습하며, 거기서 배태되는 영생의 소망을 우리의 일상 속으로 품어 들입니다. 고린도라는 사회가 오늘 우리 세계와 닮은 만큼, 이 두 편지들은 우리에게 복음적 삶의 모습을 아주 생생하게 가르쳐줍니다.

{ 제1장 }

인사와 감사

1 하나님의 뜻으로 그리스도 예수의 사도로 부르심을 받은 나 바울과, 형제 소스데네가, 2 고린도에 있는 하나님의 교회에 이 편지를 씁니다. 그리스도 예수 안에서 거룩하여지고 성도로 부르심을 받은 여러분에게 문안드립니다. 또 각처에서 우리 주 예수 그리스도의 이름을 부르는 모든 이들에게도 아울러 문안드립니다. 예수 그리스도는 이 사람들의 주님이시며 우리의 주님이십니다. 3 하나님 우리 아버지와 주 예수 그리스도께서 내려주시는 은혜와 평화가 여러분에게 있기를 빕니다. 4 ㅇ 나는 여러분이 그리스도 예수 안에서 받은 하나님의 은혜를 생각하고, 여러분의 일로 언제나 하나님께 감사를 드립니다. 5 여러분은 그리스도 안에서 모든 면에 풍족하게 되었습니

바울의 자기소개가 장황합니다. 고린도교회가 바울의 존재를 모르지 않았을 텐데 이렇게 길게 자기를 소개하는 까닭은 무엇입니까? 따스한 분위기 속에 기록된 편지의 인사말에는 '사도'라는 공식 직함이 등장하지 않습니다(빌 1:1; 살전 1:1). 하지만 공식 관계가 없는 로마교회나 후배 목회자의 손을 거친 교회에 편지할 때는 '사도'라는 말이 들어갑니다(롬 1:1; 엡 1:1; 골 1:1). 직접 세운 교회에 편지하면서 '사도'를 언급하는 것은 상황의 필요 때문입니다. 바울이 전파한 복음 대신 다른 복음을 수용할 위기에 처한 갈라디아교회나, 교회 안의 경쟁적 파벌의 존재가 각종 문제들을 만들어내는 고린도교회의 경우, 이러한 일탈의 상황 속에는 모두 처음 복음을 전했던 바울 사도의 권위에 대한 불신 혹은 적나라한 도전이 함께 얽혀 있습니다. 그래서 바울은 그들에게 '사도'로서 편지를 보냅니다. 자신의 위상에 관한 논란에 정면 대응하면서, 동시에 자신의 말에 무게를 더하는 것입니다. 물론 고린도전·후서에서는 바울의 권위 문제가 본격적인 논증의 주제로 다루어지기도 합니다.

다. 곧 온갖 언변과 온갖 지식이 늘었습니다. 6 그리스도에 관한 증언이 여러분 가운데서 이렇게도 튼튼하게 자리 잡았습니다. 7 그리하여 여러분은 어떠한 은사에도 부족한 것이 없으며 우리 주 예수 그리스도의 나타나심을 기다리고 있습니다. 8 우리 주 예수 [그리스도]께서 나타나실 날에 여러분이 흠잡을 데 없는 사람으로 설 수 있도록, 주님께서 여러분을 끝까지 튼튼히 세워주실 것입니다. 9 하나님은 신실하신 분이십니다. 하나님께서는 여러분을 부르셔서 그 아들 우리 주 예수 그리스도와 친교를 가지게 하여주셨습니다.

고린도교회의 분열상

10 ○ 그런데, 형제자매 여러분, 나는 우리 주 예수 그리스도의 이름으로 여러분에게 권면합니다. 여러분은 모두 같은 말을 하며, 여러분 가운데 분열이 없도록 하며, 같은 마음과 같은

바울은 "여러분 가운데 분열이 없도록 하라"(10절)고 당부합니다. 고린도교회는 왜 갈라졌나요? 분열은 인간 사회의 가장 보편적 현상 중 하나입니다. 분열의 '원인'은 다양하지만, 그것 때문에 분열된 것이 아니라 서로를 차별화하려는 충동이 '명분'을 끌어온 것일 때가 많습니다. 그 바닥에는 내가 남보다 잘나야 한다는 근원적 욕망이 자리합니다. 이 갈라짐의 충동은 '사람들끼리 알아주는' 각종 조건들의 결을 타고 작동합니다. 당시 고린도 사회에도 지금처럼 학벌, 권력, 집안 배경 등이 중요한 가치였습니다. 가진 자든 아니든, 각자 나름의 방식으로 이런 가치에 집착하며 서로 편을 가르곤 했습니다. 문제는 교회 안에서조차 이런 비신앙적인 가치관과 행태가 드러났다는 사실입니다. 이런 '인간적' 조건은 참 생명의 원천이 아닙니다. 하늘로부터 내리는 은혜의 비는 사람들끼리 만들어놓은 인위적 조건에 개의치 않고, 모두에게 차별 없이 주어집니다. 이 은혜의 원리를 망각하면 언제든 세속 사회의 가치관이 우리를 사로잡을 것입니다. 고린도교회가 그 사례입니다.

생각으로 뭉치십시오. 11 나의 형제자매 여러분, 글로에의 집 사람들이 여러분의 소식을 전해주어서 나는 여러분 가운데에 분쟁이 있다는 것을 알게 되었습니다. 12 다름이 아니라, 여러분은 저마다 말하기를 "나는 바울 편이다", "나는 아볼로 편이다", "나는 게바 편이다", "나는 그리스도 편이다" 한다고 합니다. 13 그리스도께서 갈라지셨습니까? 바울이 여러분을 위하여 십자가에 달리기라도 했습니까? 또는, 여러분이 바울의 이름으로 세례를 받았습니까? 14 내가 여러분 가운데에서 그리스보와 가이오밖에는, 아무에게도 세례를 준 일이 없음을 [하나님께] 감사드립니다. 15 그러므로, 아무도 나의 이름으로 세례를 받았다고 말하지 못할 것입니다. 16 내가 스데바나 가족에게도 세례를 주었습니다마는, 그 밖에는 다른 누구에게 세례를 주었는지 나는 모릅니다. 17 그리스도께서는 세례를 주라고 나를 보내신 것이 아니라, 복음을 전하라고 보내셨습니다. 복음을 전하되, 말의 지혜로 하지 않게 하셨습니다. 그것은 그리

세례의 가치와 의미는 무엇입니까? 복음을 듣고 믿으면 그만이지(17절) 굳이 세례를 받을 필요가 있을까요? 우리는 몸을 가진 존재입니다. 그래서 우리 신앙은 다양한 '몸짓'으로 표현될 수밖에 없습니다. 때론 공동체 내에서 상징적 혹은 예전적 형태로 나타나고, 보다 일상적이고 도덕적인 삶으로도 나타납니다. 세례는 성찬과 더불어 처음부터 교회가 공유해온 중요한 의식입니다. 공동체 앞에서 받는 세례는 공개적인 신앙고백의 행위이기도 하고, 그 신앙고백의 의미를 몸으로 음미하는 기회이기도 합니다. 그래서 세례는 개신교 전통에서도, 가톨릭만큼은 아니지만, 매우 중요한 것으로 여겨졌습니다. 바울은 세례를 '그리스도와 하나 됨'이라는 중요한 진리를 함축한 것으로 보았습니다. 하지만 세례 의식 자체에 무슨 신비한 효과가 있거나, 이 세례가 참 믿음을 대신하지는 못합니다. 그래서 고린도에서 세례가 교회 분열의 빌미로 작용하자, 바울은 복음 자체와 세례를 날카롭게 구분하면서 세례 의식의 중요성을 상대화합니다.

스도의 십자가가 헛되이 되지 않게 하시려는 것입니다.

하나님의 능력과 지혜이신 그리스도

18 ㅇ 십자가의 말씀이 멸망할 자들에게는 어리석은 것이지만, 구원을 받는 사람인 우리에게는 하나님의 능력입니다. 19 성경에 기록하기를 "내가 지혜로운 자들의 지혜를 멸하고, 총명한 자들의 총명을 폐할 것이다" 하였습니다. 20 현자가 어디에 있습니까? 학자가 어디에 있습니까? 이 세상의 변론가가 어디에 있습니까? 하나님께서는 이 세상의 지혜를 어리석게 하신 것이 아닙니까? 21 이 세상은 그 지혜로 하나님을 알지 못하였습니다. 하나님의 지혜가 그렇게 되도록 한 것입니다. 하나님께서는 어리석게 들리는 설교를 통하여 믿는 사람들을 구원하시기를 기뻐하신 것입니다. 22 유대 사람은 기적을 요구하고, 그리스 사람은 지혜를 찾으나, 23 우리는 십자가에 달리신 그리

'부르심을 받은 사람'(24절)은 어떤 이들을 가리킵니까? 하나님이 따로 부른 이들이 있다는 말처럼 들립니다. 초대교회는 예수 그리스도를 통한 구원의 경험을 여러 방식으로 묘사합니다. 하나님의 '부르심' 역시 그중 하나입니다. 이 부르심은 누구에게나 적용됩니다. 모든 신자들은 그리스도를 통해 새로운 삶과 구원의 소망으로 부르심을 받은 사람들입니다. 24절은 바로 이 경우에 해당합니다. 이 부르심 앞에서는 모든 인간적인 조건들이 무의미해집니다. 유대인, 비유대인의 구별도 마찬가지입니다. 또한 이 단어는 보다 구체적인 부르심에 적용될 수도 있습니다. 베드로나 바울 같은 사람들을 교회의 사도로 부르신 것이 하나의 사례입니다. 누구에게 적용되든, 부르심이란 표현 속에는 하나님의 의도성이 강조됩니다. 예수 그리스도를 통해 하나님을 믿게 되는 일은 어쩌다 생기는 사건이 아니라, 하나님께서 특별한 목적을 갖고 의도적으로 불러주신 결과입니다. 그래서 부르심을 받은 자들에게 중요한 것은 그 부르심에 맞게, 즉 '합당하게' 반응하는 신실함입니다.

스도를 전합니다. 그리스도가 십자가에 달리셨다는 것은 유대 사람에게는 거리낌이고, 이방 사람에게는 어리석은 일입니다. 24 그러나 부르심을 받은 사람에게는, 유대 사람에게나 그리스 사람에게나, 이 그리스도는 하나님의 능력이요, 하나님의 지혜입니다. 25 하나님의 어리석음이 사람의 지혜보다 더 지혜롭고, 하나님의 약함이 사람의 강함보다 더 강합니다.

26 ○ 형제자매 여러분, 여러분이 부르심을 받을 때에, 그 처지가 어떠하였는지 생각하여보십시오. 육신의 기준으로 보아서, 지혜 있는 사람이 많지 않고, 권력 있는 사람이 많지 않고, 가문이 훌륭한 사람이 많지 않았습니다. 27 그런데 하나님께서는, 지혜 있는 자들을 부끄럽게 하시려고 세상의 어리석은 것들을 택하셨으며, 강한 것들을 부끄럽게 하시려고 세상의 약한 것들을 택하셨습니다. 28 하나님께서는 세상에서 비천한 것들과 멸시받는 것들을 택하셨으니 곧 잘났다고 하는 것들을

하나님은 지혜롭고 잘난 이들을 미워하는 것처럼 보입니다(28절). 그럼 기독교는 어리석은 인간들의 종교인 셈인가요? 여기서 역설적인 표현으로 가득한 바울의 어조는 약간 소크라테스의 논법을 닮았습니다. 이런 역설은 대중들이 지혜로 여기는 지혜가 실은 진정한 지혜가 아닌 것으로 드러난다는 데 있습니다. 우리끼리 어울릴 때는 똑똑함이나 권력이나 든든한 배경이 제일 필요해 보입니다. 그건 우리 스스로 그런 조건들에 많은 가치를 부여하고, 그것을 기준으로 서로를 판단하기 때문입니다. 하지만 이러한 '사회적' 가치는 서로 간의 구별과 차별에는 유용하지만, 그 자체가 우리 생명을 지탱하는 수단은 아닙니다. 참 생명과 구원에 이르면, 이들 가치의 많고 적음은 아무 의미가 없습니다. 사람이 사람을 구원할 수 없다는 엄연한 사실 때문입니다. 진정한 지혜와 힘은 하나님께서 주시는 생명에서 시작합니다. 하나님께서는 사람들의 시선에는 어리석기 짝이 없어 보이는 십자가의 말씀을 통해 새 생명으로 찾아오십니다. 그래서 믿는 사람들에게는 바로 이 십자가 복음이 가장 큰 지혜이자, 능력이 됩니다.

없애시려고 아무것도 아닌 것들을 택하셨습니다. 29 이리하여 아무도 하나님 앞에서는 자랑하지 못하게 하시려는 것입니다. 30 그러나 여러분은 하나님의 자녀로서 그리스도 예수 안에 있습니다. 그는 우리에게 하나님으로부터 오는 지혜가 되시며, 의와 거룩함과 구원이 되셨습니다. 31 그것은, 성경에 기록되어 있는바 "누구든지 자랑하려거든 주님을 자랑하라" 한 대로 되게 하시려는 것입니다.

{ 제2장 }

그리스도를 십자가에 못 박히신 분으로 전하다

1 형제자매 여러분, 내가 여러분에게로 가서 하나님의 비밀을 전할 때에, 훌륭한 말이나 지혜로 하지 않았습니다. 2 나는 여러분 가운데서 예수 그리스도 곧 십자가에 달리신 그분밖에는, 아무것도 알지 않기로 작정하였습니다. 3 내가 여러분과 함께 있을 때에, 나는 약하였으며, 두려워하였으며, 무척 떨었습니다. 4 나의 말과 나의 설교는 지혜에서 나온 그럴듯한 말로 한 것이 아니라, 성령의 능력이 나타낸 증거로 한 것입니다. 5 그것은, 여러분의 믿음이 사람의 지혜에 바탕을 두지 않고 하나님의 능력에 바탕을 두게 하려는 것이었습니다.

성령으로 계시하시다

6 ○ 그러나 우리는 성숙한 사람들 가운데서는 지혜를 말합니다. 그런데 이 지혜는, 이 세상의 지혜나 멸망하여 버릴 자들

바울은 스스로 '성령의 능력이 나타낸 증거'(4절)에 근거해 설교했노라고 말합니다. 도대체 어떻게 설교했다는 뜻인지 모르겠습니다. 바울의 표현은 당시 고린도에서도 큰 영향을 발휘하던 소피스트들을 생각나게 합니다. 대중의 기대에 맞게 설득력 있는 웅변으로 자기 자질을 인정받고, 이를 근거로 선생이나 공직자로서 명예와 부를 얻던 이들입니다. 바울의 자화상은 대중의 기대와 어긋납니다. 대중들이 뭘 원하든, 그의 메시지는 이미 정해져 있습니다. 바울은 웅변가다운 당당한 몸가짐에도, 청중을 압도하는 화려한 언변에도 관심이 없습니다. 그의 관심은 오직 '십자가에 달리신 그리스도'를 선포하는 것이고, 이 메시지를 통해 청중들을 하나님께

인 이 세상 통치자들의 지혜가 아닙니다. 7 우리는 비밀로 감추어져 있는 하나님의 지혜를 말합니다. 그것은, 하나님께서 우리를 영광스럽게 하시려고, 영세 전에 미리 정하신 지혜입니다. 8 이 세상 통치자들 가운데는, 이 지혜를 아는 사람이 하나도 없습니다. 그들이 알았더라면, 영광의 주님을 십자가에 못 박지 않았을 것입니다. 9 그러나 성경에 기록한바 "눈으로 보지 못하고 귀로 듣지 못한 것들, 사람의 마음에 떠오르지 않은 것들을, 하나님께서는 자기를 사랑하는 사람들에게 마련해 주셨다" 한 것과 같습니다. 10 하나님께서는 성령을 통하여 이런 일들을 우리에게 계시해주셨습니다. 성령은 모든 것을 살피시니, 곧 하나님의 깊은 경륜까지도 살피십니다. 11 사람 속에 있는 그 사람의 영이 아니고서야, 누가 그 사람의 생각을 알 수 있겠습니까? 이와 같이, 하나님의 영이 아니고서는, 아무도 하나님의 생각을 깨닫지 못합니다. 12 우리는 세상의 영을 받은 것이 아니라, 하나님에게서 오신 영을 받았습니다. 그것은, 하나님께서 우리에게 은혜로 주신 선물들을 우리로 하여금 깨달아 알게 하시려는 것입니다. 13 우리가 이 선물들을 말하되, 사람의 지혜에서 배운 말로 하지 아니하고, 성령께서

로 이끄는 것이었습니다. 이 변화는 사람의 의지를 넘는 초월적 손길을 필요로 합니다. 어리석어 보이는 십자가의 말씀에 마음을 열고, 전부처럼 보이던 세상 가치의 허망함을 깨우치며, 하나님의 참 생명을 열망하게 만드는 기적이기 때문입니다. 물론 이런 성령의 능력에는 방언이나 기적 같은 감각적 현상들이 동반되기도 했습니다.

가르쳐주시는 말로 합니다. 다시 말하면, 신령한 것을 가지고 신령한 것을 설명하는 것입니다. 14 그러나 자연에 속한 사람은 하나님의 영에 속한 일들을 받아들이지 아니합니다. 그런 사람에게는 이런 일들이 어리석은 일이며, 그는 이런 일들을 이해할 수 없습니다. 이런 일들은 영적으로만 분별되기 때문입니다. 15 신령한 사람은 모든 것을 판단하나, 자기는 아무에게서도 판단을 받지 않습니다. 16 "누가 주님의 마음을 알았습니까? 누가 그분을 가르치겠습니까?" 그러나 우리는 그리스도의 마음을 가지고 있습니다.

바울은 하나님의 영으로만 하나님의 생각을 깨달을 수 있다고 말합니다(11절). 그렇다면 하나님의 영은 어떻게 받을 수 있습니까? 이 질문은 "그냥 주는 선물을 어떻게 받을 수 있는가?"라는 물음과 같습니다. 하나님의 영은 복음을 믿는 모든 이에게 경계 없이 주어집니다. 여기서 바울의 관심은 하나님과 구별되는, 별개의 선물로 이해된 '영'이 아니라, 하나님의 깊은 마음에 다가가는 열쇠로서의 영입니다. 물론 하나님의 뜻은 복음을 통해 모든 신자들에게 알려집니다. 세상과 달리, 신자들은 성령의 깨우침을 통해 세상 가치의 헛됨을 배우고, 십자가의 말씀이 참 생명의 원천임을 깨달으며, 하나님의 마음을 읽게 됩니다. 곧 복음을 듣고 믿었던 그 변화가 바로 하나님의 영을 받은 사건입니다. 하지만 우리는 세상살이에 얽혀 쉽게 하나님의 뜻을 잊고, 세속적 행태로 돌아갑니다. 그런 우리에게 관건은 하나님의 영을 '받는' 것이 아니라 그 영의 이끄심에 '복종하는' 것입니다. 3장에서 시작하는 따끔한 꾸지람은 바로 이런 잘못을 겨냥합니다.

{ 제3장 }

하나님의 동역자

1 형제자매 여러분, 나는 여러분에게 영에 속한 사람에게 하듯이 말할 수 없고, 육에 속한 사람, 곧 그리스도 안에서 어린아이 같은 사람에게 말하듯이 하였습니다. 2 나는 여러분에게 젖을 먹였을 뿐, 단단한 음식을 먹이지 않았습니다. 그때에는 여러분이 단단한 음식을 감당할 수 없었습니다. 사실 지금도 여러분은 그것을 감당할 수 없습니다. 3 여러분은 아직도 육에 속한 사람들입니다. 여러분 가운데에서 시기와 싸움이 있으니, 여러분은 육에 속한 사람이고, 인간의 방식대로 살고 있는 것이 아닙니까? 4 어떤 사람은 "나는 바울 편이다" 하고, 또 다른 사람은 "나는 아볼로 편이다" 한다니, 여러분은 육에 속한 사람이 아니고 무엇이겠습니까? 5 그렇다면 아볼로는 무엇이

이 편지의 수신인은 고린도 지역의 '크리스천들'이 아닌가요? 그런데 어째서 바울은 이들을 가리켜 '아직도 육에 속한 사람들'(3절)이라고 부릅니까? 우리의 정체성은 정해진 것이기도 하고 가변적이기도 합니다. 특히 구원의 소망을 향해 가는 여정이라면 더욱 그럴 것입니다. 우리는 한 번의 고백으로 영원한 운명이 결정되었다 믿고 싶지만, 그건 시간을 초월한 하나님의 관점에서만 사실일 것입니다. 주어진 시간을 살아가는 우리에게 미래는 오늘 우리가 내딛는 걸음 하나하나로 좌우됩니다. 바울이 보기에는 고린도의 신자들 모두 '그리스도 안에' 있습니다. 하지만 그들은 성장을 멈춘 채, 여전히 어린 아기의 상태에 머물러 있습니다. 회심해서 신자가 되었지만, 분열과 같은 세속적 행태를 보여주기 때문입니다. 그런 행동을 하는 한 그들은 '육에 속한 사람들'입니다. 고정된 소속의 의미가 아니라, 현재 행동의 본질이 그렇다는 뜻입니다. 물론 이는 '그리스도 안에' 있는 정체성과 어긋나는, 즉시 버려야 할 행태입니다. 바울이 자주 경고하듯, 이를 지속하면 그들에게 약속된 미래 자체를 상실할 수 있기 때문입니다(고전 3:17; 4:6~9).

고, 바울은 무엇입니까? 아볼로와 나는 여러분을 믿게 한 일꾼들이며, 주님께서 우리에게 각각 맡겨주신 대로 일하였을 뿐입니다. 6 나는 심고, 아볼로는 물을 주었습니다. 그러나 하나님께서 자라게 하셨습니다. 7 그러므로 심는 사람이나 물 주는 사람은 아무것도 아니요, 자라게 하시는 분은 하나님이십니다. 8 심는 사람과 물 주는 사람은 하나이며, 그들은 각각 수고한 만큼 자기의 삯을 받을 것입니다. 9 우리는 하나님의 동역자요, 여러분은 하나님의 밭이며, 하나님의 건물입니다.

10 ○ 나는 하나님께서 나에게 주신 은혜를 따라, 지혜로운 건축가와 같이 기초를 놓았습니다. 그런데 다른 사람이 그 위에다가 집을 짓습니다. 그러나 어떻게 집을 지을지 각각 신중히 생각해야 합니다. 11 아무도 이미 놓은 기초이신 예수 그리스도밖에 또 다른 기초를 놓을 수 없습니다. 12 누가 이 기초 위에 금이나 은이나 보석이나 나무나 풀이나 짚으로 집을 지으면, 13 그에 따라 각 사람의 업적이 드러날 것입니다. 그날이

13절의 '그날'은 어떤 날입니까? 불이 각 사람의 업적을 검증해준다는 건 무슨 뜻입니까? '그날'은 구약성경, 특히 예언자들의 글에서 나온 표현으로, 마지막 심판의 날을 가리킵니다. 심판은 유대 기독교 신앙의 핵심 중 하나입니다. 우리 삶에는 끝이 있고, 하나님께서는 우리 삶을 심판하십니다. 그래서 하나님은 '갚아주는 분'입니다(롬 2:6-11). 오늘을 잘 살아야 하는 이유입니다. 심판의 본질은 드러냄입니다. 하나님께서는 숨겨놓은 우리 삶의 속내를 적나라게 드러내고, 그에 따라 우리를 심판하십니다. 그래서 심판은 종종 불에 비유됩니다. 쭉정이처럼 쓸모없는 것을 태우는 불이자, 태워 진위를 가리는 검증의 불입니다. 본문에는 두 가지가 함께 나옵니다. 신자들의 행동은 일종의 집(성전) 짓기입니다. 좋은 재료를 쓸 수도 있고, 허접한 재료를 쓸 수도 있습니다. 겸허한 순종과 이기적 오만 사이의 대조입니다. 불을 견디는 재료가 요구되듯, 심판을 이기는 신실한 태도가 필요합니다. 이기적인 행태를 지속한다면, 무서운 결과에 직면할 것입니다(17절).

그것을 환히 보여줄 것입니다. 그것은 불에 드러날 것이기 때문입니다. 불이 각 사람의 업적이 어떤 것인가를 검증하여줄 것입니다. 14 어떤 사람이 만든 작품이 그대로 남으면, 그는 상을 받을 것이요, 15 어떤 사람의 작품이 타버리면, 그는 손해를 볼 것입니다. 그러나 그 사람은 구원을 받을 것이지만 불 속을 헤치고 나오듯 할 것입니다.

16 ○ 여러분은 하나님의 성전이며, 하나님의 성령이 여러분 안에 거하신다는 것을 알지 못합니까? 17 누구든지 하나님의 성전을 파괴하면, 하나님께서도 그 사람을 멸하실 것입니다. 하나님의 성전은 거룩합니다. 여러분은 하나님의 성전입니다.

18 ○ 아무도 자기를 속이지 말아야 합니다. 여러분 가운데서 누구든지 이 세상에서 지혜 있는 사람이라고 스스로 생각하거든, 정말로 지혜 있는 사람이 되기 위하여 어리석은 사람이 되어야 합니다. 19 이 세상의 지혜는 하나님이 보시기에 어리석은 것입니다. 성경에 기록하기를 "하나님께서는 지혜로운 자

16절의 '여러분'은 크리스천 하나하나를 이르는 말입니까? 아니면 고린도교회 전체를 아우르는 표현인가요? 바울은 교회를 '하나님이 머무시는 공간' 곧 구약 시대의 성전에 비유합니다. 각 신자들이 모두 어우러져 하나님의 성전을 세워 올린다는 뜻입니다. 하나님께서 교회 공동체 가운데 영으로 함께하신다는 점에서 교회는 성전의 기능을 이어받습니다. 여기서 '성전'을 개별 신자나 공동체 전체로 구분하는 것은 별 의미가 없습니다. 벽돌 하나가 집이 아니듯, 개별 신자 자신이 성전과 동일시될 수는 없습니다. 여기에는 동료 신자와의 관계가 필요합니다. 함께 어울리며 협조해야만 성전을 세울 수 있기 때문입니다(엡 2:21-22; 4:15-16). 역으로 전체 성전은 신자 하나하나를 필요로 합니다. 그런 점에서 개별 그리스도인도 성전이라 불릴 수 있습니다. 내가 거룩한 성전의 일부이며, 또 나의 행보가 전체 성전에 영향을 미치기 때문입니다(고전 6:19). 교회의 본질은 거룩함입니다. 그래서 각 신자들에게 거룩함이 요구됩니다. 관계에 관한 덕목이 중요한 자리를 차지하는 이유가 여기 있습니다.

들을 자기 꾀에 빠지게 하신다" 하였습니다. 20 또 기록하기를 "주님께서 지혜로운 자들의 생각을 헛된 것으로 아신다" 하였습니다. 21 그러므로 아무도 사람을 자랑하지 말아야 합니다. 모든 것이 다 여러분의 것입니다. 22 바울이나, 아볼로나, 게바나, 세상이나, 삶이나, 죽음이나, 현재 것이나, 장래 것이나, 모든 것이 다 여러분의 것입니다. 23 그리고 여러분은 그리스도의 것이요, 그리스도는 하나님의 것입니다.

21절의 앞뒤 맥락이 매끄럽지 않습니다. "아무도 사람을 자랑하지 말아야 한다"는 앞부분과 "모든 것이 다 여러분의 것"이라는 뒷부분은 무슨 관계가 있습니까? 자랑은 단순히 뽐내는 것을 넘어 무언가를 삶의 기준으로 삼는다는 뜻입니다. 사람을 자랑하는 것은 사람들 사이에 통하는 '가치'들, 곧 학식이나 권력이나 집안 배경 등을 내세우는 것입니다. 고린도 신자들이 특정 지도자를 차별적으로 자랑한 것도 이런 세속적인 행태를 '교회 안에서' 표현한 것입니다. 그러나 십자가 복음에 담긴 하나님의 은혜는 어떤 인간적 '가치'도 생명을 주지 못한다는 진실을 폭로하며, 거기에 기초한 모든 차이를 철폐합니다. 자랑거리가 못 된다는 뜻입니다. 오히려 하나님의 은혜는 무덤에서 끝나는 가짜 가치들로부터 신자들을 자유롭게 하고, 하나님께서 내리시는 새로운 삶으로 인도합니다. 이 삶에 참 구원의 소망이 있습니다. 하나님 나라를 상속하고, 세상을 심판할 소망입니다. 심지어 사도들도 성도들의 그런 삶과 소망을 위해 주어진 존재입니다. 이런 위대한 운명의 소유자인 신자들이 세속적 가치에 휘둘리는 것은 얼마나 어리석은 일입니까?

{ 제4장 }

사도의 직분

1 사람은 이와 같이 우리를, 그리스도의 일꾼이요 하나님의 비밀을 맡은 관리인으로 보아야 합니다. 2 이런 경우에 관리인에게 요구하는 것은 신실성입니다. 3 내가 여러분에게서 심판을 받든지, 세상 법정에서 심판을 받든지, 나에게는 조금도 문제가 되지 않습니다. 그뿐만 아니라, 나도 나 자신을 심판하지 않습니다. 4 나는 양심에 거리끼는 것이 없습니다. 그러나 이런 일로 내가 의롭게 된 것은 아닙니다. 나를 심판하시는 분은 주님이십니다. 5 그러므로 여러분은 주님께서 오실 때까지는, 아무것도 미리 심판하지 마십시오. 주님께서는 어둠 속에 감추인 것들을 환히 나타내시며, 마음속의 생각을 드러내실 것입니

바울은 "양심에 거리끼는 것이 없다"면서도 그런 일로 의롭게 된 건 아니라고 말합니다(4절). 그렇다면 어떻게 의롭게 되었다는 말인가요? 여기서 "의롭게 된다"는 말은 구원을 받는다는 말일 수도 있고, 그냥 "무죄로 인정받는다"는 말일 수도 있습니다. 여기서는 둘 사이의 차이가 별로 중요하지 않습니다. 요는 "내가 나의 재판장이 아니라"는 것입니다. 바울은 자신의 양심에 거리낄 만한 일이 없다고 느끼지만, 이는 그의 개인적인 의견에 불과합니다. 재판장은 내가 아니라, 그리스도와 하나님입니다. 내 양심에 저촉되는 일이 없다고 내가 법적으로 올바른 사람인 것은 아닙니다. 자주 '양심'에 호소하지만, 양심은 쉽게 욕망에 매수됩니다. 때로 '양심'이 나름 공정할 때도 있지만(롬 2:14-15), 그것도 나의 제한된 인식과 판단의 결과일 뿐입니다. 우리는 판단할 능력도 권리도 없습니다. 세속적인 기준으로 지도자들을 비교하며 재단하는 오만은 위험합니다. 물론 이는 건전한 판단을 비판하는 것이 결코 아닙니다. 건강한 사리 판단, 특히 가짜 사역자 분별은 바울 역시 무척 강조하는 것 중 하나입니다(고전 5:12; 6:2-5; 빌 3:2-3, 17-19).

다. 그때에 사람마다 하나님으로부터 칭찬을 받을 것입니다.

6 ○ 형제자매 여러분, 나는 여러분을 위하여 이 모든 일을 나와 아볼로에게 적용하여 설명하였습니다. 그것은 "기록된 말씀의 범위를 벗어나지 말라"는 격언의 뜻을 여러분이 우리에게서 배워서, 어느 한편을 편들어 다른 편을 얕보면서 뽐내지 않도록 하려는 것입니다. 7 누가 그대를 별다르게 보아줍니까? 그대가 가지고 있는 것 가운데서 받아서 가지지 않은 것이 무엇이 있습니까? 모두가 받은 것이라면, 왜 받지 않은 것처럼 자랑합니까? 8 여러분은 벌써 배가 불렀습니다. 벌써 부자가 되었습니다. 우리를 제쳐놓고 왕이나 된 듯이 행세하였습니다. 여러분이 진정 왕처럼 되었으면, 좋겠습니다. 그렇게 하여 우리도 여러분과 함께 왕 노릇 하게 되면, 좋겠습니다. 9 내가 생각하기에, 하나님께서는 사도들인 우리를 마치 사형수처럼 세상에서 가장 보잘것없는 사람들로 내놓으셨습니

하나님은 열성적인 추종자라고 할 수 있는 사도들마저 사형수, 구경거리로 내놓았습니다(9절). 그런데 어떻게 평범한 크리스천이 왕처럼 될 수(8절) 있습니까? 고린도 신자들이 실제 왕처럼 되었다는 말이 아니라, 성급하게 왕처럼 행세한다는 비판입니다. 그래서 "진짜 왕이었다면 좋겠다"고 빈정거립니다. 그랬다면 바울 자신도 왕이 되었을 것이기 때문입니다. 하지만 정작 자기 삶은 고통과 치욕의 드라마입니다(10-13절). 마치 개선 행진의 제일 끝에 끌려가다 검투장에서 처참하게 죽게 될 포로 같습니다. 온 세계와 천사들과 사람들이 보는 앞에서 말입니다. 구원과 영생을 사모하는 신자의 현재는 만족스러운 누림보다는 기다림과 견딤에 가깝습니다. 학식, 권력, 집안 배경 같은 세속적인 조건을 따지는 세상의 삶은 참 생명의 가치와 자주 충돌합니다. 그래서 건강한 신자는 '가장 불쌍한 사람'처럼 보입니다(고전 15:19). 하지만 그 속에서 세상과 다른 선명한 존재감을 드러냅니다(12-13절). 성령이 창조하는 역발상적 삶입니다. 바울은 종교적 겉꾸밈 대신 이런 실천적인 능력을 보여달라고 요구합니다. 하나님나라는 텅 빈 말이 아니라 이런 능력으로 상속하는 나라이기 때문입니다(19-20절).

다. 우리는 세계와 천사들과 사람들에게 구경거리가 된 것입니다. 10 우리는 그리스도 때문에 어리석은 사람이 되었지만, 여러분은 그리스도 안에서 지혜 있는 사람이 되었습니다. 우리는 약하나, 여러분은 강합니다. 여러분은 영광을 누리고 있으나, 우리는 천대를 받고 있습니다. 11 우리는 바로 이 시각까지도 주리고, 목마르고, 헐벗고, 얻어맞고, 정처 없이 떠돌아다닙니다. 12 우리는 우리 손으로 일을 하면서, 고된 노동을 합니다. 우리는 욕을 먹으면 도리어 축복하여주고, 박해를 받으면 참고, 13 비방을 받으면 좋은 말로 응답합니다. 우리는 이 세상의 쓰레기처럼 되고, 이제까지 만물의 찌꺼기처럼 되었습니다.

14 ㅇ 내가 이런 말을 쓰는 것은 여러분을 부끄럽게 하려는 것이 아니라, 나의 사랑하는 자녀들같이 훈계하려는 것입니다. 15 그리스도 안에서 여러분에게는 일만 명의 스승이 있을지 몰라도, 아버지는 여럿이 있을 수 없습니다. 그리스도 예수 안

바울이 말하는 '스승'과 '아버지'의(15절) 차이는 무엇입니까? 바울은 자신과 신자들을 아버지와 그의 사랑을 받고 자라는 자녀의 관계로 비유합니다. '아버지'는 사랑이자 권위입니다. 얼굴이 화끈거릴 만큼 따끔하게 꾸짖지만, 이는 우월한 위치에서 제자들의 자존심을 상하게 하는 여느 '교사들'이 아닌, 자녀의 건강을 먼저 생각하는 아버지의 훈계입니다. 아플 수밖에 없는 비판이지만, 자녀를 위한 사랑의 표현으로 좋게 받아들이라는 주문입니다. '아버지'는 또한 권위의 주장이기도 합니다. 고린도를 다녀간 많은 '스승들'과 달리, 바울은 교회를 '낳은' 아버지로 남다른 권위를 가졌습니다(16절). 바울은 신자들에게 그 남다름을 상기시킵니다. 물론 사랑이든 권위든, 그 배후에는 '빈 말이 아닌 실천'의 원리가 작용합니다. 실천 없는 사랑과 권위는 위선과 폭력에 가깝습니다. 바울은 복음을 말할 뿐 아니라, 이를 직접 살아내며 가르쳤습니다. 그래서 그는 호소합니다. "나처럼 하십시오!"(16~17절) 이것이 참 아버지의 모습일 것입니다.

에서 복음으로 내가 여러분을 낳았습니다. 16 그러므로 나는 여러분에게 권합니다. 여러분은 나를 본받는 사람이 되십시오. 17 이 일 때문에 나는 디모데를 여러분에게 보냈습니다. 그는 주님 안에서 얻은 나의 사랑하는 신실한 아들입니다. 그는 그리스도 [예수] 안에서 행하는 나의 생활 방식을 여러분에게 되새겨줄 것입니다. 어디에서나, 모든 교회에서 내가 가르치는 그대로 말입니다. 18 그런데 여러분 가운데는, 내가 여러분에게로 가지 못하리라고 생각하여 교만해진 사람이 더러 있습니다. 19 주님께서 허락하시면, 내가 속히 여러분에게로 가서, 그 교만해진 사람들의 말이 아니라 능력을 알아보겠습니다. 20 하나님나라는 말에 있지 아니하고, 능력에 있습니다. 21 여러분은 무엇을 원합니까? 내가 채찍을 들고 여러분에게로 가는 것이 좋겠습니까? 그렇지 않으면, 사랑과 온유한 마음을 가지고 가는 것이 좋겠습니까?

{ 제5장 }

음행을 심판하다

1 여러분 가운데 음행이 있다는 소문이 들립니다. 자기 아버지의 아내를 데리고 사는 일까지 있다고 하니, 그러한 음행은 이방 사람들 가운데서도 볼 수 없는 것입니다. 2 그런데도 여러분은 교만해져 있습니다. 오히려 여러분은 그러한 현상을 통탄하고, 그러한 일을 저지른 자를 여러분 가운데서 제거했어야 하지 않았겠습니까? 3 나로 말하면, 비록 몸으로는 떠나 있으나, 영으로는 함께 있습니다. 마치 여러분과 함께 있듯이, 그러한 일을 저지른 자를 이미 심판하였습니다. 4 [우리] 주 예수의 이름으로 여러분이 모여 있을 때에, 나의 영이 우리 주 예수의 권능과 더불어 여러분과 함께 있으니, 5 여러분은 그러

바울은 고린도교회 안에 입에 담기조차 어려운 '음행'이 존재했음을 지적합니다(1절). 고린도교회가 도덕적으로 이렇게 문란했던 이유는 무엇입니까? 아버지의 아내, 곧 자기 계모와 불륜 관계를 맺는 것은 당시 사회에서 간혹 벌어지는 일이었지만, 당시의 세속적인 도덕 이론가들도 이를 개탄해 마지않았습니다. 바울이 음행의 사실 자체만을 거론하기 때문에 그 배후의 이유는 알 수 없습니다. 아버지의 사후, 계모가 자기 재산을 갖고 친정으로 가는 걸 막으려는 의도가 작용했을지도 모르지만, 추측일 뿐입니다. 매우 예외적인 상황입니다만, 이런 일이 용인된다는 사실 자체는 교회 전체의 도덕적 기강이 상당히 해이해져 있음을 보여줍니다. 그리고 여러 파벌로 나뉘어 서로 분쟁하는 상황이 도덕적 일사불란함을 방해했을 수도 있습니다. 그들의 느슨함이 도덕적 오만함의 표현이라는 꾸지람도 이런 입장에 힘을 실어줍니다. 무엇보다 그들은 서로 분쟁하느라, 거룩한 공동체 형성의 중요성에 대한 인식이 흐려졌습니다. 바울은 거룩한 공동체의 회복을 위해 그 악한 사람과 단절하라고 명령합니다.

한 자를 당장 사탄에게 넘겨주어서, 그 육체는 망하게 하고 그의 영은 주님의 날에 구원을 얻게 해야 할 것입니다. 6 여러분이 자랑하는 것은 좋지 않습니다. 여러분은 적은 누룩이 온 반죽을 부풀게 한다는 것을 알지 못합니까? 7 여러분은 새 반죽이 되기 위해서, 묵은 누룩을 깨끗이 치우십시오. 사실 여러분은 누룩이 들지 않은 사람들입니다. 우리들의 유월절 양이신 그리스도께서 희생되셨습니다. 8 그러므로 묵은 누룩, 곧 악의와 악독이라는 누룩을 넣은 빵으로 절기를 지키지 말고, 성실과 진실을 누룩으로 삼아 누룩 없이 빚은 빵으로 지킵시다.

9 ○ 내 편지에서, 음행하는 사람들과 사귀지 말라고 여러분에게 썼습니다. 10 그 말은, 이 세상에 음행하는 사람들이나, 탐욕을 부리는 사람들이나, 약탈하는 사람들이나, 우상을 숭배하는 사람들과, 전혀 사귀지 말라는 뜻이 아닙니다. 그러려면, 여러분은 이 세상 밖으로 나가야 할 것입니다. 11 그러나 이제 내가 여러분에게 사귀지 말라고 쓰는 것은, 신도라 하는 어떤

5절을 이해할 수 없습니다. 사탄의 손에 들어간 이도 영혼만은 구원을 받을 수 있다는 뜻입니까? 바울의 편지에서 가장 난해한 구절 중 하나입니다. 평소대로라면, 그 사람의 육체를 사탄에게 내어주는 것은 최종적 멸망입니다. 하지만 놀랍게도 바울은 그 사람의 '육체'와 '영'을 날카롭게 구분하고, 육체는 사탄에게 내어주어 망하지만 그의 영은 구원의 가능성이 아직 있는 것처럼 말합니다. 구원은 회개를 전제합니다. 그래서 많은 이들은 사탄에게 내어준 육체의 멸망을 악한 욕망의 파괴와 회개로 해석하기도 합니다. 하지만 그래도 그 회개가 사탄에게 내어주는 것과 무슨 관계가 있는지는 알 수 없습니다. 조심스러운 추측이지만, 헷갈리는 이 구절은 자기 교인의 궁극적 운명에 대해 극단적인 발언을 삼가려는 목회자의 신중함일 수도 있습니다. 공동체의 거룩함을 위해 단호한 조치를 취하지만, 그렇다고 그 사람의 최종적 멸망을 바라지는 않습니다. 그래서 평소와는 다른 표현이 만들어진 것일 수도 있습니다. 앞의 3장 15절의 모호함 역시 같은 취지로 이해할 수 있습니다.

사람이 음행하는 사람이거나, 탐욕을 부리는 사람이거나, 우상을 숭배하는 사람이거나, 사람을 중상하는 사람이거나, 술취하는 사람이거나, 약탈하는 사람이면, 그런 사람과는 함께 먹지도 말라는 말입니다. 12 밖에 있는 사람들을 심판하는 것이, 나에게 무슨 상관이 있습니까? 여러분이 심판해야 할 사람들은 안에 있는 사람들이 아니겠습니까? 13 밖에 있는 사람들은 하나님께서 심판하실 것입니다. 여러분은 그 악한 사람을 여러분 가운데서 내쫓으십시오.

{ 제6장 }

세상 법정에 고소하지 말라

1 여러분 가운데서 어떤 사람이 다른 사람과 소송할 일이 있을 경우에, 성도들 앞에서 해결하려 하지 않고 불의한 자들 앞에 가서 재판을 받으려 한다고 하니, 그럴 수 있습니까? 2 성도들이 세상을 심판하리라는 것을 여러분은 알지 못합니까? 세상이 여러분에게 심판을 받겠거늘, 여러분이 아주 작은 사건 하나를 심판할 자격이 없겠습니까? 3 우리가 천사들도 심판하리라는 것을 알지 못합니까? 그러한데, 하물며 이 세상일이야 말할 나위가 있겠습니까? 4 그러니, 여러분에게 일상의 일과 관련해서 송사가 있을 경우에, 교회에서 멸시하는 바깥 사람들을 재판관으로 앉히겠습니까? 5 나는 여러분을 부끄럽게 하려고 이 말을 합니다. 여러분 가운데는, 신도 사이에서 생기는

기독교는 일반 사회의 사법제도를 부정하나요?(1–7절) 크리스천은 종교법이나 교회법을 우선해야 한다는 뜻입니까? 당시 상황을 고려해야 합니다. 바울은 사법제도와 같은 정상적인 국가 기능을 부정하지 않습니다(롬 13:1–7). 그가 로마의 재판제도를 열심히 활용한 일도 있습니다(행 25:10–12). 바울의 분노는 신자들 사이의 갈등이 법정 소송으로 비화했다는 사실, 그리고 그걸 교회 밖의 사법제도에 호소했다는 사실을 겨냥합니다. 말하자면, 형법이 아닌 사법적 상황입니다. 지금처럼 당시에도 민법 절차는 종종 강자가 '합법적으로' 약자를 갈취하는 수단이 되곤 했습니다. 재판 결과 역시 지위, 뇌물, 사적 친분 등 다양한 요인에 좌우되었습니다. 안타깝게도 고린도교회 안에서 이런 속임수와 '갈취'의 상황이 발생했습니다. 그리고 자신의 이익을 관철하기 위해 공정함을 보장할 수 없는 법정 소송을 활용하고 있습니다. 바울은 이런 뻔뻔한 행태에 분노합니다. 그래서 그런 짓을 하는 자들은 하나님 나라를 상속할 수 없다고 강력하게 경고합니다.

문제를 해결하여줄 만큼, 지혜로운 사람이 하나도 없습니까? 6 그래서 신도가 신도와 맞서 소송을 할 뿐만 아니라, 그것도 믿지 않는 사람들 앞에 한다는 말입니까? 7 여러분이 서로 소송을 제기하는 것부터가 벌써 여러분의 실패를 뜻합니다. 왜 차라리 불의를 당해주지 못합니까? 왜 차라리 속아주지 못합니까? 8 그런데 도리어 여러분 자신이 불의를 행하고 속여 빼앗고 있으며, 그것도 신도들에게 그런 짓을 하고 있습니다. 9 불의한 사람들은 하나님나라를 상속받지 못하리라는 것을 알지 못합니까? 착각하지 마십시오. 음행을 하는 사람들이나, 우상을 숭배하는 사람들이나, 간음을 하는 사람들이나, 여성 노릇을 하는 사람들이나, 동성애를 하는 사람들이나, 10 도둑질하는 사람들이나, 탐욕을 부리는 사람들이나, 술 취하는 사람들이나, 남을 중상하는 사람들이나, 남의 것을 약탈하는 사람들은, 하나님나라를 상속받지 못할 것입니다. 11 여러분 가운데 이런 사람들이 더러 있었습니다. 그러나 여러분은 주 예

바울은 소송을 제기하는 것 자체가 '실패'라고 규정합니다(7절). 그럼 크리스천은 부당한 일을 당해도 시비를 가리지 말고 무조건 피해를 감수해야 합니까? 교인들끼리 소송이 발생한 상황은 그 자체가 교회의 '실패'인 것이 틀림없습니다. 하지만 문제는 "이런 상황 자체가 문제다" 하는 말로 해결되지 않습니다. 그래서 바울은 상황을 보다 세밀하게 관찰하며, 가해자와 피해자를 구분합니다. 그리고 현 상황의 일차적 원인 제공자, 곧 동료 신자에게 불의를 행하고 그들을 속여먹는 가해자들의 사악한 행태를 신랄하게 꾸짖습니다(8절). 또 그런 짓을 하는 사람은 절대로 하나님나라를 상속받을 수 없다고 분명히 못 박습니다(9~10절). 이런 흐름에서 보면, 7절은 피해자에게 "맞대응 하지 말고 그냥 당하는 게 낫다"고 말하는 것이 아닙니다. 오히려 가해자들을 향해, "여러분이 신자라면, 형제를 갈취하는 짓보다 오히려 갈취당하는 것이 백배는 더 낫지 않느냐?"는 수사적 물음입니다. "서로 참고 조용히 넘어가자"는 식의 부당한 해결이 아니라, 교인이라 말하면서 동료 신자들에게 사회경제적 불의를 자행하는 이들을 향한 경고인 셈입니다.

수 그리스도의 이름과 우리 하나님의 성령으로 씻겨지고, 거룩하게 되고, 의롭게 되었습니다.

몸으로 하나님을 영화롭게 하라

12 ㅇ "모든 것이 나에게 허용되어 있습니다." 그러나 모든 것이 유익한 것은 아닙니다. "모든 것이 나에게 허용되어 있습니다." 그러나 나는 아무것에도 제재를 받지 않겠습니다. 13 "음식은 배를 위한 것이고, 배는 음식을 위한 것입니다." 그러나 하나님께서는 이것도 저것도 다 없애버리실 것입니다. 몸은 음행을 위하여 있는 것이 아니라, 주님을 위하여 있는 것이며, 주님은 몸을 위하여 계십니다. 14 하나님께서 주님을 살리셨으니, 그의 권능으로 우리도 살리실 것입니다. 15 여러분의 몸이 그리스도의 지체라는 것을 알지 못합니까? 그런데, 내가 그리스도의 지체를 떼어다가 창녀의 지체를 만들 수 있겠습니

바울은 하나님나라를 상속받지 못할 사람들이 "더러 있었다"고 과거형을 써서 말합니다(11절). 그러면 교회 안에는 이제 깨끗한 이들뿐이라는 말입니까? 믿을 수 없는 걸요. 11절 역시 흐름을 타며 읽어야 합니다. 바울은 고린도 신자들의 회심 이전과 이후를 비교합니다. 먼저 불의한 행태를 열거한 후, 회심 이전 고린도 신자들 대다수의 삶이 그랬음을 상기시킵니다. 그리고 예수님을 만나면서 그런 삶과 절연하고 전혀 새로운 삶을 시작했다는 사실도 되새깁니다. 바울은 이 결정적인 변화를 강조합니다. "그러나 깨끗해졌습니다, 그러나 거룩해졌습니다, 그러나 의롭게 되었습니다." 이는 모두 회심의 순간을 가리킵니다. 그들은 이런 놀라운 변화를 거쳤습니다. 문제는 그런 신자들이 마치 회심하지 않은 양 다시 '불의를 자행하고' 있다는 사실입니다(8절). 그래서 바울은 다시 경고합니다. 그런 자들은 하나님나라에서 배제될 것입니다(9-10절). 이런 상황에서 11절은 "이미 괜찮아졌다"고 안심시키는 말이 아니라, 이제 더 이상 그래선 안 될 사람들이 옛날처럼 불의를 행하는 비극적인 역설을 꼬집는 말입니다.

까? 그럴 수 없습니다. 16 창녀와 합하는 사람은 그와 한 몸이 되다는 것을 알지 못합니까? "두 사람이 한 몸이 될 것이다" 하신 말씀이 있습니다. 17 그러나 주님과 합하는 사람은 그와 한 영이 됩니다. 18 음행을 피하십시오. 사람이 짓는 다른 모든 죄는 자기 몸 밖에 있는 것이지만, 음행을 하는 자는 자기 몸에다가 죄를 짓는 것입니다. 19 여러분의 몸은 여러분 안에 계신 성령의 성전이라는 것을 알지 못합니까? 여러분은 성령을 하나님으로부터 받아서 모시고 있습니다. 여러분은 여러분 자신의 것이 아닙니다. 20 여러분은 하나님께서 값을 치르고 사들인 사람입니다. 그러므로 여러분의 몸으로 하나님을 영화롭게 하십시오.

몸이 '성령의 성전'(19절)이라면 몸을 잘 관리하는 일도 신앙 행위가 된다는 의미인가요? 하나님의 성전을 이루는 우리의 몸은 현대 대중문화에서처럼 그 자체로 상품화되고 우상화된 '몸'이 아니라, 내 삶의 주체로서의 몸입니다. 우리는 형체 없는 귀신이 아니라 물리적 몸을 가진 인간으로 살아갑니다. 그래서 우리 몸은 우리의 삶 자체와 같습니다. 삶은 몸을 굴리는 일입니다. 따라서 '몸을 잘 관리하는' 것은 대중의 시선에 맞춘 몸매를 갖춘다는 뜻이 아니라, 우리 삶을 제대로 살아간다는 뜻입니다. 여기서는 보다 구체적으로 창녀와 한 몸이 되는 음행을 염두에 두고 한 말이지만, 그런 잘못이 아니더라도 우리 몸을 잘 굴리는 것은 매우 중요합니다. 우리는 나 자신의 소유가 아니라, '값을 주고 산' 존재, 곧 주님의 소유가 된 존재입니다. 따라서 내 욕심대로 할 자유가 우리에겐 없습니다. 우리는 우리의 몸으로 하나님의 명예를 드높여야 할 존재들입니다(20절). 우리 몸을 하나님께서 기뻐하시는, 살아 있는 제물로 드리라는 말과 같습니다(롬 12:1).

{ 제7장 }

혼인에 관련된 문제들

1 여러분이 적어 보낸 문제를 두고 말하겠습니다. 남자는 여자
를 가까이하지 않는 것이 좋습니다. 2 그러나 음행에 빠질 유
혹 때문에, 남자는 저마다 자기 아내를 두고, 여자도 저마다
자기 남편을 두도록 하십시오. 3 남편은 아내에게 남편으로서
의 의무를 다하고, 아내도 그와 같이 남편에게 아내로서의 의
무를 다하도록 하십시오. 4 아내가 자기 몸을 마음대로 주장하
지 못하고, 남편이 주장합니다. 마찬가지로, 남편도 자기 몸을
마음대로 주장하지 못하고, 아내가 주장합니다. 5 서로 물리치
지 마십시오. 여러분이 기도에 전념하기 위하여 얼마 동안 떨
어져 있기로 합의한 경우에는 예외입니다. 그러나 그 뒤에 다
시 합하십시오. 여러분이 절제하는 힘이 없는 틈을 타서 사탄

1-2절만 보면, 결혼의 의미가 오로지 유혹에 빠지지 않도록 막는 데 있을 따름이란
생각이 듭니다. 기독교 신앙은 이처럼 기계적이고 실용적인 결혼을 이상적으로 보나
요? 엄밀히 말해 1-2절은 "결혼하라"는 보편적 권고가 아니라, 이미 결혼한 부부를
향해 "정상적인 성생활을 지속하라"는 권고입니다. 성적 욕구의 만족이 결혼의 전부
는 아니지만, 그것이 결혼의 가장 중요한 기능 중 하나라는 사실을 무시하는 것도 위
험한 위선이 되기 쉽습니다. 그래서 배우자의 성적 욕구를 존중하도록, 성생활을 오
래 중단하지 말도록, 기도를 위해 중단하더라도 합의하에 잠시 동안만 그렇게 하도
록 권고합니다. 결혼의 실용적인 차원을 다룬 구절만 읽고서 그것이 결혼의 전부라
고 말하는 것은 논리의 비약입니다. 결혼을 교회와 신자의 관계에 비유한 이도 바울
입니다(엡 5:21-33). 물론 바울은 결혼의 현실적인 부담과 책임을 잘 알았습니다. 그
래서 조심스레 독신을 권하기도 합니다. 특히 여성들에게는 더 그렇습니다. 물론 "무
리하다 사고치지" 말고, 주어진 은사에 맞게 하라는 조언도 함께 건넵니다.

이 여러분을 유혹할까 염려되기 때문입니다. 6 그러나 내가 이 것을 말하는 것은 그렇게 해도 좋다는 뜻으로 말하는 것이지, 명령으로 말하는 것은 아닙니다. 7 나는 모든 사람이 다 나와 같이 되기를 바랍니다. 그러나 각 사람은 하나님께로부터 받은 은사가 있어서, 이 사람은 이러하고 저 사람은 저러합니다.

8 ○ 결혼하지 않은 남자들과 과부들에게 말합니다. 나처럼 그 냥 지내는 것이 그들에게 좋습니다. 9 그러나 절제할 수 없거 든 결혼하십시오. 욕정에 불타는 것보다는 결혼하는 편이 낫 습니다. 10 결혼한 사람들에게 말합니다. 이것은 나의 말이 아 니라, 주님의 명령입니다. 아내는 남편과 헤어지지 말아야 합 니다. 11 ─ 만일 헤어졌거든 재혼하지 말고 그냥 지내든지, 그 렇지 않으면 남편과 화해하여야 합니다. ─ 그리고 남편도 아 내를 버리지 말아야 합니다. 12 그 밖의 사람들에게 말합니다. 이것은 나의 말이요, 주님의 말씀은 아닙니다. 어떤 교우에게 믿지 않는 아내가 있는데, 그 여자가 남편과 같이 살기를 원하

10-11절은 이혼하지 말라는 것이 '주님의 명령'이라고 가르칩니다. 그렇다면 배우자 의 일방적인 일탈이나 폭력으로 고통받는 이들에게 교회는 어떤 위로를 줄 수 있습 니까? 모든 언어는 상황적입니다. 절대적인 표현으로 원칙을 진술하지만, 그렇다 고 현실의 복잡다단함을 무시하라는 것은 아닙니다. 그 첫 사례가 12-16절에 나옵니 다. 부부 한편만 신자라 해서 결혼의 의미가 달라지지는 않습니다. 그래서 여기서도 원칙이 적용됩니다. 하지만 예외가 발생합니다. 불신 배우자가 결별을 원한다면 이 혼이 허용됩니다. 평화로운 결혼생활이 불가능한 데다, 배우자의 구원 가능성도 장 담할 수 없기 때문입니다. 정상적인 결혼생활이 불가능한 상황에서 법적 관계를 고 집하는 것이 무의미하다는 뜻입니다. 조심스럽지만, 이 원리를 숙고하며 다른 상황 에도 적용해볼 수 있습니다. 주님께서 허용하신 '불륜'의 경우 외에도(마 19:9), 평화 의 관계, 곧 호혜와 상호 존중이 불가능한 여러 상황이 존재합니다. 가령 여러 형태 의 폭력, 배우자에 대한 무책임 등을 생각해볼 수 있습니다. 무조건 '법적 관계'를 유 지하는 것이 성경이 원하는 모습은 아닌 것 같습니다.

면, 그 여자를 버리지 말아야 합니다. 13 또 어떤 여자에게 믿지 않는 남편이 있는데, 그가 아내와 같이 살기를 원하면, 그 남편을 버리지 말아야 합니다. 14 믿지 않는 남편은 그의 아내로 말미암아 거룩해지고, 믿지 않는 아내는 그 남편으로 말미암아 거룩해졌습니다. 그렇지 않으면, 그들의 자녀도 깨끗하지 못할 것인데, 이제 그들은 거룩합니다. 15 그러나 믿지 않는 사람 쪽에서 헤어지려고 하면, 헤어져도 됩니다. 믿는 형제나 자매가 이런 일에 얽매일 것이 없습니다. 하나님께서는 여러분을 부르셔서 평화롭게 살게 하셨습니다. 16 아내 된 이여, 그대가 혹시나 그대의 남편을 구원할는지 어찌 압니까? 남편 된 이여, 그대가 혹시나 그대의 아내를 구원할는지 어찌 압니까?

하나님이 주신 본분대로 살아가라

17 ○ 각 사람은, 주님께서 나누어주신 분수 그대로, 하나님께

17-24절의 속뜻을 모르겠습니다. 주어진 환경을 극복하고 더 나은 삶의 자리를 차지하기 위해 애쓸 필요가 없다는 가르침인가요? 바울이 삶의 여건을 개선하려는 노력 자체를 부정하는 건 아닐 겁니다. 21절은 노예 신분에 만족하라는 말일 수도, 할 수 있으면 벗어나라는 말일 수도 있습니다. 하지만 세 차례 반복된 원칙은 분명합니다(17, 20, 24절). 사회적 신분이나 조건의 변화에 집착하지 말라는 것입니다. 하나님과의 관계가 거기 달려 있지 않기 때문입니다. 그래서 "웬만하면 주어진 상황에 만족하라"는 권고가 됩니다. 이 원론적인 권고는 곧 예수님께서 재림하시고 현재 삶의 방식이 끝날 것이라는 신념의 산물입니다(31절). 또 당시는 신분의 변화 자체가 매우 어렵거나 불가능했다는 사실도 중요합니다. 물론 2천 년 후 우리는 당시처럼 임박한 재림을 생각하기 어렵습니다. 신분 변화의 의미나 가능성도 전혀 다릅니다. 그래서 바울이 오늘을 살았다면 사뭇 다른 권고를 했을 공산이 큽니다. 기계적인 적용이 위험한 이유입니다. 결혼에 대한 소극적 태도 역시 마찬가지입니다.

서 부르신 처지 그대로 살아가십시오. 이것이 내가 모든 교회에서 명하는 지시입니다. 18 할례를 받은 몸으로 부르심을 받은 사람은 굳이 그 할례 받은 흔적을 지우려고 하지 마십시오. 할례를 받지 아니한 처지에서 부르심을 받은 사람은 굳이 할례를 받으려고 하지 마십시오. 19 할례를 받은 것이나 안 받은 것이나, 그것은 문제가 아니고, 하나님의 계명을 지키는 것이 중요합니다. 20 각 사람은 부르심을 받은 그때의 처지에 그대로 머물러 있으십시오. 21 노예일 때에 부르심을 받았습니까? 그런 것에 마음 쓰지 마십시오. 그러나 자유로운 몸이 될 수 있는 기회가 있으면, 어떻게 해서든지 그것을 이용하십시오. 22 주님 안에서 노예로서 부르심을 받은 사람은 주님께 속한 자유인입니다. 그와 같이 자유인으로서 부르심을 받은 사람은 그리스도의 노예입니다. 23 여러분은 하나님께서 값을 치르고 사신 사람입니다. 그러므로 사람의 노예가 되지 마십시오. 24 형제자매 여러분, 각각 부르심을 받은 그때의 처지에 그대로 있으면서 하나님과 함께 살아가십시오.

바울이 말하는 '지금 닥쳐오는 재난'(26절)의 실체는 무엇입니까? 표현 자체가 애매해서 지금 우리로서는 정확한 의미를 알 수 없습니다. 당시 사회의 상황과 관련된 언급일 수도 있고, 예수님의 재림을 염두에 둔 언급일 수도 있습니다. 또 이 재난이 왜 처녀들의 결혼을 막는 이유가 되는지도 분명하지 않습니다. 이어지는 논의를 보면, 이 재난이 더 이상 결혼 여부를 결정짓는 주요인으로 등장하지 않습니다. 오히려 시집가면 '고난'을 겪을 것이라는 엄연한 현실이 결혼을 말리는 더 큰 이유로 나타납니다(28절). 이어서 "시간이 짧아졌다"는 사실, 곧 예수님의 재림이 멀지 않았다는 언급이 나오는 것을 보면, 특수한 재난보다는 재림과 관련한 일반적인 정황을 가리키는 것일 수도 있습니다. 곧 '재난'이라는 측면보다는, 마지막이 되어 이 세상의 삶의 방식이 금방 끝날 것이라는 사실을 상기시키며, "이런 마당에 굳이 결혼할 필요가 있을까?" 하는 물음을 던지는 것일 수 있습니다.

미혼자와 과부에게 주는 권면

25 ㅇ 주님께서 처녀들에 대해서 하신 명령을, 나로서는 받은 것이 없습니다. 그러나 나는 주님의 자비하심을 힘입어 믿을 만한 사람이 된 사람으로서, 의견을 제시합니다. 26 지금 닥쳐오는 재난 때문에, 사람이 현재 상태대로 살아가는 것이 좋다고, 나는 생각합니다. 27 아내에게 매였으면, 그에게서 벗어나려고 하지 마십시오. 아내에게서 놓였으면, 아내를 얻으려고 하지 마십시오. 28 그러나 결혼한다고 할지라도, 죄를 짓는 것이 아닙니다. 그리고 처녀가 결혼을 하더라도, 죄를 짓는 것이 아닙니다. 그러나 그들이 살림살이로 몸이 고달플 것이므로, 내가 아껴서 말해주는 것입니다. 29 형제자매 여러분, 내가 말하려는 것은 이것입니다. 때가 얼마 남지 않았으니, 이제부터는 아내 있는 사람은 없는 사람처럼 하고, 30 우는 사람은 울지 않는 사람처럼 하고, 기쁜 사람은 기쁘지 않은 사람처럼 하고, 무엇을 산 사람은 그것을 가지고 있지 않은 사람처럼 하고, 31 세상을 이용하는 사람은 그렇게 하지 않는 사람처럼 하도록 하십시오. 이 세상의 형체는 사라집니다. 32 나는 여러분

32-34절은 너무 이분법적인 사고방식 아닐까요? 배우자를 애틋하게 사랑하고 마음 쓰는 일이 잘못이라는 얘기처럼 들려서 불편합니다. 바울의 권고는 "염려가 없기를 바라는" 마음에서 시작됩니다. 바울의 생각에 결혼은 '세상 일'에 대한 염려, 곧 배우자를 기쁘게 해야 한다는 염려를 부여하고, 결과적으로 주를 위한 염려로부터 "마음이 갈라지게" 합니다. 이는 바울의 이원론적 사고 때문이 아니라, 당시 사회에서 결혼이 실제 그랬기 때문일 것입니다. 독신이 더 좋지만, 그렇다고 결혼이 죄가 되는 건 아닙니다. 하지만 결혼이 부여하는 부담과 책임은 현실이고, 이것이 주를 섬기려는 신앙적 열정과 자주 충돌하는 것도 현실입니다. 이를 무시하는 것은

이 염려 없이 살기를 바랍니다. 결혼하지 않은 남자는, 어떻게 하면 주님을 기쁘게 해드릴 수 있을까 하고, 주님의 일에 마음을 씁니다. 33 그러나 결혼한 남자는, 어떻게 하면 자기 아내를 기쁘게 할 수 있을까 하고, 세상일에 마음을 쓰게 되므로, 34 마음이 나뉘어 있습니다. 결혼하지 않은 여자나 처녀는, 몸과 영을 거룩하게 하려고 주님의 일에 마음을 쓰지만, 결혼한 여자는, 어떻게 하면 남편을 기쁘게 할 수 있을까 하고, 세상일에 마음을 씁니다. 35 내가 이 말을 하는 것은 여러분을 유익하게 하려고 그러는 것이지, 여러분에게 올가미를 씌우려고 그러는 것이 아닙니다. 오히려 여러분이 품위 있게 살면서, 마음에 헛갈림이 없이, 오직 주님만을 섬기게 하려는 것입니다.

36 ○ 어떤 이가 결혼을 단념하는 것이 자기의 약혼녀에게 온당하게 대하는 일이 못 된다고 생각하면, 더구나 애정이 강렬하여 꼭 결혼을 해야겠으면, 그는 원하는 대로 그렇게 하십시오. 결혼하는 것이 죄를 짓는 것이 아니니, 그런 사람들은 결혼하십시오. 37 그러나 결혼하지 않기로 마음을 굳게 먹은 사람이, 부득이한 일도 없고, 또 자기의 욕망을 제어할 수 있어서, 자기 약혼녀를 처녀로 그대로 두기로 마음에 작정하였으

건강한 '일원론'이 아니라, 현실을 외면한 이상주의일 것입니다. 바울의 권고도 매우 조심스럽습니다. 독신녀는 몸과 영이 다 거룩하다는 말은 결혼에 대한 앞의 말과 긴장이 느껴지기도 합니다. 그래서인지 바울은 이 권고가 신자들의 유익을 위한 '의견'일 뿐(25절), 결코 부담을 지우려는 것은 아니라는 사족으로 말의 무게를 줄입니다(35절).

면, 그것은 잘하는 일입니다. 38 그러므로, 자기의 약혼녀와 결혼하는 사람도 잘하는 것이지만, 결혼하지 않는 사람은 더 잘하는 것입니다.

39 ○ 아내는, 남편이 살아 있는 동안에는, 그에게 매여 있습니다. 그러나 남편이 죽으면, 자기가 원하는 사람과 결혼할 자유가 있습니다. 다만, 주님 안에서만 그렇게 해야 할 것입니다. 40 내 의견으로는, 그 여자는 그대로 혼자 지내는 것이 더 행복할 것입니다. 나도 하나님의 영을 받았다고 생각합니다.

바울은 결혼에 관한 의견을 밝힌 뒤에 "나도 하나님의 영을 받았다"고 덧붙입니다 (40절). 무슨 뜻에서 한 이야기인지 궁금합니다. 결혼과 관련된 논의에서 바울은 주님께 받은 명령과 자신의 의견을 신중하게 구분합니다. 물론 자신의 의견을 피력할 때도 주님께 신실하게 충성하는 사도로서 제시하는 의견임을 분명히 합니다(25절). 그러니까 고린도 신자들을 향해 자신의 의견을 여느 사람의 의견처럼 취급하지 말고, 그들에게 복음을 전하고 그들의 공동체를 세운 사람. 곧 그들의 영적 아버지로서 제시하는 권위 있는 의견으로 간주하라는 주문입니다. 자신 역시 하나님의 영을 받았다는 말도 동일한 의도를 전달합니다. 앞에서 자신이 "그리스도의 마음을 가졌다"고 했던 것도 다르지 않습니다(고전 2:16). 물론 "나도 또한"이라는 표현은 약간의 갈등을 시사합니다. 고린도교회는 영적 은사가 풍성한 교회였던 만큼 스스로 하나님의 영을 받았다고 자신하는 사람들이 있었고, 이들은 바울의 말 역시 인간의 말로 간주하며 그의 권위에 의문을 제기했을 수 있습니다. 이런 상황에서 자신의 권위를 다시금 상기시키는 것입니다.

{ 제8장 }

우상에게 바친 제물

1 우상에게 바친 고기에 대하여 말하겠습니다. 우리는 우리 모두가 지식이 있는 줄로 알고 있습니다. 지식은 사람을 교만하게 하지만, 사랑은 덕을 세웁니다. 2 자기가 무엇을 안다고 생각하는 사람은, 아직도 그가 마땅히 알아야 할 방식대로 알지 못하는 사람입니다. 3 그러나 하나님을 사랑하는 사람은 하나님께서 그를 알아주십니다. 4 그런데 우상에게 바친 고기를 먹는 일을 두고 말하면, 우리가 알기로는, 세상에 우상이란 것은 아무것도 아니고, 오직 하나님 한 분밖에는 신이 없습니다. 5 이른바 신이라는 것들이 하늘에든 땅에든 있다고 칩시다. 그러면 많은 신과 많은 주가 있는 것 같습니다. 6 그러나 우리에게는 아버지가 되시는 하나님 한 분이 계실 뿐입니다. 만물은

'우상에게 바친 고기'(1절)는 무얼 가리킵니까? 이것이 고린도교회에 보내는 편지에 중요한 이슈로 등장하는 까닭은 무엇입니까? '우상에게 드려진 것들'이라는 단어로, 여기서는 '고기'가 핵심입니다(13절). 당시 사회에서 육류는 많은 경우 이방 신전과 관련되었습니다. 신전의 행사나 모임에서 고기가 제공되기도 했고, 신전에서 드려진 고기가 시장으로 유통되기도 했습니다. 그래서 신전 모임에 참여해 고기를 먹거나, 시장에서 고기를 사 먹거나, 불신자 가정에 초대받아 고기를 먹거나 하는 여러 상황이 신앙적 논쟁의 원인이 되었습니다. 바울의 기본 입장은 하나님은 한 분이라, 존재하지 않는 우상에게 바쳤다고 그 음식이 문제가 될 이유는 없다는 것입니다. 하지만 이를 알면서도 실천적으로는 여전히 우상에 대해 예민한 신자들이 있었습니다. 바울은 지식을 가진 이들이 우쭐해서 이들 '약한' 신자들을 깔보지 말도록, 그리고 이들의 양심을 상하게 할 만한 행동을 삼가도록 권고합니다. 신학적 지식 자체보다는 상대를 배려하는 '사랑'을 가장 중요한 판단의 근거로 제시한 것입니다.

그분에게서 났고, 우리는 그분을 위하여 있습니다. 그리고 한 분 주님이신 예수 그리스도가 계십니다. 만물이 그분으로 말미암아 있고, 우리도 그분으로 말미암아 있습니다.

7 ㅇ 그러나 누구에게나 다 지식이 있는 것은 아닙니다. 어떤 사람들은 지금까지 우상을 섬기던 관습에 젖어 있어서, 그들이 먹는 고기가 우상의 것인 줄로 여기면서 먹습니다. 그들의 양심이 약하므로 더럽혀지는 것입니다. 8 그러나 "우리를 하나님 앞에 내세우는 것은 음식이 아닙니다." 음식을 먹지 않는다고 해서 손해 볼 것도 없고, 먹는다고 해서 이로울 것도 없습니다. 9 그러나 여러분에게 있는 이 자유가 약한 사람들에게 걸림돌이 되지 않도록 조심하십시오. 10 지식이 있는 당신이 우상의 신당에 앉아서 먹고 있는 것을 어떤 사람이 보면, 그가 약한 사람일지라도, 그 양심에 용기가 생겨서, 우상에게 바친 고기를 먹게 되지 않겠습니까? 11 그러면 그 약한 사람은 당신의 지식 때문에 망하는 것입니다. 그리스도께서는 그 약한 신

8절과 13절의 원리를 우리나라 교회가 전통적으로 금기시하는 '음주 문제'에도 적용할 수 있을까요? 우상 제물 문제는 그리 간단하지 않습니다. '개인차'로 간주하고 서로 배려하며 해결할 부분도 있지만, 실제 우상숭배의 위험 또한 존재합니다. 물론 술이나 담배 같은 문제는 상호 배려의 영역에 가깝습니다. 서양과 달리, 유독 한국교회에서 음주나 흡연이 일종의 금기가 된 것은 기독교 전파 당시 선교사들이 음주, 흡연, 도박을 심각한 사회문제이자 비신앙적 행태로 판단했기 때문입니다. 당시로서는 불가피한 조치였을 겁니다. 물론 오늘 이런 전통이 '절대 진리'일 필요는 없습니다. 성경은 술의 장점을 칭찬하지만, 더 자주 술의 위험을 경고합니다. 절제 있는 활용이 최선입니다. 절제가 어렵다면 아예 손대지 않는 것도 지혜입니다. 또 신자들 사이에도 의견 차이가 존재합니다. 따라서 다른 신자의 신앙적 감수성을 배려하는 사랑이 필요합니다. 사소한 술 때문에 다른 신자의 신앙적 양심에 부담을 주는 행동은 신자가 저지를 수 있는 가장 큰 죄 가운데 하나입니다(12절).

도를 위하여 죽으셨습니다. 12 이렇게 여러분이 형제자매들에게 죄를 짓고, 그들의 약한 양심을 상하게 하는 것은 그리스도께 죄를 짓는 것입니다. 13 그러므로 음식이 내 형제를 걸어서 넘어지게 하는 것이라면, 그가 걸려서 넘어지지 않게 하기 위해서, 나는 평생 고기를 먹지 않겠습니다.

{ 제9장 }

사도의 권리

1 내가 자유인이 아닙니까? 내가 사도가 아닙니까? 내가 우리 주 예수를 뵙지 못하였습니까? 여러분은 주님 안에서 내가 일해서 얻은 열매가 아닙니까? 2 다른 사람들에게는 내가 사도가 아닐지 몰라도, 여러분에게는 사도입니다. 여러분은 주님 안에서 나의 사도직을 보증하는 표입니다.

3 ○ 나를 비판하는 사람들에게 이렇게 답변합니다. 4 우리에게 먹고 마실 권리가 없습니까? 5 우리에게는 다른 사도들이나 주님의 동생들이나 게바처럼, 믿는 자매인 아내를 데리고 다닐 권리가 없단 말입니까? 6 나와 바나바에게만은 노동하지 않을 권리가 없단 말입니까? 7 자기 비용으로 군에 복무하는 사람이 어디에 있습니까? 포도원을 만들고 그 열매를 따 먹

바울은 어떤 이들로부터 무슨 비판을 받았기에(3절) 이토록 목소리를 높여 항변하듯 말하는 걸까요? 고린도전서에는 바울과 신자들의 관계에 균열의 조짐이 보입니다. 그래서 바울은 교회 내 각종 문제들의 해결뿐 아니라, 교인과 자신의 관계 회복에도 신경을 씁니다. 분열 같은 문제는 교회 지도자들에 대한 잘못된 태도와 얽혀 있기 때문입니다. 문제의 핵심은 사도 직분의 정당성입니다. 바울에게는 전통적인 사도의 자격이 없습니다(행 1:21-22). 더욱이 그는 교회를 박해하다가 갑자기 전향해 이방인의 사도로 자처한 사람입니다. 바울의 능력 있는 선교를 통해 고린도에 교회가 세워졌습니다. 그러나 당시 사회의 가치와 충돌하는 복음의 가르침은 늘 긴장의 요소였고, 이는 쉽게 복음의 원조인 바울과의 갈등으로 이어졌습니다. 통상적 관계와 달리, 경제적 후원을 마다한 바울의 방침도 자격 시비의 빌미가 되었습니다. 그래서 바울은 사도로서 후원받을 권리가 있다는 사실을 강조하면서, 동시에 복음을 위해 스스로 그 권리를 포기했다는 사실을 부각시킵니다.

지 않는 사람이 어디에 있습니까? 양 떼를 치고 그 젖을 짜 먹지 않는 사람이 어디에 있습니까? 8 내가 사람의 관례에만 의거하여 이런 말을 하는 줄 아십니까? 율법에도 이런 말이 있지 않습니까? 9 모세의 율법에 기록하기를 "타작 일을 하는 소에게 망을 씌우지 말아라" 하였습니다. 하나님께서 소를 걱정하신 것입니까? 10 그렇지 않으면, 우리 모두를 위하여 말씀하신 것입니까? 그것은 우리를 위하여 하신 말씀입니다. 밭을 가는 사람은 마땅히 희망을 가지고서 밭을 갈고, 타작을 하는 사람은 한몫을 얻으리라는 희망을 가지고 그 일을 합니다. 11 우리가 여러분에게 영적인 것으로 씨를 뿌렸으면, 여러분에게서 물질적인 것으로 거둔다고 해서, 그것이 지나친 일이겠습니까? 12 다른 사람들이 여러분에게 이런 권리를 가졌다면, 하물며 우리는 더욱 그러하지 않겠습니까? 그러나 우리는 이런 권리를 쓰지 않았습니다. 우리는 그리스도의 복음을 전하는 일에 지장을 주지 않도록, 모든 것을 참습니다. 13 성전에서 일

바울은 아내도, 보수도 없이 복음을 전했습니다. 이게 기독교가 생각하는 이상적인 성직자의 모습입니까? 그럼 왜 기독교 성직자들은 바울의 모습을 따르지 않습니까? 통념과 달리, 경제적 후원에 관한 바울의 방침은 일관되지 않습니다. 직접 일하면서 선교할 때가 많았지만, 이유는 다양했습니다. 신자들의 경제적 부담을 피하려는 의도도 있었고(데살로니가교회), 돈의 논리에 휘둘리지 않으려는 의도도 있었습니다(고린도교회). 물론 마음껏 후원을 받기도 합니다. 빌립보교회의 경우, 빌립보 체류 당시뿐 아니라 그 이후에도 여러 차례 바울에게 돈을 보냈습니다. 바울의 방침 자체가 그때그때 달랐던 것입니다. 사도들은 분명 후원받을 권리가 있습니다. 하지만 복음을 위해 그 권리를 포기하기도 합니다. 결국 중요한 물음은 무엇이 선교에 도움이 되느냐는 것이고, 그에 따라 재정적 방침 역시 달라질 것입니다. 따라서 어느 하나의 방식을 철칙으로 주장하기보다, 상황에 따라 ('자비량' 목회를 포함해) 다양한 선교/목회 방식을 시도하는 것이 바울을 따르는 모습일 겁니다.

하는 사람은 성전에서 나는 것을 먹고, 제단을 맡아보는 사람은 제단 제물을 나누어 가진다는 것을, 여러분은 알지 못합니까? 14 이와 같이 주님께서도, 복음을 전하는 사람들에게는 복음을 전하는 일로 살아가라고 지시하셨습니다. 15 그러나 나는 이런 권리를 조금도 행사하지 아니하였습니다. 또 나에게 그렇게 하여달라고 이 말을 쓰는 것도 아닙니다. 그렇게 하느니, 차라리 내가 죽는 편이 낫겠습니다. 아무도 나의 이 자랑거리를 헛되게 하지 못할 것입니다. 16 내가 복음을 전할지라도, 그것이 나에게 자랑거리가 될 수 없습니다. 나는 어쩔 수 없이 그것을 해야만 합니다. 내가 복음을 전하지 않으면, 나에게 화가 미칠 것입니다. 17 내가 자진해서 이 일을 하면 삯을 받을 것입니다. 그러나 내가 마지못해서 하면, 직무를 따라 한 것입니다. 18 그리하면 내가 받을 삯은 무엇이겠습니까? 그것은, 내가 복음을 전할 때에 값없이 전하고, 복음을 전하는 데에 따르는 나의 권리를 이용하지 않는다는 그 사실입니다.

19 ○ 나는 어느 누구에게도 얽매이지 않은 자유로운 몸이지만, 많은 사람을 얻으려고, 스스로 모든 사람의 종이 되었습니다. 20 유대 사람들에게는, 유대 사람을 얻으려고 유대 사람같

바울은 "복음을 전하지 않으면, 나에게 화가 미칠 것"(16절)이라고 말합니다. 크리스천들은 전도를 하지 않으면 불행이 닥친다고 믿습니까? 바울은 이방 지역에 복음을 전해야 할 사도입니다. 그러니까 그의 말은 "받은 사명을 팽개치면 화가 미친다"는 뜻이지, "누구라도 전도 안 하면 벌 받는다"는 의미가 아닙니다. 급속도로 양적 성장을 이뤄온 한국교회에서 최고 덕목은 늘 '전도'였습니다. 그래서 전도가 복음 선포보다는 교인 만들기가 되는 경우도 많았고, 지나치게 단순화된 공식이 복음을 대신하는 경우도 적지 않았습니다. 흥미롭게도 바울은 신자들에게 "복음을 전하라"고 단 한 번도 말하지 않습니다. "기회가 있든 없든 언제나 복음을 전하라"는 유

이 되었습니다. 율법 아래 있는 사람들에게는, 내가 율법 아래 있지 않으면서도, 율법 아래에 있는 사람을 얻으려고 율법 아래 있는 사람같이 되었습니다. 21 율법이 없이 사는 사람들에게는, 내가 하나님의 율법이 없이 사는 사람이 아니라 그리스도의 율법 안에서 사는 사람이지만, 율법 없이 사는 사람들을 얻으려고 율법 없이 사는 사람같이 되었습니다. 22 믿음이 약한 사람들에게는, 약한 사람들을 얻으려고 약한 사람이 되었습니다. 나는 모든 종류의 사람에게 모든 것이 다 되었습니다. 그것은, 내가 어떻게 해서든지, 그들 가운데서 몇 사람이라도 구원하려는 것입니다. 23 나는 복음을 위하여 이 모든 일을 하고 있습니다. 그것은 내가 복음의 복에 동참하기 위함입니다. 24 ○ 경기장에서 달리기하는 사람들이 모두 달리지만, 상을 받는 사람은 하나뿐이라는 것을 여러분은 알지 못합니까? 이와 같이 여러분도 상을 받을 수 있도록 달리십시오. 25 경기에 나서는 사람은 모든 일에 절제를 합니다. 그런데 그들은 썩어 없어질 월계관을 얻으려고 절제를 하는 것이지만, 우리는 썩지 않을 월계관을 얻으려고 하는 것입니다. 26 그러므로 나는 목표 없이 달리듯이 달리기를 하는 것이 아닙니다. 나는 허공

명한 말씀은 교인이 아니라 후배 목회자 디모데를 향한 훈계입니다. 그것이 디모데의 사명입니다(딤후 4:1-2). 물론 복음을 전하는 일은 매우 중요합니다. 그런데 바울은 '말'만큼이나 '올바른 삶'에도 큰 방점을 찍습니다. '타락한 한국교회'가 주요 이슈인 오늘날의 상황에서 깊이 숙고해야 할 대목입니다. 복음 선포는 세상이 제자들의 삶을 '보는' 것으로부터 시작합니다(마 5:14-16).

을 치듯이 권투를 하는 것이 아닙니다. 27 나는 내 몸을 쳐서 굴복시킵니다. 그것은 내가, 남에게 복음을 전하고 나서 도리어 나 스스로는 버림을 받는, 가련한 신세가 되지 않으려는 것입니다.

"복음을 전하고 나서 도리어 스스로는 버림을 받는다"(27절)는 게 무슨 의미인지 모르겠습니다. 바울은 달리기 비유를 좋아합니다. 정해진 목표를 향해 달리는 것이 그리스도인의 삶과 닿아 있기 때문입니다. 무조건 상을 주는 것이 아니기에, 선수들은 상을 얻기 위해 고된 훈련을 감내합니다. 바울도 그냥 복음을 전한다고 '상'을 얻는 게 아닙니다. 상을 얻을 수 있도록 제대로 전해야 합니다. 그래서 바울은 자기 권리마저 포기하면서 모든 사람에게 종이 된 것처럼 행동하며, 조금이라도 더 많은 사람을 구원하고자 애썼습니다. 그렇지 않으면 남에게는 복음을 전해놓고, 정작 자신이 실격할 수 있기 때문입니다. 신자의 삶도 그렇습니다. 그저 신자로 존재한다고 구원이 주어지지 않습니다. 우리가 '상을 받을 수 있도록' 달려야 합니다(24절). 자기 욕심대로 살지 말고, 바울처럼 절제하면서 복음에 합당하게 살아가야 합니다. 삶은 연습 경기가 아니라, 긴장과 실패의 위험이 동반된 실전입니다(26–27절). 바울은 이를 위해 자신의 모습을 일종의 모범 사례로 제시합니다.

{ 제10장 }

우상숭배를 경고함

1 형제자매 여러분, 나는 여러분이 이 사실을 알기를 바랍니다. 우리 조상들은 모두 구름의 보호 아래 있었고, 바다 가운데를 지나갔습니다. 2 이렇게 그들은 모두 구름과 바다 속에서 세례를 받아 모세에게 속하게 되었습니다. 3 그들은 모두 똑같은 신령한 음식을 먹고, 4 모두 똑같은 신령한 물을 마셨습니다. 그들은 자기들과 동행하는 신령한 바위에서 물을 마신 것입니다. 그 바위는 그리스도였습니다. 5 그러나 그들의 대다수를 하나님께서는 좋아하지 않으셨습니다. 그들은 광야에서 멸망하고 말았습니다. 6 이런 일들은, 우리 조상들이 악을 좋아한 것과 같이 우리가 악을 좋아하는 사람이 되어서는 안 된다

바울은 구약성경에 기록된 이스라엘 백성들의 이집트 탈출 사건을 그리스도와 연관지어 설명합니다(1~11절). 구약성경의 다른 부분들도 메시아를 염두에 두고 읽어야 합니까? 신약성경은 구약성경의 여러 인물과 제도, 사건을 그리스도와 교회의 이야기로 연결합니다. 여기서는 모세가 이끌었던 광야에서의 이스라엘이 그리스도 안에 있는 교회와 연결됩니다. 또 광야에서 물을 내었던 바위가 그리스도와 동일시되면서, 광야 이스라엘이 아예 그리스도의 은총을 누린 것처럼 그려집니다. 바울이 광야 이스라엘과 교회를 긴밀하게 연결하는 것은 이스라엘처럼 하나님의 은총을 누렸다고 해서, 그것이 불순종에 대한 심판의 면제는 아니라는 사실을 강조하기 위해서입니다. 지금 교회도 불순종하면 하나님의 심판을 피할 수 없다는 뜻입니다. 오늘 우리도 구약성경의 다른 부분을 그리스도와 연결해볼 수 있습니다. 원칙적으로 못할 이유는 없지만, 이단들처럼 자의적 해석에 빠질 위험이 매우 큽니다. 그래서 우리 나름의 새 해석을 시도하기보다는 신약성경에 이미 충분하게 제시된 연결 사례들을 깊이 숙고하고 그 뜻을 파악하는 것이 보다 신중한 성경 읽기가 될 것입니다.

는 것을, 우리에게 가르쳐주는 본보기가 되었습니다. 7 그들 가운데 얼마는 우상을 숭배했습니다. 성경에 기록하기를 "백성들이 앉아서 먹고 마셨으며, 일어서서 춤을 추었다" 하였습니다. 여러분은 그들과 같이 우상숭배자가 되어서는 안 됩니다. 8 간음하지 맙시다. 그들 가운데 얼마가 간음을 하였고, 하루에 이만 삼천 명이나 쓰러져 죽었습니다. 9 그리스도를 시험하지 맙시다. 그들 가운데 얼마는 그리스도를 시험하였고, 뱀에게 물려서 죽었습니다. 10 그들 가운데 얼마가 불평한 것과 같이 불평하지 마십시오. 그들은 파멸시키는 이에게 멸망을 당하였습니다. 11 이런 일들이 그들에게 일어난 것은 본보기가 되게 하려는 것이며, 그것들이 기록된 것은 말세를 만난 우리에게 경고가 되게 하려는 것입니다. 12 그러므로 서 있다고 생각하는 사람은 넘어지지 않도록 조심하십시오. 13 여러분은 사람이 흔히 겪는 시련밖에 다른 시련을 당한 적이 없습니다. 하나님은 신실하십니다. 여러분이 감당할 수 있는 능력 이상

13절은 참으로 난데없다는 생각이 듭니다. 우상숭배를 이야기하다 갑자기 '시련'이라는 주제를 꺼내드는 까닭은 무엇입니까? 난데없다는 느낌은 상황을 모르는 우리의 몫일 뿐, 신자들은 그 이유를 잘 알았을 것입니다. 바울은 일부 신자들의 과도한 자신감을 염려합니다(12절). 우쭐하다 쉽게 넘어집니다. 이럴수록 자기 잘못보다 환경이나 하나님을 탓하는 경우도 많습니다. 어쩌면 바울의 권고는 이런 상황을 겨냥한 것일 수 있습니다. 광야 이스라엘의 불순종은 광야 생활의 시련과 무관하지 않습니다. 복음을 모르는 세상을 사는 신자들의 형편 또한 광야와 닮았습니다. 하지만 힘겨움이 핑계가 될 수는 없습니다. (무엇인지는 모르지만) 지금 신자들이 경험하는 시련은 남들도 다 겪는, 그래서 유난 떨 것도 없는 수준의 시련입니다. 또한 광야 이스라엘의 이야기에서 배우듯, 하나님께서는 감당하기 어려운 시련을 허락하지 않으시며, 시련에 처했을 때 벗어날 길을 마련해주십니다. 그러니 이런저런 탓을 하지 말고 책임 있는 자세로 겸허하게 행동하라는 것입니다.

으로 시련을 겪는 것을 하나님은 허락하지 않으십니다. 하나님께서는 시련과 함께 그것을 벗어날 길도 마련해주셔서, 여러분이 그 시련을 견디어낼 수 있게 해주십니다.

14 ○ 그러므로 나의 사랑하는 여러분, 우상숭배를 멀리하십시오. 15 나는 지각 있는 사람들에게 말하듯이 말합니다. 내가 하는 말을 판단하십시오. 16 우리가 축복하는 축복의 잔은, 그리스도의 피에 참여함이 아닙니까? 우리가 떼는 빵은, 그리스도의 몸에 참여함이 아닙니까? 17 빵이 하나이므로, 우리가 여럿일지라도 한 몸입니다. 그것은 우리가 모두 그 한 덩이 빵을 함께 나누어 먹기 때문입니다. 18 육신상의 이스라엘 백성을 보십시오. 제물을 먹는 사람들은, 그 제단에 참여하는 사람이 아닙니까? 19 그러니 내가 무엇을 말하려는 것입니까? 우상은 무엇이고, 우상에게 바친 제물은 무엇입니까? 20 아무것도 아닙니다. 이방 사람들이 바치는 제물은 귀신에게 바치는 것이지, 하나님께 바치는 것이 아닙니다. 여러분이 귀신과 친교를

그리스도의 피와 몸에 참여한다(16–17절)는 말은 무슨 뜻입니까? 무슨 화학변화 같은 게 일어나는 건가요? 우리는 그리스도 안으로 세례를 받아 하나가 됩니다. 이는 일상적인 진술이 아니라, 신앙의 언어입니다. 떡과 포도주가 그리스도의 살과 피와 동일시되는 것 또한 믿음에 토대를 둔 상징적 언어입니다. 하지만 우리가 이 피와 몸에 '참여한다'는 단어 자체는 아주 평범한 표현입니다. 이는 우리가 그의 피나 몸 안으로 들어간다는 말이 아닙니다. 제단에 '참여하는' 것은 제사를 돕는다는 말이지, 제단과 하나가 된다는 말이 아닌 것과 같습니다(18절). 단어가 다르지만, 식탁에 '참여하는' 것도 공동 식사에 참여한다는 말일 뿐, 식탁과 하나가 되는 것은 아닙니다(21절). 현 문맥에서 '참여'는 '함께 나눔'을 의미합니다. 그리스도의 피와 몸에 참여한다는 것은 그 피와 몸을 상징하는 포도주와 떡을 "함께 나눈다"는 의미입니다. 감사로 잔을 마시고, 떡을 떼는 것은 그리스도의 피와 몸을 "다 함께 나눈다"는 뜻입니다. '하나의' 떡을 함께 나누는 사이라 우리는 한 몸입니다(17절).

가지는 사람이 되는 것을 나는 바라지 않습니다. 21 여러분은, 주님의 잔을 마시고, 아울러 귀신들의 잔을 마실 수는 없습니다. 여러분은, 주님의 식탁에 참여하고, 아울러 귀신들의 식탁에 참여할 수는 없습니다. 22 우리가 주님을 질투하시게 하려는 것입니까? 우리가 주님보다 더 힘이 세다는 말입니까?

모든 것을 하나님의 영광을 위하여

23 O '모든 것이 다 허용된다'고 사람들은 말하지만, 모든 것이 다 유익한 것은 아닙니다. '모든 것이 다 허용된다'고 사람들은 말하지만, 모든 것이 다 덕을 세우는 것은 아닙니다. 24 아무도 자기의 유익을 추구하지 말고, 남의 유익을 추구하십시오. 25 시장에서 파는 것은, 양심을 위한다고 하여 그 출처를 묻지 말고, 무엇이든지 다 먹으십시오. 26 '땅과 거기에 가득 찬 것들이 다 주님의 것'이기 때문입니다. 27 불신자들 가운데서 누가 여러분을 초대하여, 거기에 가고 싶으면, 여러분 앞에 차려 놓은 것은 무엇이나, 양심을 위한다고 하여 묻지 말고, 드십시오. 28 그러나 어떤 사람이 "이것은 제사에 올린 음식입니다"

어떤 행위가 하나님께 영광이 되는지(31절) 어떻게 분간할 수 있습니까? 하나님의 영광을 앞세워 터무니없는 짓을 하는 크리스천도 여럿 보았습니다. 보이지 않는 하나님의 영광은 조심스러운 말입니다. 하늘을 내세워 이 땅에서 욕심을 채우는 일도 많습니다. 우리는 이 땅에서 다른 사람과 더불어 살고, 우리가 여기서 할 수 있는 일도 다른 사람과 얽혀 있습니다. 그래서 하나님의 뜻은 언제나 다른 사람과 함께 살아가는 삶과 연결됩니다. 하나님께서 원하시는 뜻을 생각하며, 이 땅에서의 삶을 살라는 말입니다. 지금 맥락에서 하나님의 영광은 '유대인에게든 헬라인에게든 하나님의 교회에 대해서든' 걸림돌이 되지 않으려는 노력으로 표현됩니다(32절). 보하고 여러분에게 말해주거든, 그렇게 알려준 사람과 그 양심을 위해서, 먹지 마십시오. 29 내가 여기에서 양심이라고 말하는 것은, 내 양심이 아니라, 다른 사람의 양심입니다. 어찌하여 내 자유가 남의 양심의 비판을 받아야 하겠습니까? 30 내가 감사하는 마음으로 참여하면, 내가 감사하는 그 음식 때문에 비방을 받을 까닭이 어디에 있습니까?

31 ㅇ 그러므로 여러분은 먹든지 마시든지, 무슨 일을 하든지, 모든 것을 하나님의 영광을 위하여 하십시오. 32 여러분은 유대 사람에게도, 그리스 사람에게도, 하나님의 교회에도, 걸림돌이 되지 마십시오. 33 나도 모든 일을 모든 사람의 마음에 들게 하려고 애씁니다. 그것은, 내가 내 이로움을 구하지 않고, 많은 사람의 이로움을 추구하여, 그들이 구원을 받게 하려는 것입니다.

다 적극적으로, 바울이 늘 그랬던 것처럼, 매사에 자신의 유익보다 다른 사람의 유익을 먼저 생각하는 것, 그리고 이런 삶을 통해 다른 사람의 구원을 도모하는 삶의 태도입니다(33절). 이것이 이 땅에서 하나님을 영화롭게 하는 삶입니다. 자기 욕심이나 야심을 위해 타인을 해치는 삶은 어떤 상황에서도 하나님의 영광이 될 수 없습니다.

{ 제11장 }

1 내가 그리스도를 본받는 사람인 것과 같이, 여러분은 나를 본받는 사람이 되십시오.

여자가 머리에 쓰는 너울

2 ○ 여러분이 나를 모든 면으로 기억하며, 또 내가 여러분에게 전해준 대로 전통을 지키고 있으니, 나는 여러분을 칭찬합니다. 3 그런데 각 남자의 머리는 그리스도요, 여자의 머리는 남자요, 그리스도의 머리는 하나님이신 것을, 여러분이 알기를 바랍니다. 4 남자가 머리에 무엇을 쓰고 기도하거나 예언하는 것은 자기 머리를 부끄럽게 하는 것입니다. 5 그러나 여자가 머리에 무엇을 쓰지 않은 채로 기도하거나 예언하는 것은, 자기 머리를 부끄럽게 하는 것입니다. 그것은 머리를 밀어

자신을 본받으라니(1절), 바울의 자신감이 지나칩니다. 이건 신성모독이 아닌가요? 연주자는 스승의 연주를 보고 배우며 훌륭한 연주자로 성장합니다. 연주의 실제를 말로만 가르칠 수는 없는 노릇입니다. 복음의 삶도 마찬가지입니다. 지식 전수는 말로도 가능하겠지만, 복음을 전달하는 일에는 보고 배우는 과정이 필요합니다. 말이 아니라 능력으로 드러나는 새로운 삶의 약속이기 때문입니다. 그래서 바울은 자신이 '말과 행위로' 복음을 전했다는 사실을 자주 강조합니다. 복음의 메시지를 선포할 뿐 아니라, 자신의 삶을 본받을 수 있는 구체적 사례로 제시했습니다(고전 4:6). 또 늘 자신의 삶을 이야기하며 교인들이 이를 기억하게 합니다(고전 4:9–13). 떨어져 있을 때도 디모데를 보내 자신의 과거 행보를 상기시켜주기도 합니다(고전 4:17). 그리고 이런 자신을 본받으라고 독려합니다(고전 4:16). 이건 교만이나 신성모독이 아니라, 복음 선포자의 숙명입니다. 오히려 바울은 우리에게 반문합니다. 능력의 복음을 제대로 보여주고, 확실하게 선포하고 있느냐고 말입니다.

버린 것과 꼭 마찬가지입니다. 6 여자가 머리에 아무것도 쓰지 않으려면, 머리를 깎아야 합니다. 그러나 머리를 깎거나 미는 것이 여자에게 부끄러운 일이면, 머리를 가려야 합니다. 7 그러나 남자는 하나님의 형상이요, 하나님의 영광이니, 머리를 가려서는 안 됩니다. 그러나 여자는 남자의 영광입니다. 8 남자가 여자에게서 난 것이 아니라, 여자가 남자에게서 났습니다. 9 또 남자가 여자를 위하여 지으심을 받은 것이 아니라, 여자가 남자를 위하여 지으심을 받았습니다. 10 그러므로 여자는 천사들 때문에 그 머리에 권위의 표를 지니고 있어야 합니다. 11 그러나 주님 안에서는, 남자 없이 여자가 있지 않고, 여자 없이 남자가 있지 않습니다. 12 여자가 남자에게서 난 것과 마찬가지로, 남자도 여자의 몸에서 났습니다. 그리고 모든 것은 다 하나님에게서 났습니다. 13 여러분은 스스로 판단하여 보십시오. 여자가 머리에 아무것도 쓰지 않은 채로 하나님께 기도하는 것이 마땅한 일이겠습니까? 14 자연 그 자체가 여러

"여자는 천사들 때문에 그 머리에 권위의 표를 지니고 있어야 한다"(10절)는 바울의 말은 무슨 뜻입니까? 여자와 천사는 무슨 상관입니까? 매우 난해한 구절인데, 문자적으로 "머리 위에 권위를 가지라"는 말입니다. 여자가 자기 머리에 대해 권위를 행사하라는 말일 수도 있지만, 그보다는 아마도 남편의 권위 아래 있다는 '표시'를 머리 위에 가지라는 말일 것입니다. 이 표시가 필요한 것은 '천사들' 때문입니다. 인간 여성을 탐한 창세기의 천사들(창 6:4), 지상의 질서를 지키는 천사들, 혹은 하나님을 찬양하는 천상의 천사들을 떠올릴 수 있지만, 정확한 의도는 알 수 없습니다. 왜 이 천사들 때문에 권위의 표시가 필요한지도 모릅니다. 앞에서 남자는 하나님의 영광이라 머리를 가리면 안 되고, 여자는 남자의 영광이라 머리를 가려야 한다고 했는데, 이 말과의 연관성도 선명하지 않습니다. 게다가 11-12절에서는 앞의 8-9절 주장과 맞지 않게 남녀의 상호성을 강조하는 말이 이어지기도 합니다. 당시의 문화적 분위기 속에서 모임 시 바람직한 여성의 차림을 가르치는 것이지만, 표현이나 논증 자체는 여러모로 모호합니다.

분에게 가르쳐주지 않습니까? 남자가 머리를 길게 하는 것은 그에게 불명예가 되지만, 15 여자가 머리를 길게 하는 것은 그에게 영광이 되지 않습니까? 긴 머리카락은 그의 머리를 가려주는 구실을 하는 것입니다. 16 이 문제를 두고 논쟁을 벌이려고 생각하는 사람이 있을지는 모르나, 그런 풍습은 우리에게도 없고, 하나님의 교회에도 없습니다.

성만찬의 오용을 책망하다

17 ○ 다음에 지시하려는 일에 대해서는 나는 여러분을 칭찬할 수 없습니다. 그것은 여러분이 모여서 하는 일이 유익이 되기보다는 오히려 해가 되기 때문입니다. 18 첫째로, 여러분이 교회에 모일 때에 여러분 가운데 분열이 있다는 말이 들리는데, 그것이 어느 정도는 사실이라고 믿습니다. 19 하기야 여러분 가운데서 바르게 사는 사람들이 환히 드러나려면, 여러분 가

19절은 파당과 분열에도 긍정적인 면이 있음을 인정하는 말인가요? 고린도교회의 최대 문제는 분열이었습니다. 그래서 바울은 편지 시작부터 그 일로 신자들을 꾸짖습니다(고전 1:10-17; 3:3-4). 본문에서 다루는 성찬 문제 역시 교회 내의 분열이었습니다. 분열적 행태가 성찬의 본질을 망가뜨립니다(20-21절). 그래서 최종적 권고 또한 옳고 그름을 따져 입장을 정하라는 것이 아니라, 분열하지 말고 서로를 기다리며 받아주라는 것입니다. 적어도 이 사안에 관해서는 칭찬할 이유가 하나도 없습니다(17, 22절). 그런 마당에 분열을 긍정적으로 보았을 리 없습니다. 그렇다면 19절은 파벌을 통해 시비를 가리라는 직설적 권고가 아니라, 서로 옳고 잘났다고 까불며 갈라지는 신자들의 행태를 비꼬는 표현일 가능성이 큽니다. "그래, 잘한다. 그렇게 서로 갈라져 다투어야 누가 옳고 누가 그른지 드러나겠지. 그래, 잘들 해봐라" 하는 말과 같습니다. 바울은 올바른 지식조차도 분열적 행태의 핑계가 되어서는 안 된다고 생각했습니다(고전 8장).

운데 파당도 있어야 할 것입니다. 20 그렇지만 여러분이 분열되어 있으니, 여러분이 한자리에 모여서 먹어도, 그것은 주님의 만찬을 먹는 것이 아닙니다. 21 먹을 때에, 사람마다 제가끔 자기 저녁을 먼저 먹으므로, 어떤 사람은 배가 고프고, 어떤 사람은 술에 취합니다. 22 여러분에게 먹고 마실 집이 없습니까? 그렇지 않으면, 여러분이 하나님의 교회를 멸시하고, 가난한 사람들을 부끄럽게 하려는 것입니까? 내가 여러분에게 무슨 말을 해야 하겠습니까? 여러분을 칭찬해야 하겠습니까? 이 점에서는 칭찬할 수 없습니다.

성만찬의 제정(마 26:26-29; 막 14:22-25; 눅 22:14-20)

23 ○ 내가 여러분에게 전해준 것은 주님으로부터 전해 받은 것입니다. 곧 주 예수께서 잡히시던 밤에, 빵을 들어서 24 감사를 드리신 다음에, 떼시고 말씀하셨습니다. "이것은 너희를

21절에 비춰보면, 당시의 성만찬은 오늘날과 사뭇 달랐던 것 같습니다. 어떤 모습이었는지 알고 싶습니다. 당시 성찬은 상징적인 먹고 마심이 아니라, 보통의 식사였습니다. 그리고 이 식사가 공동체 모임의 핵심 중 하나였습니다. 오늘날에도 그런 것처럼, 당시에도 음식 문화는 사회경제적 조건을 반영할 때가 많고, 그 때문에 파벌적 행태가 고스란히 드러나는 무대가 되곤 했습니다. 문제는 교회에서도 그런 세속적 행태가 드러났다는 사실입니다. 21절은 정상적인 성찬이 아니라, 주의 만찬에서의 파행적 행태를 비판적으로 묘사한 것입니다. '주의 만찬'을 먹겠다고 모여서는 정작 '자기 만찬'을 갖다 먹기에 바쁩니다. 그러다 보니 어떤 신자들은 먹을 것이 없어 창피를 당하는 반면, 한쪽에서는 벌써 취해서 난리가 납니다. 물론 이런 식의 분열은 '주의 만찬'이라 부를 수 없습니다(20절). 가난한 신자를 부끄럽게 하고, 하나님의 교회를 업신여기는 신성모독이요(22절), 그리스도의 몸과 피에 죄를 지어 심판을 자초하는 일이기 때문입니다(27-29절).

위하는 내 몸이다. 이것을 행하여 나를 기억하여라." 25 식후에, 잔도 이와 같이 하시고서, 말씀하셨습니다. "이 잔은 내 피로 세운 새 언약이다. 너희가 마실 때마다 이것을 행하여, 나를 기억하여라." 26 그러므로 여러분이 이 빵을 먹고 이 잔을 마실 때마다, 주님의 죽으심을 그가 오실 때까지 선포하는 것입니다.

주님의 만찬을 바르게 행하여야 한다

27 ○ 그러므로 누구든지, 합당하지 않게 주님의 빵을 먹거나 주님의 잔을 마시는 사람은, 주님의 몸과 피를 범하는 죄를 짓는 것입니다. 28 그러니 각 사람은 자기를 살펴야 합니다. 그런 다음에 그 빵을 먹고, 그 잔을 마셔야 합니다. 29 몸을 분별함이 없이 먹고 마시는 사람은, 자기에게 내릴 심판을 먹고 마시는 것입니다. 30 이 때문에 여러분 가운데는 몸이 약한 사람과 병든 사람이 많고, 죽은 사람도 적지 않습니다. 31 우리가 스스로 살피면, 심판을 받지 않을 것입니다. 32 그런데 주님께서 우리를 심판하시고 징계하시는 것은, 우리가 세상과 함께

27절은 죄나 허물이 하나도 없는 상태일 때만 성만찬에 참석할 수 있다는 말인가요? 그렇다면 누가 감히 거기에 낄 수 있겠습니까? 현 상황의 문제는 개인적, 도덕적 허물이 아니라, 공동체의 분열적 행태입니다. 이는 성찬의 의미를 파괴합니다(20절). 성찬은 그냥 식사가 아니라 주의 몸과 피를 먹고 마시는 거룩한 행위입니다(23-26절). 따라서 주의 만찬에서 벌어지는 파행적 행태는 주의 몸과 피에 대한 죄로, 심판에 직면할 것입니다(27-29절). 여기서 "자기를 살피라"는 것은 사적인 죄를 돌아보라는 말이 아니라, 세속적이고 분열적인 행태로 성찬을 먹는 건 아닌지 돌아보라는 권고입니다. 도덕적 성찰을 거친 후 '그런 다음에' 죄가 없으면 먹으라는 뜻이 아닙니다(아

정죄를 받지 않게 하시려는 것입니다. 33 그러므로 나의 형제자매 여러분, 여러분이 먹으려고 모일 때에는 서로 기다리십시오. 34 배가 고픈 사람은 집에서 먹어야 할 것입니다. 그것은, 여러분이 모이는 일로 심판받는 일이 없도록 하려는 것입니다. 그 밖에 남은 문제들은 내가 가서 바로잡겠습니다.

쉽게도 이 부분의 성경 번역은 정확하지 않습니다). 오히려 분열적 행동을 하는 건 아닌지 '자신을 살피면서' 모두 한 몸으로 성찬을 거행하라는 뜻입니다(27절). 그러니까 결국 서로 기다려 함께 먹으라는 말과 같습니다(33절). 죄는 주의 만찬(주의 죽으심)을 받으며 회개할 일이지, 성찬을 거부할 이유가 아닙니다. 십자가의 은총에는 아무런 선결 조건이 없어야 합니다.

{ 제12장 }

성령의 선물

1 형제자매 여러분, 신령한 은사들에 대하여 여러분이 모르고 지내기를 나는 바라지 않습니다. 2 알다시피 여러분이 이방 사람일 때에는, 여러분은, 이리저리 끄는 대로, 말 못하는 우상에게로 끌려다녔습니다. 3 그러므로 나는 여러분에게 알려드립니다. 하나님의 영으로 말하는 사람은 아무도 "예수는 저주를 받아라" 하고 말할 수 없고, 또 성령을 힘입지 않고서는 아무도 "예수는 주님이시다" 하고 말할 수 없습니다.

4 ㅇ 은사는 여러 가지지만, 그것을 주시는 분은 같은 성령이십니다. 5 섬기는 일은 여러 가지지만, 섬김을 받으시는 분은 같은 주님이십니다. 6 일의 성과는 여러 가지지만, 모든 사람에게서 모든 일을 하시는 분은 같은 하나님이십니다. 7 각 사

'은사'(1절)는 무엇입니까? 7절에서 말하는 '공동 이익'의 범위는 어디까지입니까? 교회입니까, 사회와 국가, 더 나아가 세계와 인류입니까? 은사(헬라어로 카리스마)는 '은혜(카리스)로 주어진 것들'로, 하나님께서 은혜로 주신 모든 것을 가리킵니다. 하지만 여기서는 매우 특정한 의미로 사용되어, 하나님께서 교회의 유익을 위해 각 신자들에게 자유롭게 나눠주시는 특별한 능력이나 역할을 가리킵니다. 8-10절, 28-30절에 은사의 구체적인 사례들이 나오고, 로마서 12장 6-8절에도 유사한 목록이 나옵니다. 물론 모든 은사를 망라한 것이 아니라 일부만 선별한 목록입니다. 은사는 자칫 사적 자랑거리가 되어 공동체의 분열을 조장하는 수단으로 오용될 수 있습니다. 그래서 바울은 이 은사가 전적으로 하나님의 뜻에 따라 주어지는 것임을 강조합니다. 받은 사람이 자랑할 게 아니라는 뜻입니다. 또 그 은사의 목적은 사적 유익이 아니라 교회 공동체의 유익입니다. 서로를 위해 은사를 활용하며 그리스도의 몸을 이루라고 주신 것이지, 사적 욕구를 만족시키는 수단이 아닙니다.

람에게 성령을 나타내주시는 것은 공동 이익을 위한 것입니다. 8 어떤 사람에게는 성령을 통하여 지혜의 말씀을 주시고, 어떤 사람에게는 같은 성령을 따라 지식의 말씀을 주십니다. 9 어떤 사람에게는 같은 성령으로 믿음을 주시고, 어떤 사람에게는 같은 성령으로 병 고치는 은사를 주십니다. 10 어떤 사람에게는 기적을 행하는 능력을 주시고, 어떤 사람에게는 예언하는 은사를 주시고, 어떤 사람에게는 영을 분별하는 은사를 주십니다. 어떤 사람에게는 여러 가지 방언을 말하는 은사를 주시고, 어떤 사람에게는 그 방언을 통역하는 은사를 주십니다. 11 이 모든 일은 한 분이신 같은 성령이 하시며, 그는 원하시는 대로 각 사람에게 은사를 나누어주십니다.

하나의 몸과 많은 지체들

12 ○ 몸은 하나이지만 많은 지체가 있고, 몸의 지체는 많지

이해할 수 없는 은사들이 있습니다. '영을 분별하는 은사'는 무엇이고 '방언'의 은사는(10절) 또 무엇입니까? 방언은 문자적으로 '혀'나 '언어'라는 뜻입니다. 여기서도 '언어'의 의미로 사용되었습니다. 하지만 영적 은사로서 '언어'는 일상적으로 말하거나 이해할 수 있는 언어는 아닙니다. 서로 다른 언어의 장벽을 넘는 소통 능력처럼 주어지기도 하지만(행 2:1-13), 본문에서처럼 아예 사람의 인지 능력을 넘어, 하나님을 향한 신비로운 소통 현상일 때도 많습니다(고전 14:2). 반면 예언은 알아들을 수 있는 말로 주어지는 계시입니다. 중요한 일을 예언하기도 하고, 신앙적 훈계나 조언을 전할 수도 있습니다. 이런 은사에는 인간의 조작 가능성이 늘 존재합니다. 실제로 가짜 방언과 예언이 비일비재합니다. 그래서 교회에 '영을 분별하는 은사'도 함께 주어집니다. 방언이나 예언 등의 진위를 가리는 은사입니다. 영적 권위를 주장하는 것일수록 무조건적인 추종이 아니라 더욱 철저한 검증이 요구됩니다. 미치는 파장이 그만큼 크기 때문입니다.

만 그들이 모두 한 몸이듯이, 그리스도도 그러하십니다. 13 우리는 유대 사람이든지 그리스 사람이든지, 종이든지 자유인이든지, 모두 한 성령으로 세례를 받아서 한 몸이 되었고, 또 모두 한 성령을 마시게 되었습니다. 14 몸은 하나의 지체로 되어 있는 것이 아니라, 여러 지체로 되어 있습니다. 15 발이 말하기를 "나는 손이 아니니까, 몸에 속한 것이 아니다" 한다고 해서 발이 몸에 속하지 않은 것이 아닙니다. 16 또 귀가 말하기를 "나는 눈이 아니니까, 몸에 속한 것이 아니다" 한다고 해서 귀가 몸에 속하지 않은 것이 아닙니다. 17 온몸이 다 눈이라면, 어떻게 듣겠습니까? 또 온몸이 다 귀라면, 어떻게 냄새를 맡겠습니까? 18 그런데 실은 하나님께서는, 원하시는 대로, 우리 몸에다가 각각 다른 여러 지체를 두셨습니다. 19 전체가 하나의 지체로 되어 있다고 하면, 몸은 어디에 있습니까? 20 그런데 실은 지체는 여럿이지만, 몸은 하나입니다. 21 그러므로 눈이 손에게 말하기를 "너는 내게 쓸데가 없다" 할 수가 없고, 머

23절의 주어는 무엇입니까? '더 약하게 보이는 지체들'(22절)입니까? 아니면 '하나님'(18절)입니까? 22-23은 은사의 작용 원리를 설명하기 위해 도입한 '몸' 비유의 일부로, 우리가 평소 우리 몸을 어떻게 대하는지 묘사하는 구절입니다. 그러고는 "하나님께서 우리 교회를 대하시는 원리도 똑같다"고 연결하는 것입니다. 우리 몸을 보면, 더 약해 보이는 부위가 더 필수적일 때가 많습니다(22절). 우리가 몸을 대하는 방식도 그렇습니다. 하찮아 보일수록 더 풍성한 명예를 덧입히고, 볼품없는 부위일수록 더 아름답게 치장해서 약점을 보완합니다. 물론 애초에 멋진 부위는 별로 신경을 쓰지 않습니다(24절). 마찬가지로 하나님께서도 우리 교회를 그렇게 대하십니다. 좀 모자라는 신자에게 더 큰 영예를 부여하셔서 온몸이 적절한 균형과 조화를 이루도록 하셨습니다. 몸이 한쪽으로 기울거나 분열되지 않고, 모든 부위들이 서로를 돌보도록 하신 것입니다. 이 원리에 맞게 은사를 활용하며, 교회의 유익을 도모하라는 이야기입니다.

리가 발에게 말하기를 "너는 내게 쓸데가 없다" 할 수 없습니다. 22 그뿐만 아니라, 몸의 지체 가운데서 비교적 더 약하게 보이는 지체들이 오히려 더 요긴합니다. 23 그리고 우리가 덜 명예스러운 것으로 여기는 지체들에게 더욱 풍성한 명예를 덧입히고, 볼품없는 지체들을 더욱더 아름답게 꾸며줍니다. 24 그러나 아름다운 지체들은 그럴 필요가 없습니다. 하나님께서는 몸을 골고루 짜 맞추어서 모자라는 지체에게 더 풍성한 명예를 주셨습니다. 25 그래서 몸에 분열이 생기지 않게 하시고, 지체들이 서로 같이 걱정하게 하셨습니다. 26 한 지체가 고통을 당하면, 모든 지체가 함께 고통을 당합니다. 한 지체가 영광을 받으면, 모든 지체가 함께 기뻐합니다.

27 ○ 여러분은 그리스도의 몸이요, 따로따로는 지체들입니다. 28 하나님께서 교회 안에 몇몇 일꾼을 세우셨습니다. 그들은 첫째는 사도요, 둘째는 예언자요, 셋째는 교사요, 다음은 기적을 행하는 사람이요, 다음은 병 고치는 은사를 받은 사람이요, 남을 도와주는 사람이요, 관리하는 사람이요, 여러 가지

사도, 예언자, 교사의(28절) 차이점을 모르겠습니다. 각각 어떤 역할을 하는 이들을 가리키는 말인가요? 엄밀한 구분이 가능한 건 아니지만, 대략적인 역할을 그려볼 수 있습니다. 사도는 원래 예수님의 열두 제자로 이루어진 특별한 그룹을 가리키는 표현인데, 여기에 이방인의 사도 바울 같은 이의 이름이 더해집니다. 직접 주님과 함께하고, 주님께 사도로 부르심을 받은 교회의 최고 지도자들입니다. 예언자는 글자 그대로 예언의 은사를 받은 사람들입니다. 원칙적으로 은사 자체는 유동적이지만, 실제로는 특정 인물들이 교회의 예언자로 활동했던 것으로 보입니다. 교사는 말 그대로 복음의 메시지와 삶의 태도를 가르치는 선생입니다. 하지만 각자의 역할이 기계적으로 구분되지는 않습니다. 바울은 사도이자 선생이었고, 또한 예언도 했습니다. 그러니까 이들 명칭은 교회의 지도자들을 대략적인 기능을 따라 구분했던 표현입니다.

방언으로 말하는 사람입니다. 29 그러니, 모두가 사도이겠습니까? 모두가 예언자이겠습니까? 모두가 교사이겠습니까? 모두가 기적을 행하는 사람이겠습니까? 30 모두가 병 고치는 은사를 받은 사람이겠습니까? 모두가 방언으로 말하는 사람이겠습니까? 모두가 통역하는 사람이겠습니까? 31 그러나 여러분은 더 큰 은사를 열심히 구하십시오.

사랑

이제 내가 가장 좋은 길을 여러분에게 보여드리겠습니다.

{ 제13장 }

1 내가 사람의 모든 말과 천사의 말을 할 수 있을지라도, 내게 사랑이 없으면, 울리는 징이나 요란한 꽹과리가 될 뿐입니다. 2 내가 예언하는 능력을 가지고 있을지라도, 또 모든 비밀과 모든 지식을 가지고 있을지라도, 또 산을 옮길 만한 모든 믿음을 가지고 있을지라도, 사랑이 없으면, 아무것도 아닙니다. 3 내가 내 모든 소유를 나누어줄지라도, 내가 자랑삼아 내 몸을 넘겨줄지라도, 사랑이 없으면, 내게는 아무런 이로움이 없습니다. 4 사랑은 오래 참고, 친절합니다. 사랑은 시기하지 않으며, 뽐내지 않으며, 교만하지 않습니다. 5 사랑은 무례하지 않으며, 자기의 이익을 구하지 않으며, 성을 내지 않으며, 원한을 품지 않습니다. 6 사랑은 불의를 기뻐하지 않으며, 진리와 함께 기뻐합니다. 7 사랑은 모든 것을 덮어주며, 모든 것을

13장이 말하는 사랑은 너무도 고상해서 과연 이렇게 사랑할 수 있을까 싶습니다. 성경은 무슨 의도로 이토록 까마득한 목표를 제시하는 걸까요? 바울은 사랑의 본질을 구체적인 언어로 그려냅니다. 참 사랑의 양상을 하나하나 묘사하는 것이라 매우 인상적인 그림이 만들어집니다. 하지만 이 그림의 의도는 "내가 실천하기엔 너무 멀구나" 하는 반응이 아니라, "이것이 참 사랑이구나" 하는 되새김입니다. 지나치게 이상적으로 보일 수도 있지만, 사랑을 달리 그릴 수 있는 방법은 없습니다. 진솔한 사랑은 결국 이런 모습일 수밖에 없기 때문입니다. 우리도 진지한 사랑을 다짐할 땐 바울 못지않게 멋진 그림을 그립니다. 사랑이 감동적인 것도 바로 그 순수함 때문입니다. 우리의 이기적인 본성 때문에 여러모로 부족한 모습을 보일 수 있지만, 그건 현실적인 수준의 사랑이 아니라 그만큼 사랑이 모자란 것입니다. 고린도 신자들의 이기적인 분열 역시 이 사랑과 아주 멉니다. 그래서 이 그림이 더욱 필요합니다. 이 그림을 마음속 나침반으로 삼아, 하나님께서 원하시는 삶의 행로를 회복해야 하기 때문입니다.

믿으며, 모든 것을 바라며, 모든 것을 견딥니다. 8 사랑은 없어지지 않습니다. 그러나 예언도 사라지고, 방언도 그치고, 지식도 사라집니다. 9 우리는 부분적으로 알고, 부분적으로 예언합니다. 10 그러나 온전한 것이 올 때에는, 부분적인 것은 사라집니다. 11 내가 어릴 때에는, 말하는 것이 어린아이와 같고, 깨닫는 것이 어린아이와 같고, 생각하는 것이 어린아이와 같았습니다. 그러나 어른이 되어서는, 어린아이의 일을 버렸습니다. 12 지금은 우리가 거울로 영상을 보듯이 희미하게 보지마는, 그때에는 얼굴과 얼굴을 마주하여 볼 것입니다. 지금은 내가 부분밖에 알지 못하지마는, 그때에는 하나님께서 나를 아신 것과 같이, 내가 온전히 알게 될 것입니다. 13 그러므로 믿음, 소망, 사랑, 이 세 가지는 항상 있을 것인데, 그 가운데서 으뜸은 사랑입니다.

바울은 왜 거울에 비친 영상이 희미하다고(12절) 말할까요? 정상적인 거울이라면 실물을 또렷이 되비쳐 보여주지 않나요? 정확하게 말하면, '거울을 통해 수수께끼처럼' 본다는 말입니다. 당시 고린도는 고품질의 청동거울로 유명했는데, 유리거울만큼은 아니지만 그래도 얼굴을 꽤 깨끗이 볼 수 있었습니다. 그래서 '희미하게'는 아닐 가능성이 높습니다. '수수께끼'(헬라어로 아이니그마, 영어로는 enigma)는 말 그대로 수수께끼일 수도 있고, 자연의 이치를 드러내는 '숫자'처럼 이해를 돕는 매개일 수도 있습니다. 여기서 바울의 의도는 희미함보다는 간접적인 만남에 대한 아쉬움인 것 같습니다. 그래서 우리는 현재 거울을 통해 주님을 보지만, 언젠가 '얼굴과 얼굴을 마주하여' 그분과 만날 것을 고대합니다. 주님의 영적 임재를 믿음으로 고백하지만, 초대교회는 늘 주님의 부재(absence)를 절감하면서 그분의 임재(presence)를 늘 고대했습니다. 그리고 그 앞에서 서서 그분을 만나기에 합당한 모습으로 살아가려고 애를 썼습니다. 그 삶이 믿음과 사랑과 소망입니다. 그리고 놀랍게도 그중 가장 중요한 것은 사랑입니다.

{ 제14장 }

방언과 예언

1 사랑을 추구하십시오. 신령한 은사를 열심히 구하십시오. 특히 예언하기를 열망하십시오. 2 방언으로 말하는 사람은 사람에게 말하는 것이 아니라, 하나님께 말하는 것입니다. 아무도 그것을 알아듣지 못합니다. 그는 성령으로 비밀을 말하는 것입니다. 3 그러나 예언하는 사람은 사람들에게 말하는 것입니다. 그는 덕을 끼치고, 위로하고, 격려하는 말을 합니다. 4 방언으로 말하는 사람은 자기에게만 덕을 끼치고, 예언하는 사람은 교회에 덕을 끼칩니다. 5 여러분이 모두 방언으로 말할 수 있기를 내가 바랍니다마는, 그보다도 예언할 수 있기를 더 바랍니다. 방언을 누가 통역하여 교회에 덕을 끼치게 해주지 않으면, 방언으로 말하는 사람보다, 예언하는 사람이 더 훌륭합니다.

'예언'(1절)이라면, 앞날을 점치거나 내다보는 능력을 말합니까? 정말 열심히 구하면 이런 능력을 가질 수 있습니까? "미리 말한다"라는 말 그대로, 곧 일어날 중대한 일들을 알리는 것은 예언의 중요한 기능 중 하나입니다(행 11:27–29; 21:10–11). 하지만 그에 못지않게 중요한 기능은 오늘의 삶을 위한 하나님의 메시지나 영적 조언을 제시하는 것이었습니다. 본문에서도 예언의 은사는 사람(불신자)의 마음속 깊이 감추어진 생각들을 드러내어, 그 사람을 회개에 이르도록 합니다. 바울은 특히 예언을 간절히 사모하라고 조언합니다. 방언은 알아들을 수가 없어 통역되기 전까지는 다른 사람에게 아무런 유익이 못 되는 반면, 예언은 알 수 있는 말로 제시되어 다른 사람을 유익하게 할 수 있기 때문입니다. 바울의 말에 따르면, 예언은 하나님의 뜻대로 주어지는 은사지만 또한 우리가 간절히 원할 수 있는 선물입니다. 마치 하나님께서 우리의 간절함을 어느 정도 마음에 두신다는 말처럼 들립니다.

6 ○ 형제자매 여러분, 내가 여러분에게로 가서 방언으로 말하고, 계시나 지식이나 예언이나 가르침을 전하는 방식으로 말하지 않는다면, 여러분에게 무슨 유익이 되겠습니까? 7 피리나 거문고와 같이 생명이 없는 악기도, 각각 음색이 다른 소리를 내지 않으면, 피리를 부는 것인지, 수금을 타는 것인지, 어떻게 알 수 있겠습니까? 8 또 나팔이 분명하지 않은 소리를 내면, 누가 전투를 준비하겠습니까? 9 이와 같이 여러분도 방언을 사용하기 때문에 분명한 말을 하지 않는다면, 그 말이 무슨 뜻인지 남이 어떻게 알겠습니까? 결국 여러분은 허공에다 대고 말하는 셈이 될 것입니다. 10 이 세상에는 수많은 종류의 말이 있습니다. 그러나 뜻이 없는 말은 하나도 없습니다. 11 내가 그 말의 뜻을 알지 못하면, 나는 그 말을 하는 사람에게 딴 세상 사람이 되고, 그도 나에게 딴 세상 사람이 될 것입니다. 12 이와 같이 여러분도 성령의 은사를 갈구하는 사람들이니, 교회에 덕을 끼치도록, 그 은사를 더욱 넘치게 받기를 힘쓰십시오.

13 ○ 그러므로 방언으로 말하는 사람은 그것을 통역할 수 있기를 기도하십시오. 14 내가 방언으로 기도하면 내 영은 기도

'방언'은 어떤 은사를 가리킵니까? 외국어를 잘하는 능력입니까? 앞에서 설명한 것처럼, 방언의 문자적 의미는 '말, 언어'입니다. 성경에는 크게 두 종류의 방언이 등장합니다. 사도행전 2장에서는 사도들이 성령을 받아 했던 방언이 그 자리에 있던 각국 출신의 디아스포라 유대인 청중에게 자신이 '태어난 곳의 언어로' 이해되는 기적이었습니다. 물론 사도들이 외국어 능력을 받은 것이 아니라, 그들의 방언이 청중에게 모국어로 통역되어 들리는 현상이었습니다. 바울이 소개하는 방언은 사람이 전혀 알아들을 수 없는 언어입니다. 사람이 지성이 아닌 영으로, 그리고 사람이 아닌 하나님께 말하는 것이며, 그 내용도 '비밀스러운' 것입니다. 본인도 알 수 없고 남들도 알아들을 수 없는 특이한 현상입니다. 물론 방언 통역의 은사도 존재합니다. 그래야만 다른 신자들이 이해하고 유익을 얻을 수 있기 때문입니다.

하지만, 내 마음은 아무런 열매를 얻지 못합니다. 15 그렇다면 어떻게 해야 하겠습니까? 나는 영으로 기도하고, 또 깨친 마음으로도 기도하겠습니다. 나는 영으로 찬미하고, 또 깨친 마음으로도 찬미하겠습니다. 16 그렇지 않고, 그대가 영으로만 감사를 드리면, 갓 믿기 시작한 사람은, 그것이 무슨 뜻인지를 알아듣지 못하므로, 어떻게 그 감사 기도에 "아멘" 하고 말할 수 있겠습니까? 17 그대가 훌륭하게 감사 기도를 드린다고 해도, 다른 사람에게는 덕이 되지 않습니다. 18 나는 여러분 가운데 누구보다도 더 많이 방언을 말할 수 있음을 하나님께 감사합니다. 19 그러나 나는, 방언으로 만 마디 말을 하기보다도, 다른 사람을 가르치기 위하여 나의 깨친 마음으로 교회에서 다섯 마디 말을 하기를 원합니다.

20 ○ 형제자매 여러분, 생각하는 데는 아이가 되지 마십시오. 악에는 아이가 되고, 생각하는 데는 어른이 되십시오. 21 율법에 이렇게 기록되어 있습니다. 주님께서 말씀하시기를 "내

예언은 '덕을 끼치고, 위로하고, 격려하는' 말을 합니다(3절). 그렇다면 방언은 어떤 메시지를 전달합니까? 바울은 방언의 내용을 소개하지 않습니다. 못 알아듣는다는 것이 지금 관심의 초점이기 때문입니다. 하나님을 향한 '감사'가 담길 수 있지만, 자세한 설명은 없습니다(16절). 방언은 애초에 나의 지성(mind)이 아닌 '영'(spirit)의 말이고, 대상도 사람이 아니라 하나님이며, 그 내용 또한 이해의 가능성을 넘는 '비밀스러운 것'입니다(4, 14~15절). 자기도 알아듣지 못하니 본인의 마음(mind) 역시 아무런 유익을 누리지 못합니다. 그래서 바울은 교회에서는 방언보다 예언이 훨씬 더 가치 있는 은사라 주장합니다. 더불어 교회에서 누군가 방언을 한다면, 반드시 알 수 있는 말로 통역되어야 합니다. 그래야 교회를 유익하게 할 수 있습니다. 만약 통역하는 사람이 없다면, 교회의 모임에서는 방언을 하지 말고 혼자 있을 때 '자기와 하나님께 말해야' 합니다(28절). 교회에서 해봐야 아무도 알아듣지 못할 것이고, 따라서 방언하는 사람의 자기만족 외에는 아무런 유익이 없기 때문입니다.

가 방언을 하는 사람의 혀와 딴 나라 사람의 입술로 이 백성에게 말할지라도, 그들은 나의 말을 듣지 않을 것이다" 하셨습니다. 22 그러므로 방언은 신자들에게 주는 표징이 아니라 불신자들에게 주는 표징이고, 예언은 불신자들에게 주는 것이 아니라 신자들에게 주는 것입니다. 23 온 교회가 한자리에 모여서 모두가 방언으로 말하고 있으면, 갓 믿기 시작한 사람이나 믿지 않는 사람이 들어와서 듣고, 여러분을 미쳤다고 하지 않겠습니까? 24 그러나 모두가 예언을 말하고 있으면, 갓 믿기 시작한 사람이나 믿지 않는 사람이 들어와서 듣고, 그 모두에게 질책을 받고 심판을 받아서, 25 그 마음속에 숨은 일이 드러나게 됩니다. 그래서 그는 엎드려서 하나님께 경배하면서 "참으로 하나님께서 여러분 가운데 계십니다" 하고 환히 말할 것입니다.

모든 것을 질서 있게 행하라

26 ○ 그러면 형제자매 여러분, 어떻게 해야 하겠습니까? 여러분이 함께 모이는 자리에는, 찬송하는 사람도 있고, 가르치

'깨친 마음'(15절)이란 무슨 뜻입니까? 영으로 하는 기도와 깨친 마음으로 하는 기도는 어떻게 다릅니까? '깨친 마음'은 '마음'을 의역한 것입니다(개역개정 성경). 우리말의 '마음'은 모호합니다만. 여기서 '마음'(mind)은 가슴(heart)과는 선명히 구별되는 지성적인 기능을 가리킵니다. 그래서 혼란을 피하기 위해 '깨친'이라는 수식어를 첨가했습니다. 여기서 '영'과 '(깨친) 마음' 혹은 '정신'의 대조는 단순합니다. 사람이 알아들을 수 없는 방식의 소통과 이해 가능한 소통 사이의 대조입니다. 영으로 드리는 기도도 본인에게 나름의 영적 유익을 줍니다. 하지만 본인도 이해할 수 없는 말이라. 정신적 이해와 관련된 유익은 아닙니다. 물론 다른 사람에게는 어떤 유익도 없습니

는 사람도 있고, 하나님의 계시를 말하는 사람도 있고, 방언으로 말하는 사람도 있고, 통역하는 사람도 있습니다. 모든 일을 남에게 덕이 되게 하십시오. 27 누가 방언으로 말할 때에는, 둘 또는 많아야 셋이서 말하되, 차례로 말하고, 한 사람은 통역을 하십시오. 28 통역할 사람이 없거든, 교회에서는 침묵하고, 자기에게와 하나님께 말하십시오. 29 예언하는 사람은 둘이나 셋이서 말하고, 다른 이들은 그것을 분별하십시오. 30 그러나 앉아 있는 다른 사람에게 계시가 내리거든, 먼저 말하던 사람은 잠잠하십시오. 31 여러분은 모두 한 사람씩 한 사람씩 예언을 할 수 있습니다. 그래야 모두가 배우고, 권면을 받게 됩니다. 32 예언하는 사람의 영은 예언하는 사람에게 통제를 받습니다. 33 하나님은 무질서의 하나님이 아니라, 평화의 하나님이십니다.

O 성도들의 모든 교회에서 그렇게 하는 것과 같이, 34 여자들은 교회에서는 잠자코 있어야 합니다. 여자에게는 말하는 것이 허락되어 있지 않습니다. 율법에서도 말한 대로 여자들은 복종해야 합니다. 35 배우고 싶은 것이 있으면, 집에서 자기 남편에게 물으십시오. 여자가 교회에서 말하는 것은, 자기에

다. 말 자체를 이해할 수 없기 때문입니다. 그래서 바울은 영으로 하나님께 드리는 기도(방언)와 '(깨친) 마음' 곧 이해 가능한 말로 하나님의 메시지를 전하는 예언을 날카롭게 대조하면서, 적어도 교회 내에서는 예언이 훨씬 가치가 크다고 말합니다. 성령의 은사 자체가 본인이 아닌 공동체의 유익을 위한 것이기 때문입니다.

게 부끄러운 일입니다. 36 하나님의 말씀이 여러분에게서 났
습니까? 또는 여러분에게만 내렸습니까?

37 ○ 누구든지 자기가 예언자이거나 성령을 은사로 받은 사
람이라 생각하거든, 내가 여러분에게 써 보내는 이 글이 주님
의 명령이라는 것을 알아야 합니다. 38 누구든지 이것을 인정
하지 않으면, 그 사람도 인정을 받지 못할 것입니다. 39 그러
므로 나의 형제자매 여러분, 예언하기를 열심히 구하십시오.
그리고 방언으로 말하는 것을 막지 마십시오. 40 모든 일을 적
절하게 하고 질서 있게 해야 합니다.

34-36절은 시대착오적인 말 아닌가요? 신앙생활에서까지 여성을 억압하는 건 납득
할 수 없습니다. 기독교는 남성 중심의 성차별적인 종교입니까? 아주 불편한 구절
입니다. 몇 가지 설명이 가능합니다. 우선 이 구절이 바울의 말이 아닐 가능성입니
다. 몇몇 사본들에는 이 본문이 지금과 다른 위치에 놓여 있습니다. 바울이 쓴 게
아니라, 이후 사본을 만드는 과정에서 삽입된 것일 수 있다는 뜻입니다. 하지만 그
렇다고 아예 생략된 사본은 없습니다. 그래서 분명하지 않습니다. 바울은 여성의
옷차림을 지적할 때도 여성이 기도하고 예언한다는 사실을 당연하게 여겼습니다
(고전 11:5). 따라서 여성의 침묵을 요구하는 이 구절은 일반 지침이 아닌 특수 상황
에 관한 경고일 수 있습니다. 우리는 모르지만, 일부 여성 신자들이 복음이 주는 자
유에 너무 심취해 모임의 질서를 해칠 수준의 행동을 했을 가능성입니다. 아마도
바울의 말조차 무시할 정도로 자신의 영적 은사를 대단하게 생각했던 사람들일 것
입니다(35-36절). 물론 바울의 여성관은 오늘 우리와는 다릅니다. 여기서도 문화적
거리를 고민해볼 수 있습니다.

{ 제15장 }

그리스도의 부활

1 형제자매 여러분, 내가 여러분에게 전한 복음을 일깨워드립니다. 여러분은 그 복음을 전해 받았으며, 또한 그 안에 서 있습니다. 2 내가 여러분에게 복음으로 전해드린 말씀을 헛되이 믿지 않고, 그것을 굳게 잡고 있으면, 그 복음을 통하여 여러분도 구원을 얻을 것입니다.

3 ○ 나도 전해 받은 중요한 것을 여러분에게 전해드렸습니다. 그것은 곧, 그리스도께서 성경대로 우리 죄를 위하여 죽으셨다는 것과, 4 무덤에 묻히셨다는 것과, 성경대로 사흘날에 살아나셨다는 것과, 5 게바에게 나타나시고 다음에 열두 제자에게 나타나셨다고 하는 것입니다. 6 그 후에 그리스도께서는 한

고린도교회 교인들은 이미 복음을 받아들인 크리스천들이 아니었나요? 그런데 귀에 못이 박이도록 들었을 얘기(3~7절)를 다시 일깨우는 이유는 무엇입니까? 근본 진리는 달라질 게 없지만, 새로운 상황에 따라 늘 복음의 실천적인 의미에 대해 새롭게 숙고할 필요가 있습니다. 여기서 바울의 과제는 미래 부활의 확실성을 설득하는 것입니다. 그 출발점이 예수님의 부활입니다. 그래서 바울은 복음의 핵심이라 할 수 있는 예수님의 부활의 역사적 사실성을 되새깁니다. 중요한 증인의 목록을 열거하는 것도 그런 이유입니다. 물론 바울은 예수님의 부활의 산증인 중 하나입니다. 고린도의 신자들은 바로 그런 사람으로부터 복음을 받았습니다. 온 교회가 전하고 믿는 바로 그 복음입니다. 그다음 바울은 이 믿음의 함의를 끌어냅니다. 그리스도의 부활이 이미 사실로 존재하고 고린도 신자들 역시 그 사실을 굳게 믿고 있는데, 미래 몸의 부활을 믿지 못할 이유가 어디 있느냐는 물음입니다. 이 그리스도께서 부활의 첫 열매이자, 신자들의 부활을 가능하게 하십니다. 이 논증을 이어가기 위해 기본적인 사실의 토대를 든든히 다지는 것입니다.

번에 오백 명이 넘는 형제자매들에게 나타나셨는데, 그 가운데 더러는 세상을 떠났지만, 대다수는 지금도 살아 있습니다. 7 다음에 야고보에게 나타나시고, 그다음에 모든 사도들에게 나타나셨습니다. 8 그런데 맨 나중에 달이 차지 못하여 난 자와 같은 나에게도 나타나셨습니다. 9 나는 사도들 가운데서 가장 작은 사도입니다. 나는 사도라고 불릴 만한 자격도 없습니다. 그것은, 내가 하나님의 교회를 박해했기 때문입니다. 10 그러나 나는 하나님의 은혜로 오늘의 내가 되었습니다. 나에게 베풀어주신 하나님의 은혜는 헛되지 않았습니다. 나는 사도들 가운데 어느 누구보다도 더 열심히 일하였습니다. 그러나 이렇게 한 것은 내가 아니라, 나와 함께하신 하나님의 은혜입니다. 11 그러므로 나나 그들이나 할 것 없이, 우리는 이렇게 전파하고 있으며, 여러분은 이렇게 믿었습니다.

바울은 오늘의 자신이 된 건 제 힘이 아니라 하나님의 은혜 덕분이라고 말합니다 (10절). 매사가 하나님의 은혜 때문이라면 인간의 수고와 노력은 무슨 소용이 있습니까? 항간의 오해와 달리, 하나님의 은혜는 인간의 진솔한 노력이 아닌 세상의 무익한 조건과 대립됩니다. 인간적으로 보면 바울은 사도가 될 자격이 부족했습니다. 예수님과 함께한 적도 없고, 부활 당시 예수님을 만났던 것도 아닙니다. 더구나 교회를 없애는 데 앞장섰던 사람입니다. 그런데 하나님께서는 바울을 불러주셨습니다. 그야말로 하나님의 은혜 말고는 달리 설명할 길이 없습니다. 하지만 이 은혜는 바울의 삶을 다스리는 새로운 능력으로 다가옵니다. 그래서 은혜의 효과는 "굿만 보고 떡이나 먹는" 삶이 아니라, "다른 사도들보다 더 많이 수고하는" 삶이었습니다. 물론 바울은 자신의 수고가 모두 하나님의 은혜를 토대로 한 것임을 잘 압니다. 그래서 "내가 아니라, 나와 함께하신 하나님의 은혜"라 말합니다. 조건이 없다는 점에서 은혜지만, 효과로 보면 '하나님의 능력'과 사실상 같은 말입니다. 하나님의 은혜는 헌신하고 수고하는 삶을 가능하게 하는 하나님의 능력입니다.

죽은 사람의 부활

12 ○ 그리스도께서 죽은 사람 가운데서 살아나셨다고 우리가
전파하는데, 어찌하여 여러분 가운데 더러는 죽은 사람의 부
활이 없다고 말합니까? 13 죽은 사람의 부활이 없다면, 그리스
도께서도 살아나지 못하셨을 것입니다. 14 그리스도께서 살아
나지 않으셨다면, 우리의 선포도 헛되고, 여러분의 믿음도 헛
될 것입니다. 15 우리는 또한 하나님을 거짓되이 증언하는 자
로 판명될 것입니다. 그것은, 죽은 사람이 살아나는 일이 정말
로 없다면, 하나님께서 그리스도를 살리지 아니하셨을 터인데
도, 하나님께서 그리스도를 살리셨다고, 하나님에 대하여 우
리가 증언했기 때문입니다. 16 죽은 사람들이 살아나는 일이
없다면, 그리스도께서 살아나신 일도 없었을 것입니다. 17 그
리스도께서 살아나지 않으셨다면, 여러분의 믿음은 헛된 것

**바울은 부활이 없다면 크리스천은 세상에서 '가장' 불쌍한 인간일 것이라고 말합니
다(19절). 어째서 믿지 않는 이들보다 더 비참한 존재가 된다는 걸까요? 하나님나라
나 구원의 '현재성'을 강조하는 이도 많지만, 사실 초대교회의 신앙은 다가올 구원
의 영광에 초점을 맞추었습니다. 현재가 중요한 이유가 여기 있습니다. 현재는 미
래로 가는 여정입니다. 올바른 문과 길을 선택해야 약속된 생명에 들어갈 수 있습
니다(마 7:13-14; 롬 6:19-23). 미래 구원에 이르려면 세상의 욕망이 아니라 성령의
이끌림을 따라 새로운 삶을 살아야 합니다. 세속적인 욕망을 추구하며 서로 경쟁하
고 파괴하는 삶이 아니라, 하나님을 기쁘게 하고 다른 사람을 유익하게 하는 삶
입니다. 이런 삶은 세상이 열광하는 가치와 거리가 멀 때가 많습니다. 누리고 행세
하는 삶이 아니라 겸허하게 절제하는 삶이기 때문입니다. 바울도 현재 신자의 삶을
'고난'으로 규정합니다(롬 8:17). 만일 부활의 미래가 없다면, 현재를 고난으로 채우
는 신자들의 삶은 그야말로 '미친 짓'입니다. 고린도 신자들이 사는 신앙의 삶 자체
가 미래의 부활을 전제로 한 것임을 일깨우는 말입니다.**

이 되고, 여러분은 아직도 죄 가운데 있을 것입니다. 18 그리고 그리스도 안에서 잠든 사람들도 멸망했을 것입니다. 19 그리스도 안에서 우리가 바라는 것이 이 세상에만 해당되는 것이라면, 우리는 모든 사람 가운데서 가장 불쌍한 사람일 것입니다.

20 ○ 그러나 이제 그리스도께서는 죽은 사람들 가운데서 살아나셔서, 잠든 사람들의 첫 열매가 되셨습니다. 21 한 사람으로 말미암아 죽음이 들어왔으니, 또한 한 사람으로 말미암아 죽은 사람의 부활도 옵니다. 22 아담 안에서 모든 사람이 죽는 것과 같이, 그리스도 안에서 모든 사람이 살아나게 될 것입니다. 23 그러나 각각 제 차례대로 그렇게 될 것입니다. 첫째는 첫 열매이신 그리스도요, 그다음은 그리스도께서 재림하실 때에, 그리스도께 속한 사람들입니다. 24 그때가 마지막입니다. 그때에 그리스도께서 모든 통치와 모든 권위와 모든 권력을 폐하시고, 그 나라를 하나님 아버지께 넘겨드리실 것입니다.

당시 크리스천들이 '죽은 사람들을 위해 세례를' 받은(29절) 목적은 무엇입니까? 이는 합당한 신앙 행위입니까? 학자들 사이에서도 온갖 추측과 해석이 난무하는 아주 난해한 구절입니다. 어쨌든 바울의 말 그대로, 당시 고린도교회에는 죽은 사람들을 위해 혹은 대신해서 세례를 받는 관행이 있었던 것은 사실로 보입니다. 여기서 죽은 자들이 누구인지(신자인지 비신자인지 가족인지 등), 어떻게 이런 관행이 생겨났는지, 또 대신 받는 세례가 무슨 의미가 있는지는 모두 추측의 영역입니다. 대리 세례라는 관행은 기독교 복음의 원리와 잘 맞지 않습니다. 또 이 구절 외에는 이런 관행의 흔적이 어디에도 보이지 않습니다. 하지만 바울은 이런 관행 자체의 타당성에 대해서는 일체 말이 없습니다. 다만 신자들의 그런 행동을 지적한 후, 이 관행 자체가 미래 부활에 대한 신앙을 토대로 한 것이라는 사실을 지적합니다. 미래 부활을 믿지 않고서는 신앙의 삶 자체가 불가능하다는 뜻입니다. 이 관행을 비난하지 않는 것이 놀랍지만, 지금 우리로서는 더 구체적인 사정을 알기 어렵습니다.

25 하나님께서 모든 원수를 그리스도의 발 아래에 두실 때까지, 그리스도께서 다스리셔야 합니다. 26 맨 마지막으로 멸망받을 원수는 죽음입니다. 27 성경에 이르기를 "하나님께서 모든 것을 그의 발 아래에 굴복시키셨다" 하였습니다. 모든 것을 굴복시켰다고 말할 때에는, 모든 것을 그에게 굴복시키신 분은 그 가운데 들어 있지 않은 것이 명백합니다. 28 그러나 모든 것이 하나님께 굴복당할 그때에는, 아들까지도 모든 것을 자기에게 굴복시키신 분에게 굴복하실 것입니다. 그래서 하나님은 만유의 주님이 되실 것입니다.

29 ○ 죽은 사람들이 살아나지 않는다면, 죽은 사람들을 위해서 세례를 받는 사람들은 무엇 하려고 그런 일을 합니까? 죽은 사람이 정말로 살아나지 않는다면, 무엇 때문에 그들은 죽은 사람들을 위하여 세례를 받습니까? 30 그리고 또 우리는 무엇 때문에, 시시각각으로 위험을 무릅쓰고 있습니까? 31 형제자매 여러분, 나는 감히 단언합니다. 나는 날마다 죽습니다! 이

바울은 정말 맹수와 싸운 적이(32절) 있습니까? 아니면 단순한 가정입니까? 가정이 아니라 실제 상황을 떠올리며 하는 말입니다. "맹수와 싸웠다"는 말 그대로, 실제 에베소에서 죄수의 신분으로 맹수와 싸웠을 가능성을 배제할 수는 없지만, 대개는 치열한 영적 투쟁을 가리키는 하나의 비유로 간주합니다. 바울처럼 전문 검투사가 아닌 사람이 진짜 맹수와 싸워 살아남는 것은 사실상 불가능합니다. ('바울과 테클라 행전'이라는 후대 문서에는 세례를 받은 사자가 오히려 다른 사자들과 싸우며 바울을 지켜주는 황당한 내용이 나오기도 합니다.) 선교사 바울은 여행 중 갖은 고생을 겪었고, 또 여러 번 죽을 고비를 넘겼습니다(고후 11:23-27). 고린도전서를 쓸 당시 바울은 에베소에 머물고 있었습니다. 자세한 건 알 수 없지만, 이때 바울은 목숨이 오갈 정도로 큰 시련을 겪었고, 고린도 신자들도 이를 알았던 것 같습니다. 자신의 그런 삶을 가리키며, 부활의 소망이 없다면 그런 삶이 얼마나 어리석은 삶이 되겠느냐고 묻는 것입니다.

것은, 우리 주 예수 그리스도께서 여러분에게 하신 그 일로 내가 여러분을 자랑스럽게 여기는 것만큼이나 확실한 것입니다. 32 내가 에베소에서 맹수와 싸웠다고 하더라도, 인간적인 동기에서 한 것이라면, 그것이 나에게 무슨 유익이 되겠습니까? 만일 죽은 사람이 살아나지 못한다면 "내일이면 죽을 터이니, 먹고 마시자" 할 것입니다. 33 속지 마십시오. 나쁜 동무가 좋은 습성을 망칩니다. 34 똑바로 정신을 차리고, 죄를 짓지 마십시오. 여러분을 부끄럽게 하려고 내가 이 말을 합니다만, 여러분 가운데서 더러는 하나님을 아는 지식이 없습니다.

몸의 부활

35 ○ 그러나 "죽은 사람이 어떻게 살아나며, 그들은 어떤 몸으로 옵니까?" 하고 묻는 사람이 있을 것입니다. 36 어리석은 사람이여! 그대가 뿌리는 씨는 죽지 않고서는 살아나지 못합니다. 37 그리고 그대가 뿌리는 것은 장차 생겨날 몸 그 자체가 아닙니다. 밀이든지 그 밖에 어떤 곡식이든지, 다만 씨앗을 뿌리는 것입니다. 38 그러나 하나님께서는, 원하시는 대로, 그

'신령한 몸'(44절)이라는 표현이 헷갈립니다. 부활한 인간은 영이란 뜻입니까, 아니면 육신을 가진 존재란 얘깁니까? 부활이라는 말 자체가 '몸'의 부활을 의미합니다. 이를 잘 믿지 못했던 이유 중 하나는 부패해 없어진 육체가 어떻게 다시 살아나느냐는 의문 때문이었습니다. 그래서 바울은 땅에 심어진 씨앗 알갱이가 썩었다가 새로운 곡식의 몸으로 재생하는 이야기를 상기시킵니다. 또 존재마다 그에 맞는 '몸'과 '육체'가 있는 것처럼, 현재에도 부활 이후에도 그에 어울리는 나름의 몸이 있습니다. 현재의 몸이 아담을 닮은 '혼적 몸'이자 '땅에 속한 몸'이라면, 부활의 몸은 그리스도를 닮은 '영적(=신령한) 몸'이자 '하늘에 속한 몸'입니다(44절). '육체

씨앗에 몸을 주시고, 그 하나하나의 씨앗에 각기 고유한 몸을 주십니다. 39 모든 살이 똑같은 살은 아닙니다. 사람의 살도 있고, 짐승의 살도 있고, 새의 살도 있고, 물고기의 살도 있습니다. 40 하늘에 속한 몸도 있고, 땅에 속한 몸도 있습니다. 하늘에 속한 몸들의 영광과 땅에 속한 몸들의 영광이 저마다 다릅니다. 41 해의 영광이 다르고, 달의 영광이 다르고, 별들의 영광이 다릅니다. 별마다 영광이 다릅니다.

42 ○ 죽은 사람들의 부활도 이와 같습니다. 썩을 것으로 심는데, 썩지 않을 것으로 살아납니다. 43 비천한 것으로 심는데, 영광스러운 것으로 살아납니다. 약한 것으로 심는데, 강한 것으로 살아납니다. 44 자연적인 몸으로 심는데, 신령한 몸으로 살아납니다. 자연적인 몸이 있으면, 신령한 몸도 있습니다. 45 성경에 "첫 사람 아담은 산 영이 되었다"고 기록한 바와 같이, 마지막 아담은 생명을 주시는 영이 되셨습니다. 46 그러나 신령한 것이 먼저가 아닙니다. 자연적인 것이 먼저요, 그다음이 신령한 것입니다. 47 첫 사람은 땅에서 났으므로 흙으로 되어 있지만, 둘째 사람은 하늘에서 났습니다. 48 흙으로 빚은 그 사람과 같이, 흙으로 되어 있는 사람들이 그러하고, 하늘에

와 영' 사이의 대조가 아니라, 두 개의 육체/몸 사이의 대조입니다. 둘 사이에는 본질적인 차이가 있지만(42–49절), 둘 다 몸이라는 사실은 동일합니다. 복음이 말하는 '영혼' 구원은 몸이 없는 '영혼'의 구원이 아니라, 우리가 새로운 몸을 가진 존재가 된다는 말입니다. 이 몸의 부활이 영생과 구원의 소망의 핵심입니다.

속한 그분과 같이, 하늘에 속한 사람들이 그러합니다. 49 흙으로 빚은 그 사람의 형상을 우리가 입은 것과 같이, 우리는 또한 하늘에 속한 그분의 형상을 입을 것입니다.

50 ○ 형제자매 여러분, 내가 말하려는 것은 이것입니다. 살과 피는 하나님나라를 유산으로 받을 수 없고, 썩을 것은 썩지 않을 것을 유산으로 받지 못합니다. 51 보십시오, 내가 여러분에게 비밀을 하나 말씀드리겠습니다. 우리가 다 잠들 것이 아니라, 다 변화할 터인데, 52 마지막 나팔이 울릴 때에, 눈 깜박할 사이에, 홀연히 그렇게 될 것입니다. 나팔 소리가 나면, 죽은 사람은 썩어 없어지지 않을 몸으로 살아나고, 우리는 변화할 것입니다. 53 썩을 몸이 썩지 않을 것을 입어야 하고, 죽을 몸이 죽지 않을 것을 입어야 합니다. 54 썩을 이 몸이 썩지 않을 것을 입고, 죽을 이 몸이 죽지 않을 것을 입을 그때에, 이렇게 기록한 성경 말씀이 이루어질 것입니다. "죽음을 삼키고서, 승리를 얻었다." 55 "죽음아, 너의 승리가 어디에 있느냐? 죽음아, 너의 독침이 어디에 있느냐?" 56 죽음의 독침은 죄요, 죄의 권세는 율법입니다. 57 그러나 우리 주 예수 그리스도를 통하여 우리에게 승리를 주시는 하나님께 우리는 감사를 드립

'죄의 권세는 율법'(56절)이라니, 무슨 뜻입니까? 어떻게 하나님이 준 율법이 죄가 부리는 권세가 될 수 있습니까? 바울은 죄의 치명성을 잘 알았습니다. 죽음이 인간의 실존을 다스리고, 그래서 인간은 죽을 수밖에 없습니다. 이 죽음은 죄를 화살 삼아 우리를 공격합니다. 죄의 결과로 죽게 된다는 뜻입니다. 마찬가지로 죄 역시 우리를 다스립니다. 이 죄는 율법을 앞세워 우리를 '범죄자'로 규정합니다. 물론 이 법은 하나님의 권위로 제정되고 주어진 율법입니다. 결국 우리는 하나님의 법을 어긴 범죄자가 되고, 그런 존재로 죽음에 넘겨집니다. 바울은 이것이 죄 아래 놓인 인간에게 율법이 주어졌을 때의 실질적 효과라고 말합니다. 죄를 더 확실히 드러내기

니다. 58 그러므로 나의 사랑하는 형제자매 여러분, 굳게 서서 흔들리지 말고, 주님의 일을 더욱 많이 하십시오. 여러분이 아는 대로, 여러분의 수고가 주님 안에서 헛되지 않습니다.

위해 율법이 주어졌다고 말하기도 합니다. 이처럼 율법은 (긍정적) 구원이 아니라 (부정적) 정죄를 위해 주어졌습니다. 예수 그리스도는 모든 믿는 자에게 구원을 이루기 위해 이 율법의 지배를 종결하십니다(롬 10:4). 바울의 이런 율법관은 유대인 바울의 회심 이전과 이후를 가르는 가장 결정적인 차이 가운데 하나입니다.

{ 제16장 }

성도들을 돕는 헌금

1 성도들을 도우려고 모으는 헌금에 대하여 말합니다. 내가 갈라디아 여러 교회에 지시한 것과 같이, 여러분도 그대로 하십시오. 2 매주 첫날에, 여러분은 저마다 수입에 따라 얼마씩을 따로 저축해두십시오. 그래서 내가 갈 때에, 그제야 헌금하는 일이 없어야 할 것입니다. 3 내가 그리로 가게 되면, 그때에 여러분이 선정한 사람에게 내가 편지를 써주어서, 그가 여러분의 선물을 가지고 예루살렘으로 가게 하겠습니다. 4 나도 가는 것이 좋다면, 그들은 나와 함께 갈 것입니다.

여행 계획

5 ○ 나는 마케도니아를 거쳐서 여러분에게로 가겠습니다. 내

헌금의 목적이 '성도들을 도우려고'(1절)로 되어 있습니다. 어떤 크리스천들에게 무슨 도움이 필요했던 건가요? 바울은 이방 선교 초기부터 유대 지역과 그 중심인 예루살렘교회의 신자들을 돕기 위해 모금 운동을 전개했습니다(갈 2:10). 전통적으로 팔레스타인은 가뭄이 심해서 성도들 역시 매우 가난했습니다. 클라우디우스 황제 당시, 안디옥교회도 가뭄으로 고생하던 예루살렘교회에 도움의 손길을 내밀었습니다(행 11:27-30). 이방의 큰 도시를 중심으로 선교했던 바울은 예루살렘을 위한 모금운동에 매우 큰 의미를 부여했습니다. 구원의 복음이 유대인에게서 온 것인 만큼, 이방 신자들이 예루살렘 신자들에게 경제적 도움을 베푸는 것이 일종의 보답이라고 여겼습니다. 또 무엇보다 이 도움은 유대 교회와 이방 교회가 하나의 교회라는 사실을 천명하는 상징적인 의미가 컸습니다. 열성적인 유대인과 보수 유대인 신자들로부터 의심을 눈길을 받던 바울의 입장에서는 그만큼 중요한 사안이었던 것입니다(롬 15:31).

가 마케도니아를 지나서 6 여러분에게로 가면, 얼마 동안은 함께 지낼 것이고, 어쩌면 겨울을 나게 될지도 모르겠습니다. 그 다음에 여러분은, 내가 가려는 곳으로 나를 보내주시기를 바랍니다. 7 지금 나는, 지나가는 길에 잠깐 들러서 여러분을 만나보려는 것은 아닙니다. 주님께서 허락해주시면, 얼마 동안 여러분과 함께 머무르고 싶습니다. 8 그러나 오순절까지는 에베소에 머물러 있겠습니다. 9 나에게 큰 문이 활짝 열려서, 일을 많이 할 수 있는 기회가 왔습니다. 그러나 방해를 하는 사람도 많이 있습니다.

10 ○ 디모데가 그리로 가거든, 아무 두려움 없이 여러분과 함께 지낼 수 있도록 보살펴주십시오. 그도 나와 마찬가지로 주님의 일을 하는 사람입니다. 11 그러므로 아무도 그를 업신여겨서는 안 됩니다. 그리고 그가 내게로 돌아올 때에, 그를 평안한 마음을 지니게 해서 보내주십시오. 나는 형제들과 함께 그를 기다리고 있습니다.

바울의 활동을 방해했던 이들은(9절) 주로 어떤 부류였습니까? 무슨 이유로 발목을 잡았습니까? 여기에는 자세한 설명이 없지만, 바울의 에베소 체류를 기록한 사도행전 19장에 흥미로운 이야기가 나옵니다. 바울의 에베소 선교는 성공적이어서 많은 이들이 예수님을 믿었고 마술과 우상숭배를 버렸습니다. 그런데 에베소는 원래 아르테미스 여신 숭배를 관장하는 도시여서, 신상 모형 제작으로 큰 수입을 올리고 있었습니다. 그런데 예수님을 믿게 된 사람들이 우상숭배를 그만두면서 이 사업이 크게 타격을 입자, 신상 제작 조합이 들고 일어나 온 도시를 선동해 바울 일행을 박해합니다. 에베소의 큰 극장에 사람들이 가득 찰 만큼 큰 소동이었던 것으로 보입니다. 하지만 지나친 소란이 로마의 개입을 초래해 자유도시로서 권한을 뺏길까 염려한 도시의 책임자가 무리를 설득해 해산시키면서 소동은 일단락됩니다(행 19:10-41). 그 뒤 바울은 도시를 떠나는데, 이때는 유대인들의 살해 음모가 언급되기도 합니다(행 20:1-3).

12 ○ 형제 아볼로에 대하여 말하겠습니다. 내가 그에게 다른 형제들과 함께 여러분에게 가라고 여러 번 권하였지만, 그는 지금, 갈 마음이 전혀 없습니다. 그러나 적절한 때가 오면 갈 것입니다.

마지막 부탁과 인사

13 ○ 깨어 있으십시오. 믿음에 굳게 서 있으십시오. 용감하십시오. 힘을 내십시오. 14 모든 일을 사랑으로 하십시오.
15 ○ 형제자매 여러분, 나는 여러분에게 권합니다. 여러분이 아는 바와 같이, 스데바나의 가정은 아가야에서 맺은 첫 열매요, 성도들을 섬기는 일에 몸을 바친 가정입니다. 16 그러므로 여러분도 이런 사람들에게 순종하십시오. 그리고 또 그들과 더불어 일하며 함께 수고하는 각 사람에게 순종하십시오.
17 나는 스데바나와 브드나도와 아가이고가 온 것을 기뻐합

13절과 같은 당부를 한 배경이 궁금합니다. 당시 고린도교회 크리스천들은 겁을 먹고, 힘이 빠지고, 믿음이 흔들리는 상태였습니까? 13~14절에 나오는 다섯 개의 명령어들은 모두 일반적인 권고라 할 수 있습니다. 편지 전체에 나타나는 것처럼, 교회 내에는 파벌과 분열 같은 해결해야 할 과제가 많았지만, 이들이 정서적으로 겁을 먹었거나 힘이 빠진 상태는 아니었습니다. 이 권고들은 도덕적, 영적인 측면을 염두에 둔 것입니다. 깨어 있으라는 말이나 믿음에 굳게 서라는 말은 신앙적으로 정신 똑바로 차리고, 올바르게 행동하라는 말입니다. 지금까지 해온 권고를 한마디로 줄인 셈입니다. 용감하라는 것도 그냥 겁내지 말라는 말이 아니라, 당시 세속 사회의 압력에 굴하지 말고, 십자가 복음을 가진 자답게 신실한 삶을 지속하라는 권고입니다. 힘을 내라는 말 역시 마찬가지입니다. 강물을 거스르는 일이 힘겹듯, 신자의 삶에는 포기하고 싶은 유혹이 상존합니다. 그래서 바울은 포기하지 말고 인내하라고 신자들을 자주 독려합니다.

니다. 그것은, 여러분을 만나지 못해서 생긴 아쉬움을, 이 사람들이 채워주었기 때문입니다. 18 이 사람들은 나의 마음과 여러분의 마음에 생기를 불어넣어 주었습니다. 여러분은 이런 사람들을 알아주어야 합니다.

19 ㅇ 아시아에 있는 교회들이 여러분에게 문안합니다. 아굴라와 브리스가와 그 집에 모이는 교회가 다 함께, 주님 안에서 진심으로 문안합니다. 20 모든 형제자매들이 여러분에게 문안합니다. 거룩한 입맞춤으로 서로 인사하십시오.

21 ㅇ 나 바울은 친필로 인사의 말을 씁니다. 22 누구든지 주님을 사랑하지 않는 사람은 저주를 받으라! 마라나 타, 우리 주님, 오십시오. 23 주 예수의 은혜가 여러분과 함께 있기를 빕니다. 24 나는 그리스도 예수 안에서 여러분 모두를 사랑합니다. 아멘.

'아시아에 있는 교회'(19절)는 어디를 말합니까? 교회는 오늘날 곳곳에서 볼 수 있는 예배당을 가리킵니까? 성경에서 '아시아'는 '소아시아'(Asia Minor), 곧 로마제국 시대의 아시아 지방으로, 현재의 터키 남서부 지역을 가리킵니다. 사도행전에 따르면, 일종의 '다국적 기업'의 소유주였던 브리스길라와 아굴라 부부가 고린도에서 바울에게 일거리도 주고, 함께 선교도 했습니다. 이후 바울과 함께 에베소까지 갔고, 거기서도 복음을 전해 자기들의 집에 교회를 세웠습니다. 이들 부부와 에베소(아시아)의 교회가 전에 함께 지내던 고린도의 신자들에게 옛정을 담아 안부를 전합니다. 당시 신자들은 그들의 모임을 '에클레시아', 곧 '모임'이라 불렀습니다. 상대적으로 집이 넓은 신자의 가정이 '모임' 장소로 쓰였고, 그래서 '아무개의 집에 있는 교회'라는 표현이 사용됩니다. 장소가 필요했지만, 그 장소 자체가 교회(모임)는 아니었습니다.

{ 제1장 }

인사

1 하나님의 뜻으로 그리스도 예수의 사도가 된 나 바울과 형제 디모데가, 고린도에 있는 하나님의 교회와, 온 아가야에 있는 모든 성도에게, 이 편지를 씁니다. 2 우리 아버지 하나님과 주 예수 그리스도께서 내려주시는 은혜와 평화가 여러분에게 있기를 빕니다.

환난 가운데서도 하나님께 감사를 드리다

3 ○ 우리 주 예수 그리스도의 아버지이신 하나님을 찬양합시다. 그는 자비로우신 아버지시요, 온갖 위로를 주시는 하나님이시요, 4 온갖 환난 가운데에서 우리를 위로하여주시는 분이십니다. 따라서 우리가 하나님께 받는 그 위로로, 우리도 온갖 환난을 당하는 사람들을 위로할 수 있습니다. 5 그리스도의 고난이 우리에게 넘치는 것과 같이, 그리스도로 말미암아 우리

고린도를 말할 때 아가야라는 지명이 곧잘 따라 나옵니다. 고린도와 아가야는 어떤 관계가 있습니까? 성경에 아가야로 음역된 지역은 '에게'로 적기도 합니다. 영어로는 Achaia로 적습니다. 로마제국 시절의 행정구역으로, 펠로폰네소스반도를 포함한 그리스 섬 동남쪽 지역을 가리킵니다(고후 11:10). 서쪽에는 '에피루스' 지방, 그리고 북쪽에는 '마케도니아 지방'이 있었습니다. 아테네나 고린도 등은 '아가야 지방'에 속한 주요 도시들입니다. 바울이 아가야를 말할 때는 대개 고린도 및 그 주변 지역을 가리킵니다. 고린도 및 주변 지역에 오래 머물며 선교했기 때문입니다.

의 위로도 또한 넘칩니다. 6 우리가 환난을 당하는 것도 여러
분이 위로와 구원을 받게 하려는 것이며, 우리가 위로를 받는
것도 여러분이 위로를 받게 하려는 것입니다. 여러분은 이 위
로로, 우리가 당하는 것과 똑같은 고난을 견디어냅니다. 7 우
리가 여러분에게 거는 희망은 든든합니다. 여러분이 고난에
동참하는 것과 같이, 위로에도 동참하고 있음을 우리는 알고
있습니다.

8 ○ 형제자매 여러분, 우리가 아시아에서 당한 환난을 여러분
이 알기를 바랍니다. 우리는 힘에 겹게 너무 짓눌려서, 마침내
살 희망마저 잃을 지경에 이르렀습니다. 9 우리는 이미 죽음을
선고받은 몸이라고 느꼈습니다. 그렇게 된 것은, 우리 자신을
의지하지 않고 죽은 사람을 살리시는 하나님을 의지하게 하기
위함이었습니다. 10 하나님께서는 이렇게 위험한 죽음의 고비
에서 우리를 건져주셨고, 지금도 건져주십니다. 또 앞으로도
건져주시리라는 희망을 우리는 하나님께 두었습니다. 11 여러
분도 기도로 우리에게 협력하여주십시오. 많은 사람의 기도로

바울(또는 바울 일행)은 아시아에서 어떤 환난을(8절) 당했습니까? 어떤 어려움인
지 특정하기는 쉽지 않습니다. 로마제국 당시 '아시아'는 현재의 터키 서남부 지역에
해당하는데, 바울이 아시아를 언급할 때는 대개 그 지방의 수도인 에베소를 중심으
로 한 지역을 가리킵니다. 고린도와 더불어 에베소는 바울이 가장 오랜 시간 머물며
복음을 전했던 지역입니다. 사도행전 19장에는 바울 일행이 에베소에서 겪었던 사건
이 기록되어 있습니다(행 19:23-40). 이 기록 자체만 놓고 보면 바울이 여기서 말하
는 상황, 곧 '생존의 희망조차 없는' 상황은 아닌 것처럼 보이지만, 분명 매우 힘겨운
경험이기는 했을 것입니다. 또한 고린도전서 15장에도 에베소에서 짐승과 싸웠다는
언급이 나오는데(고전 15:32), 이것이 글자 그대로 경기장(아레나)에서 짐승과 싸웠
다는 말인지, 아니면 다른 어려움을 비유적으로 표현한 것인지 분명하지 않습니다.
물론 직접 언급한 것 말고도 여러 고난을 겪었으리라고 추측해볼 수 있습니다.

우리가 받게 된 은총을 두고, 많은 사람이 우리 때문에 하나님께 감사를 드리게 될 것입니다.

고린도교회의 방문을 연기하다

12 ○ 우리의 자랑거리는 우리의 양심이 또한 증언하는 것이기도 합니다. 그것은 곧, 우리가 세상에서 처신할 때에, 특히 여러분을 상대로 처신할 때에, 하나님께서 주신 순박함과 진실함으로 행하고, 세상의 지혜로 행하지 않고 하나님의 은혜로 행하였다는 사실입니다. 13 우리는 지금 여러분이 읽고 이해할 수 있는 것만을 써서 보냅니다. 나는 여러분이 그것을 완전히 이해하기를 바랍니다. 14 여러분이 우리를 이미 부분적으로는 이해했습니다마는, 우리 주 예수의 날에는, 여러분이 우리의 자랑거리이듯이, 우리가 여러분의 자랑거리가 될 것입니다.

하나님은 희망을 잃을 만큼 극한의 역경을 주어서 신을 의지하게 만들기를(9절) 즐기는 분인가요? 9절에 사용된 헬라어 접속사는 '목적'과 '결과' 모두에 사용되는데, 둘 사이를 구분하기 어려울 때도 많습니다. 이 구절을 목적으로 읽으면, 자기만 의지하라고 하나님께서 일부러 극한의 고통을 부과하셨다는 발상이 가능합니다. 하지만 결과의 의미로 읽으면 그런 문제는 사라집니다. 바울 일행은 아시아 선교를 하는 과정에서 큰 어려움을 겪었습니다. '생존의 희망조차 없는' 지경, 거의 '사형선고를 받는' 상황에 이르렀습니다. 그야말로 의지할 구석이라고는 없는 절망적 상황입니다. 이렇게 되면, 결과적으로 하나님을 의지하는 것 말고는 달리 선택의 여지가 없습니다. 그리고 하나님께서는 바울 일행을 그 어려움에서 건져주셨습니다. 물론 보다 넓은 신학적 사유 속에서 그게 하나님의 '의도'였다고 읽을 수 있습니다. 하지만 그것을 일상의 인과관계로 해석하는 것은 곤란합니다. 욥기의 시작 부분을 볼 때 하나님과 사탄의 '자존심 싸움'(?) 때문에 욥이 죽을 고생을 하게 되는 '문학적' 장치를 '다큐'로 받아들이면 곤란한 것과 같습니다.

15 ○ 이러한 확신이 있으므로, 먼저 나는 여러분에게로 가기로 마음을 먹었습니다. 그것은 여러분으로 하여금 두 번 다시 은혜를 받게 하려는 것이었습니다. 16 나는 여러분에게 들러서, 마케도니아로 갔다가, 마케도니아에서 다시 여러분에게로 와서, 여러분의 도움을 받아서 유대로 갈 작정이었습니다. 17 내가 이런 계획을 세운 것이 변덕스러운 일이었겠습니까? 또는, 내가 육신의 생각으로 계획을 세우기를, '아니오, 아니오' 하려는 속셈이면서도, '예, 예' 하고 계획을 세우는 것이겠습니까? 18 하나님께서는 신실하십니다. 따라서 우리가 여러분에게 하는 말은, '예' 하면서 동시에 '아니오' 하는 것은 아닙니다. 19 나와 실루아노와 디모데가 여러분에게 선포한 하나님의 아들 예수 그리스도께서는, '예'도 되셨다가 동시에 '아니오'도 되신 분이 아니었습니다. 그리스도 안에는 '예'만 있을 뿐입니다. 20 하나님의 모든 약속은 그리스도 안에서 '예'가 됩니

"고린도에 가지 않은 것은 여러분을 아끼기 때문"(23절)이라는 바울의 말을 납득할 수 없습니다. 당시 바울의 여정과 고린도 방문 일정을 정확하게 재구성하기는 어렵습니다. 고린도에 교회를 설립하고 떠났던 바울은 마케도니아를 거쳐 다시 고린도를 방문하겠다고 예고한 적이 있습니다(고전 16:5-7). 그런데 본문 15-16절을 보면, 고린도를 두 번 방문하기 위해("두 번 은혜를 받게 하려고") 원래 계획을 바꿔 고린도를 거쳐 마케도니아로 갔다가 돌아오는 길에 다시 고린도를 방문하기로 한 것 같습니다(고후 1:15-16). 그리고 마케도니아로 가는 길에 고린도를 방문했지만, 아픔만 남긴 만남이었던 것으로 보입니다. 그래서 그는 신자들에게 "또다시 아픔을 주지 않아야 하겠기에" 돌아오는 길에 계획했던 방문을 취소합니다(고후 2:1). 하지만 이 '아픔'의 정체는 분명하지 않습니다. 아마도 (특히 바울에 대해) 심각한 잘못을 저지른 사람이 있었고, 그 사람을 징계하는 것과 관련된 상황이었으리라 추측할 수 있습니다(고후 2:1-11; 13:1-4, 10). 내밀한 편지글이라, 상황 밖에 있는 우리로서는 이해하기 어려운 대목이 많습니다.

다. 그러므로, 그리스도로 말미암아, 우리는 "아멘" 하면서 하나님께 영광을 돌리는 것입니다. 21 우리를 여러분과 함께 그리스도 안에 튼튼히 서게 하시고, 또 우리에게 사명을 맡기신 분은, 하나님이십니다. 22 하나님께서는 또한 우리를 자기의 것이라는 표로 인을 치시고, 그 보증으로 우리 마음에 성령을 주셨습니다.

23 ○ 내 목숨을 걸고서, 나는 하나님을 증인으로 모시렵니다. 내가 아직 고린도에 가지 않은 것은 여러분을 아끼기 때문입니다. 24 우리는 여러분의 믿음을 지배하려는 것이 아닙니다. 우리는, 여러분이 기쁨을 누리게 하려고 함께 일하는 일꾼일 따름입니다. 여러분은 이미 믿음에 튼튼히 서 있습니다.

{ 제2장 }

1 여러분에게 또다시 아픔을 주지 않아야 하겠기에, 나는 여러분에게로 가지 않기로 결심하였습니다. 2 내가 여러분을 마음 아프게 하더라도, 나를 기쁘게 해줄 사람은, 내가 마음 아프게 하는 그 사람밖에 누가 있겠습니까? 3 내가 이런 편지를 쓴 것은, 내가 거기에 갔을 때에, 나를 기쁘게 해야 할 바로 그 사람들에게서 내가 마음 아픈 일을 당하는 일이 없도록 하려는 것이었습니다. 나의 기쁨이 여러분 모두의 기쁨임을, 여러분 모두를 두고 나는 확신하였습니다. 4 나는 몹시 괴로워하며 걱정하는 마음으로, 많은 눈물을 흘리면서, 여러분에게 그 편지를 썼습니다. 그러나 그것은, 여러분을 마음 아프게 하려고 한 것이 아니라, 여러분을 내가 얼마나 극진히 사랑하고 있는지를 알려주려고 한 것이었습니다.

바울은 옳고 그름을 가리는 지극히 정당한 편지를 쓰면서도 "몹시 괴로워하며 … 많은 눈물을"(4절) 흘렸습니다. 지도자로서 너무 나약한 게 아닐까요? 마케도니아에서 돌아오는 길에 예정했던 방문을 취소하고, 바울은 대신 편지를 보냅니다. 보통 '눈물의 편지'로 불리는데, 이것이 4절에 언급된 그 편지입니다. 고린도전서와 후서 사이에 작성된 편지인 셈인데, 지금은 남아 있지 않습니다. 여기 드러나는 바울의 고통은 나약함보다는 상황의 위중함과 관계가 있어 보입니다. 당연히 징계해야 할 사람을 징계하지 않는 상황, 그리고 점점 악화되는 성도들과의 관계 등으로 바울은 매우 격심한 고통을 겪고 있었습니다. 그가 모든 것을 바쳐 섬기던 성도들이었기에 더욱 그랬을 것입니다. 이전 방문이 실패한 상황에서 눈물의 편지로 신자들에게 호소하지만, 그 결과를 예단하기는 어려웠을 겁니다. 고린도후서 10–13장의 격한 언어 속에서 그 고통의 한 자락을 엿볼 수 있습니다. 다행히도 이 편지는 바울이 의도했던 결과를 낸 것으로 보입니다(고후 7:5–16). 어떤 상황이든, 성도들을 섬기는 목회자가 성도에게 '강한' 사람이 되기는 어려울 것입니다.

잘못한 사람을 용서하라

5 ○ 누가 마음을 아프게 하였다면, 실은 나를 마음 아프게 한 것이 아니라, 과장하지 않고 말해서, 어느 정도는 여러분 모두를 마음 아프게 한 것이라 하겠습니다. 6 여러분 대다수는 그러한 사람에게 이미 충분한 벌을 내렸습니다. 7 그러니 여러분은 도리어 그를 용서해주고, 위로해주어야 합니다. 그 사람이 지나친 슬픔에 짓눌리는 일이 없도록 해야 합니다. 8 그러므로 나는, 여러분이 그에게 사랑을 나타내어 보이기를 권합니다. 9 내가 그 편지를 쓴 것은, 여러분이 모든 일에 순종하는지를 시험하여 알아보려는 것이었습니다. 10 여러분이 누구에게 무엇을 용서해주면, 나도 용서해줍니다. 내가 용서한 경우가 있다면, 그것은 그리스도 앞에서 여러분을 위하여 용서한 것입니다. 11 그렇게 하여 우리가 사탄에게 속아 넘어가지 않으려 하였습니다. 우리는 사탄의 속셈을 모르는 것이 아닙니다.

어떻게 '용서'가 "사탄에게 속아 넘어가지 않는"(11절) 행동이 될 수 있습니까? 징계의 궁극적 목적은 파괴가 아니라 회복입니다. 올바름을 회복하기 위해 잘못을 정확하게 규명하고, 잘못에 대한 책임을 묻는 것이 필요합니다. 하지만 이런 절차가 잘못한 사람을 파괴하는 데서 끝난다면, 이는 그야말로 파괴자 사탄의 승리입니다. 참된 올바름은 파괴가 아니라 회복을 바라봅니다. 잘못한 사람이 자신의 잘못을 깨닫고 거기서 벗어나는 것, 할 수 있는 만큼 그 잘못에 책임을 지며 깨진 관계를 회복하는 것입니다. 이 회복의 전제가 바로 용서입니다. 상처 입은 사람 편에 서서, 잘못으로 인한 고통을 함께 품으며, 잘못했던 사람의 손을 잡아주는 용기입니다. 이 용서의 손길은 파괴로 끝날 수 있는 상황을 다시 본래의 상황으로 회복하게 해줍니다. 구원의 시작이 용서인 이유가 여기 있습니다. 하나님 편에서 십자가의 고통과 치욕을 감내하면서 죄인의 손을 잡아주는 창조적 행동, 바로 여기에서 새로운 삶과 구원의 가능성이 열리는 것입니다. 바로 이 회복, 새로운 창조가 파괴자 사탄에 대한 궁극적 승리입니다.

그리스도의 향기

12 ○ 내가 그리스도의 복음을 전하려고 드로아에 갔을 때에, 주님께서 내게 거기에서 일할 수 있는 길을 열어주셨습니다. 13 그러나 나는 내 형제 디도를 만나지 못하여, 마음이 편하지 않아서, 그들과 작별하고 마케도니아로 갔습니다.

14 ○ 그러나 그리스도의 개선 행렬에 언제나 우리를 참가시키시고, 그리스도를 아는 지식의 향기를 어디에서나 우리를 통하여 풍기게 하시는 하나님께 감사를 드립니다. 15 우리는, 구원을 얻는 사람들 가운데서나, 멸망을 당하는 사람들 가운데서나, 하나님께 바치는 그리스도의 향기입니다. 16 그러나 멸망을 당하는 사람들에게는 죽음에 이르게 하는 죽음의 냄새가 되고, 구원을 얻는 사람들에게는 생명에 이르게 하는 생명의 향기가 됩니다. 이런 일을 누가 감당할 수 있겠습니까? 17 우리는, 저 많은 사람들처럼 하나님의 말씀을 팔아서 먹고

바울이 말하는 '하나님의 말씀을 팔아서 먹고 살아가는 장사꾼'(17절)은 누굴 가리킵니까? 소위 '먹사들'은 어제오늘의 이야기가 아닙니다. 바울이 '저 많은 사람들'이라고 말했던 것처럼, 대중들에게 영향을 미치는 자리, 그래서 사리사욕을 채울 가능성이 조금이라도 있는 곳에는 가짜들이 생겨납니다. 물론 그런 가짜일수록 진짜인 양하는 겉꾸밈에는 더 철저합니다. 학벌을 내세우고, 인맥을 자랑하고, 그럴듯한 몸짓으로 깊은 영성을 흉내 내면서, 겉모습에 곧잘 반응하는 대중들을 현혹합니다(고후 3:1; 10:7). 고린도에도 바울의 목회를 흉내 내면서 신자들을 현혹하는 사람들이 있었는데, 바울은 이들을 '거짓 사도'요, '가짜 사역자들'이면서 마치 '그리스도의 사도인 양 가장하는' 사람들이라고 말합니다(고후 11:11-15). 사역자처럼 굴지만, 실상 '다른 예수', '다른 영', '다른 복음'을 전하는 사탄의 일꾼들입니다(고후 11:4, 15). 지금도 진리보다는 자기 유익에 충실한 가짜들이 비일비재하고, 사람들은 거기에 현혹되고 열광합니다. 그 어느 때보다 건강한 판단력이 필요한 시대입니다.

살아가는 장사꾼이 아닙니다. 우리는, 하나님께서 보내신 일꾼답게, 진실한 마음으로 일하는 사람들입니다. 우리는 하나님이 보시는 앞에서, 그리스도 안에서 말하는 것입니다.

{ 제3장 }

새 언약의 일꾼들

1 우리가 이렇게 말하는 것이 우리 자신을 치켜올리는 말을 늘어놓는 것입니까? 아니면, 어떤 사람들처럼, 우리가, 여러분에게 보일 추천장이나 여러분이 주는 추천장을 필요로 하는 사람들이겠습니까? 2 여러분이야말로 우리를 천거하여주는 추천장입니다. 그것은 우리 마음에 적혀 있습니다. 모든 사람이

바울은 어떤 뜻에서 고린도교회의 크리스천들을 일러 '그리스도께서 쓰신 편지'(3절)라고 말하는 걸까요? 여기서 편지는 권위 있는 사람에게서 받는 '추천의 편지'를 의미합니다. 권위 있는 사람이 누군가를 객관적으로 보증해주는 편지입니다. 사실 바울은 객관적인 자격 면에서 결정적인 약점이 있었습니다. 교회를 박해했고, 뒤늦게 예수님을 알았기에, 그에겐 '사도'가 될 만한 형식적 자격이 모자랐습니다. 그러나 바울은 자신 또한 그리스도를 보았다는 사실(고전 9:1)을 강조하면서 하나님께서 자신을 사도로 부르셨다고 강하게 주장합니다. 그는 자신의 사도 직분에 대한 가장 강력한 증거로 자신의 선교에 성령께서 일하신다는 사실을 지적합니다(고전 3:6; 고후 12:12). 그 결과물 중 하나가 바로 고린도교회입니다. 그들이 회심하여 교회를 이룬 사실은 바울이 사도라는 점을 가장 확실하게 증명합니다. 물론 이는 그리스도께서 능력을 발휘하신 결과입니다. 그래서 고린도교회 자체가 바울을 위한 그리스도의 추천장입니다. 잉크 아닌 성령으로, 종이가 아니라 성도들의 마음에 새긴 그리스도의 편지입니다.

그것을 알고, 읽습니다. 3 여러분은 분명히 그리스도께서 쓰신 편지입니다. 우리는 그것을 작성하는 데에 봉사하였습니다. 그것은 먹물로 쓴 것이 아니라 살아계신 하나님의 영으로 쓴 것이요, 돌판에 쓴 것이 아니라 가슴 판에 쓴 것입니다.

4 ○ 우리는 그리스도로 말미암아 하나님께 확신을 가지고 있으므로, 이런 말을 합니다. 5 우리가 이런 일을 할 수 있는 자격이 우리에게서 났다고 생각하지 않습니다. 우리의 자격은 하나님에게서 납니다. 6 하나님께서 우리에게 새 언약의 일꾼이 되는 자격을 주셨습니다. 이 새 언약은 문자로 된 것이 아니라, 영으로 된 것입니다. 문자는 사람을 죽이고, 영은 사람을 살립니다.

7 ○ 돌판에다 문자로 새긴 율법을 선포할 때에도, 광채가 났습니다. 그래서, 이스라엘 자손들은, 모세의 얼굴에 나타난 그 광채 때문에, 비록 곧 사라질 것이었지만, 그의 얼굴을 똑바로

바울은 '모세의 율법'이 더 큰 영광 앞에 빛을 잃었다는 취지의 이야기를 합니다 (7–10절). 그렇다면 이제는 구약성경을 읽을 필요가 없어진 게 아닐까요? '빛을 잃었다'는 것은 '더욱' 큰 영광을 가진 새 언약과 비교해서 "빛이 바랜다"는 것이지, 실제 구약 율법이 영광을 상실했다는 의미는 아닙니다. 물론 율법 언약의 시기는 가고, 새 언약의 시대가 왔습니다. 하지만 이 변화는 구약성경의 폐기를 의미하지 않습니다. 회심 이전이든 이후든 바울에게 유일한 '성경'은 (우리의) 구약성경이었습니다. 새 언약의 도래는 이 성경을 폐기하는 것이 아니라, 그리스도 사건의 빛 아래 이를 새롭게 읽도록 만듭니다. 예수님을 모른 채 모세의 글을 읽는 사람들의 마음을 가리던 수건이 그리스도 안에서 벗겨진다는 뜻입니다(13–16절). 예수님을 만나 그 수건이 벗겨진 후 바울은 예수 그리스도를 통한 새 언약의 계시가 바로 그 (구약)성경 속에 그대로 약속되어 있음을 알았습니다. 구약성경이 예수님의 새 언약에 이르는 큰 드라마의 중요한 일부라는 사실을 알게 되었다는 뜻입니다. 물론 이는 그리스도를 만난 사람에게만 가능한 깨달음입니다.

쳐다볼 수 없었습니다. 죽음에 이르게 하는 직분에도 이러한 영광이 따랐는데, 8 하물며 영의 직분에는 더욱더 영광이 넘치지 않겠습니까? 9 유죄를 선고하는 직분에도 영광이 있었으면, 의를 베푸는 직분은 더욱더 영광이 넘칠 것입니다. 10 참으로 이런 점에서 지금까지 영광으로 빛나던 것이, 이제 훨씬 더 빛나는 영광이 나타났기 때문에, 그 빛을 잃게 되었다고 하겠습니다. 11 잠시 있다가 사라져버릴 것도 생길 때에 영광을 입었으니, 길이 남을 것은 더욱 영광 속에 있을 것입니다.

12 ○ 우리는 이런 소망을 가지고 있으므로, 아주 대담하게 처신합니다. 13 모세는, 이스라엘 자손이 자기 얼굴의 광채가 사라져가는 것을 보지 못하게 하려고 그 얼굴에 너울을 썼지만, 그와 같은 일은 우리는 하지 않습니다. 14 그런데 이스라엘 백성의 생각은 완고해졌습니다. 그리하여 오늘날에 이르기까지도 그들은, 옛 언약의 책을 읽을 때에, 바로 그 너울을 벗지 못하고 있습니다. 그 너울은 그리스도 안에서 제거되기 때문입

크리스천은 점점 주님과 같은 모습으로(18절) 변한다고요? 그럼 인간의 한계에서 벗어나 신의 경지에 들어간다는 뜻인가요? 이 말은 바울이 환상 가운데 부활하신 주를 '보았던' 체험을 반영합니다. 바울은 자신이 부활하신 주를 본 목격자라는 사실을 매우 강조합니다. 하지만 지금 우리가 문자적으로 주의 얼굴을 '보는' 것은 아닙니다. 현재는 주의 부재를 절감하며(고후 5:6), 그분의 새로운 임재(=재림)를 기다리는 시간입니다. 물론 지금도 우리는 주의 영광을 봅니다. 하지만 '거울을 보는 것과 같이', 곧 대면이 아닌, 간접적 방식으로 바라봅니다. 우리는 '수건을 벗은 얼굴로' (구약)성경을 읽으며 주의 영광을 봅니다. 주 안에서 벗겨지는 수건이 바로 성경 읽는 마음을 가린 수건이기 때문입니다(14~16절). 우리는 말씀을 통해 하나님의 아들의 영광스러운 모습을 '보고' 또 되새기며, 우리 역시 하나님의 아들을 닮은 자녀로 변해갑니다. 이 하나님의 자녀라는 '영광'의 초점은 외적 화려함이 아닌, 내적 성품, 곧 바울과 신자들이 본받고자 했던 모습입니다.

니다. 15 오늘날까지도 그들은, 모세의 글을 읽을 때에, 그 마음에 너울이 덮여 있습니다. 16 그러나, "사람이 주님께로 돌아서면, 그 너울은 벗겨집니다." 17 주님은 영이십니다. 주님의 영이 계신 곳에는 자유가 있습니다. 18 우리는 모두 너울을 벗어버리고, 주님의 영광을 바라봅니다. 이렇게 해서, 우리는 주님과 같은 모습으로 변화하여, 점점 더 큰 영광에 이르게 됩니다. 이것은 영이신 주님께서 하시는 일입니다.

{ 제4장 }

질그릇에 담긴 보물

1 그러므로 우리는 하나님의 자비를 힘입어서 이 직분을 맡고 있으니, 낙심하지 않습니다. 2 우리는 부끄러워서 드러내지 못할 일들을 배격하였습니다. 우리는 간교하게 행하지도 않고, 하나님의 말씀을 왜곡하지도 않습니다. 우리는 진리를 환히 드러냄으로써, 하나님 앞에서 모든 사람의 양심에 우리 자신을 떳떳하게 내세웁니다. 3 우리의 복음이 가려 있다면, 그것은 멸망하는 자들에게 가려 있는 것입니다. 4 그들의 경우를 두고 말하면, 이 세상의 신이 믿지 않는 자들의 마음을 어둡게 하여서, 하나님의 형상이신 그리스도의 영광을 선포하는 복음의 빛을 보지 못하게 한 것입니다. 5 우리는 우리 자신을 전하는 것이 아니라, 예수 그리스도를 주님으로 선포합니다. 우리는 예수로 말미암아 우리 자신을 여러분의 종으로 내세웁니다. 6 "어둠 속에 빛이 비쳐라" 하고 말씀하신 하나님께서, 우리의 마음속을 비추셔서, [예수] 그리스도의 얼굴에 나타난 하

"예수의 죽임 당하심을 우리 몸에 짊어지고"(10절) 다닌다는 건 무슨 말입니까? 그게 어떻게 예수의 생명이 드러나게 만드는 행동이 됩니까? 바울은 자신이 그리스도의 죽음을 지고 다닌다고 말합니다. 비유적인 표현으로, 자신의 삶이 죽음과 같은 삶, 곧 온갖 고난으로 가득한 삶이라는 뜻입니다. 바울의 고난은 그가 세속적 가치에 타협하지 않고 복음의 가치에 충실하고 있음을 보여줍니다. 어떤 압력에도 굴하지 않고 복음적 태도를 견지하는 강인함입니다. 더 나아가 이런 고난 행보는 오히려 복음의 역동성을 드러내는 역설적 계기로 작용합니다. 예수님 안에서 바울은 상대의 저주를 축복으로 갚고, 원수의 악함을 선행으로 갚고자 애씁니다. 이런 모

나님의 영광을 아는 지식의 빛을 우리에게 주셨습니다.

7 ○ 우리는 이 보물을 질그릇에 간직하고 있습니다. 이 엄청난 능력은 하나님에게서 나는 것이지, 우리에게서 나는 것이 아닙니다. 8 우리는 사방으로 죄어들어도 움츠러들지 않으며, 답답한 일을 당해도 낙심하지 않으며, 9 박해를 당해도 버림받지 않으며, 거꾸러뜨림을 당해도 망하지 않습니다. 10 우리는 언제나 예수의 죽임 당하심을 우리 몸에 짊어지고 다닙니다. 그것은 예수의 생명도 또한 우리 몸에 나타나게 하기 위함입니다. 11 우리는 살아 있으나, 예수로 말미암아 늘 몸을 죽음에 내어 맡깁니다. 그것은 예수의 생명도 또한 우리의 죽을 육신에 나타나게 하기 위함입니다. 12 그리하여 죽음은 우리에게서 작용하고, 생명은 여러분에게서 작용합니다. 13 성경에 기록하기를, "나는 믿었다. 그러므로, 나는 말하였다." 하였습니다. 우리는 그와 똑같은 믿음의 영을 가지고 있으므로, 우리도 믿으며, 그러므로 말합니다. 14 주 예수를 살리신 분이 예수와 함께 우리도 살리시고, 여러분과 함께 세워주시리라는 것을 우리는 알고 있습니다. 15 이 모든 일은 다 여러분을 위한 것입니다. 그리하여 하나님의 은혜가 점점 더 많은 사람에게 퍼져

습 속에서 예수님의 생명력, 곧 힘겹고 적대적인 상황에서도 막을 수 없는 새로운 삶의 능력이 드러납니다. 예수님의 죽음을 지고 다니는 것과 같은 힘겨운 상황에서 오히려 더 강력한 생명의 능력이 발휘됩니다. 바울은 이런 신비를 '질그릇에 담긴 보물'이라 부릅니다(7절). "그리스도를 지고 다닌다"는 뜻을 가진 이름이 바로 크리스토퍼(Christopher)입니다.

서, 감사하는 마음이 넘치게 하고, 하나님께 영광을 돌리게 하려는 것입니다.

속사람의 생활

16 ○ 그러므로 우리는 낙심하지 않습니다. 우리의 겉사람은 낡아가나, 우리의 속사람은 날로 새로워집니다. 17 지금 우리가 겪는 일시적인 가벼운 고난은, 비교할 수 없을 정도로 영원하고 크나큰 영광을 우리에게 이루어줍니다. 18 우리는 보이는 것을 바라보는 것이 아니라, 보이지 않는 것을 바라봅니다. 보이는 것은 잠깐이지만, 보이지 않는 것은 영원하기 때문입니다.

초기 크리스천들은 목숨이 위태로울 정도로 박해를 받기 일쑤였다고 들었습니다. 바울은 어째서 그런 고초를 '일시적인 가벼운 고난'(17절)이라고 평가할까요? 로마서에서 말한 것처럼(롬 8:18), '일시적이고 가벼운' 고난은 현재 경험하는 고난을 의미합니다. 물론 이 현재의 고난은 머지않아 끝날 것입니다. 그런 점에서 우리의 영원한 운명이 아닌 '일시적인' 고난입니다. 또 현재 고난의 수준은 장래 우리가 누릴 '영광'과는 비교할 수 없을 정도로 미미합니다(롬 8:18). '가벼운' 고난입니다(유대인의 생각에서 '영광'은 '무거움'과 연관됩니다). 물론 바울이나 당시 신자들이 실제로 가볍고 일시적인 고난을 받고 말았다는 의미는 아닙니다. 바울의 삶은 전부가 고난이었고, 그 정도는 가히 죽음에 가까웠습니다(고후 11:23-27; 롬 8:35-36). 그러나 그는 자신의 현재 고난을 맨눈으로 바라보는 대신, 미래에 누릴 '영원한' 구원의 '영광'에 비추어 바라봅니다. 이런 신앙의 눈을 가진 사람에게는 그처럼 심하고 오랜 고난조차 '일시적'이고 '가벼운' 것으로 여겨집니다. 현실 부정이 아니라, 신앙의 승리입니다.

{ 제5장 }

1 땅에 있는 우리의 장막집이 무너지면, 하나님께서 지으신 집, 곧 사람의 손으로 지은 것이 아니라 하늘에 있는 영원한 집이 우리에게 있는 줄 압니다. 2 우리는 하늘로부터 오는 우리의 집을 덧입기를 갈망하면서, 이 장막집에서 탄식하고 있습니다. 3 우리가 이 장막을 벗을지라도, 벗은 몸이 되지 않을 것입니다. 4 우리는 이 장막에서 살면서, 무거운 짐에 눌려서 탄식하고 있습니다. 우리는 이 장막을 벗어버리기를 바라는 것이 아니라, 그 위에 덧입기를 바랍니다. 그리하여 죽을 것이 생명에게 삼켜지게 하려는 것입니다. 5 이런 일을 우리에게 이루어주시고, 그 보증으로 성령을 우리에게 주신 분은 하나님이십니다.

6 ○ 그러므로 우리는 언제나 마음이 든든합니다. 우리가 육체의 몸을 입고 살고 있는 동안에는, 주님에게서 떠나 살고 있음

"무거운 짐에 눌려서 탄식하는" 게 '장막 집'의 현실이라면 얼른 벗어버리는 편이 나을 텐데, 구태여 '하늘로부터 오는 집'을 덧입으려는 이유는 무엇입니까?(4절) 여기서 '장막 집'은 우리 존재의 거처인 몸입니다. 지금 바울은 자신을 비롯한 당시 신자들이 현재의 몸으로 살아가는 삶의 현실을 묘사합니다. 무거운 짐은 현재의 실존을 옭아매며 우리 삶을 억누르는 유한한 존재들의 한계를 나타냅니다. 그 속에서 우리는 '탄식' 혹은 '신음'합니다. 창조세계도 동참하는 이 실존의 '탄식'(롬 8:18-22)은 염세적 탄식이나 현재의 고통을 벗어나고자 하는 몸부림이 아니라, 영광스러운 미래를 바라보는 희망에서 생겨나는 탄식입니다. 현재의 몸 혹은 실존을 벗는 것은 죽음을 가리키는데, 우리가 원하는 것은 이 죽음 자체가 아니라, 참된 생명을 누리며 사는 것입니다. 그래서 우리는 그런 삶의 주체이자 공간이 될 새로운 몸, 곧 '하늘로부터 오는 집'을 사모합니다. 부활하신 그리스도의 모습을 닮은 영광스러운 '천상의 몸'입니다(고전 15:47-49). 바울은 마지막 나팔 소리와 함께 죽은 사람들은 이런 영광의 몸으로 부활하고, 산 사람들은 그렇게 '변화'할 것이라 말합니다(고전 15:50-54).

을 압니다. 7 우리는 믿음으로 살아가지, 보는 것으로 살아가지 아니합니다. 8 우리는 마음이 든든합니다. 우리는 차라리 몸을 떠나서, 주님과 함께 살기를 바랍니다. 9 그러므로 우리가 몸 안에 머물러 있든지, 몸을 떠나서 있든지, 우리가 바라는 것은 주님을 기쁘게 해드리는 사람이 되는 것입니다. 10 우리는 모두 그리스도의 심판대 앞에 나타나야 합니다. 그리하여 각 사람은 선한 일이든지 악한 일이든지, 몸으로 행한 모든 일에 따라, 마땅한 보응을 받아야 합니다.

화해의 직분

11 ○ 그러므로 우리는 주님이 두려운 분이심을 알기에 사람들을 설득하려고 합니다. 우리는 이미 하나님 앞에서 환히 드러났습니다. 여러분의 양심에도 우리가 환히 드러나기를 바랍니다. 12 그렇다고 해서 또다시 우리가 우리 자신을 여러분에게

크리스천들은 입버릇처럼 주님과 동행하고 있노라고 말합니다. 하지만 6절은 "육체의 몸을 입고 사는 동안은, 주님에게서 떠나 있다"고 합니다. 어느 편이 사실입니까? 역설적이지만 초대교회는 그리스도의 떠남, 그리고 새로운 임재(presence)에 대한 약속과 더불어 시작되었습니다. 교회는 늘 그분의 부재(absence)를 뼈저리게 느끼고 살면서 그분의 오심을 고대했습니다. 우리는 그리스도의 영적 임재를 믿음으로 고백하지만, 이 고백을 경험적, 감각적 사실로 혼동해 그분의 임재를 '느끼거나 경험하려' 드는 것은 건강한 신앙이 아니라 위험한 일탈입니다. 처음부터 교회는 그리스도의 실질적 부재를 현실로 경험하며 살았습니다. 그래서 신약성경의 근본 물음 중 하나는 우리가 어떻게 계시지 않는 주님을 섬길 수 있는가입니다. 가장 중요한 연결고리는 그분의 뜻에 순종하는 것입니다. 공동체 중 지극히 작은 사람 하나를, 함께한 형제자매를 사랑하는 것이 주님의 생명을 공급하는 탯줄입니다(마 25:31-46; 요 13-16장, 특히 15:1-17). 늘 함께하겠다는 약속으로 끝나는 마태복음이 말씀에 대한 절대복종을 강조하는 것은 우연이 아닙니다(마 28:18-20).

치켜세우려는 것은 아닙니다. 우리는 여러분이 우리를 자랑할 수 있는 근거를 여러분에게 드리려는 것입니다. 그래서 속에는 자랑할 것이 없으면서도 겉으로만 자랑하는 사람들에게, 여러분이 대답할 말을 가지게 하려는 것입니다. 13 우리가 미쳤다고 하면 하나님께 미친 것이요, 정신이 온전하다고 하면 여러분을 두고 온전한 것입니다. 14 그리스도의 사랑이 우리를 휘어잡습니다. 우리가 확신하기로는, 한 사람이 모든 사람을 위하여 죽으셨으니, 모든 사람이 죽은 셈입니다. 15 그런데 그리스도께서 모든 사람을 위하여 죽으신 것은, 이제부터는, 살아 있는 사람들이 자기 자신들을 위하여 살아가도록 하려는 것이 아니라, 자기들을 위하여서 죽으셨다가 살아나신 그분을 위하여 살아가도록 하려는 것입니다.

16 ○ 그러므로 이제부터 우리는 아무도 육신의 잣대로 알려고 하지 않습니다. 전에는 우리가 육신의 잣대로 그리스도를 알았지만, 이제는 그렇지 않습니다. 17 누구든지 그리스도 안

바울은 "누구든지 그리스도 안에 있으면, 그는 새로운 피조물"(17절)이라고 합니다. '안에 있다'는 건 무슨 뜻입니까? 바울은 우리가 '그리스도 안으로' 세례를 받아 '그리스도 안에' 존재하게 되었다고 말합니다(갈 3:28; 롬 6:1–4). 물론 감각적 사실이 아니라, 믿음으로 고백하는 영적 진실이자 신비입니다. 그리스도 '안에' 있다는 것은 그리스도께서 우리 정체성의 토대라는 말입니다. 비록 아직은 '공사 중'이지만, 조감도 상에서 우리는 이미 그리스도와 같은 '하나님의 아들'이며, 그리스도와 구원의 영광을 공유할 '공동 상속자'입니다(롬 8:17; 갈 3:28–29). 그리스도 안에서 그분의 죽음에 기대 우리의 옛 존재가 죽고, 이 죽음으로 우리는 죽음을 무기 삼아 전횡을 휘두르던 죄의 통치에서 벗어납니다. 또 그분의 부활에 기대 새 생명으로 살아나며, 하나님을 위한 새로운 섬김을 시작합니다. 하나님의 청사진(예정)을 따라, 진짜 그리스도를 닮아가는 여정입니다. 이것이 '새 창조' 혹은 '새로운 피조물'입니다. 바울은 이 사실을 되새기면서 우리의 생각과 걸음이 과거와 달라야 한다고 강조합니다.

에 있으면, 그는 새로운 피조물입니다. 옛것은 지나갔습니다. 보십시오, 새것이 되었습니다. 18 이 모든 것은 하나님에게서 났습니다. 하나님께서는 그리스도를 내세우셔서, 우리를 자기와 화해하게 하시고, 또 우리에게 화해의 직분을 맡겨주셨습니다. 19 곧 하나님께서 사람들의 죄과를 따지지 않으시고, 화해의 말씀을 우리에게 맡겨주심으로써, 세상을 그리스도 안에서 자기와 화해하게 하신 것입니다. 20 그러므로 우리는 그리스도의 사절입니다. 하나님께서는 우리를 시켜서 여러분에게 권고하십니다. 우리는 그리스도를 대리하여 간청합니다. 여러분은 하나님과 화해하십시오. 21 하나님께서는 죄를 모르시는 분에게 우리 대신으로 죄를 씌우셨습니다. 그것은 우리가 그리스도 안에서 하나님의 의가 되게 하시려는 것입니다.

하나님과의 관계를 말하면서 '화해'라는 용어를 사용하는(18절) 게 낯섭니다. 화해는 왠지 친밀하고 대등한 관계에서나 쓸 수 있는 말이란 생각이 듭니다. 성경은 하나님의 초월적인 구원 행동을 우리의 일상 경험에 빗대어 표현합니다. 그래야 우리가 이해할 수 있기 때문입니다. 하지만 인간적 경험이 하나님의 행동과 늘 일치하지는 않습니다. '화해'도 그렇습니다. 우리의 경험에서 화해란 가해자가 피해자를 향해 보이는 몸짓입니다. 잘못의 용서를 구하고, 사태를 수습하며, 자신이 깨뜨린 관계를 회복하고자 노력합니다. 하지만 하나님께서는 우리 죄의 피해자임에도 가해자(죄인)인 우리를 먼저 찾아오시고, 큰 희생을 감수하며 우리를 자신과 화해시킵니다(로마서 5장 6, 8, 10절의 반복되는 표현을 주목해보십시오). '화해'라는 결과는 동일하지만, 관계의 파탄에서 회복에 이르는 과정은 사람들 사이의 화해와 전혀 다릅니다. 구원의 시작은 죄로 파괴된 관계를 회복하는 것, 곧 적대적 관계를 본래의 관계로 돌려놓는 '화해'입니다. 그래서 바울은 하나님께서 우리를 자신과 화해하게 하신다는 '어색한' 표현을 만들어냅니다.

{ 제6장 }

1 우리는 하나님과 함께 일하는 사람으로서 여러분에게 권면합니다. 하나님의 은혜를 헛되이 받지 않도록 하십시오. 2 하나님께서 말씀하시기를 "은혜의 때에, 나는 네 말을 들어주었다. 구원의 날에, 나는 너를 도와주었다" 하셨습니다. 보십시오, 지금이야말로 은혜의 때요, 지금이야말로 구원의 날입니다. 3 아무도 우리가 섬기는 이 일에 흠을 잡지 못하게 하려고, 우리는 무슨 일에서나 아무에게도 거리낌거리를 주지 않습니다. 4 우리는 무슨 일에서나 하나님의 일꾼답게 처신합니다. 우리는 많이 참으면서, 환난과 궁핍과 곤경과 5 매 맞음과 옥에 갇힘과 난동과 수고와 잠을 자지 못함과 굶주림을 겪습니다. 6 또 우리는 순결과 지식과 인내와 친절과 성령의 감화와 거짓 없는 사랑과 7 진리의 말씀과 하나님의 능력으로 이 일을 합니다. 우리는 오른손과 왼손에 의의 무기를 들

하나님의 은혜를 '헛되이' 받는다는(1절) 건 무얼 말합니까? 은혜는 한마디로 공짜라는 뜻입니다. 구원 이야기는 하나님께서 친히 모든 대가를 치르고 우리를 건져주시는 놀라운 사랑 이야기입니다. 그래서 은혜라 부릅니다. 그런데 이 은혜도 우리는 인간적인 경험에 비추어 오해하곤 합니다. 거저 주는 것이라 아무렇게나 취급해도 상관없을 거라는 위험한 착각입니다. 하지만 우리가 말하는 은혜는 '하나님께서 주시는' 은혜입니다. 그분이 주시는 선물은 '공짜'지만, 실은 자신의 외아들을 대신 내어줄 정도로 비싼 선물입니다. 물론 이 은혜 속에는 우리를 자신과 화해시키고, 우리를 자신의 자녀로 삼으시려는 하나님의 깊은 지혜와 의지가 담겨 있습니다. 그래서 이 은혜가 우리에게 오는 순간, 우리의 삶을 다스리기 시작합니다. 죽음에 이르게 하는 죄의 통치와 달리, 이 은혜의 통치의 마지막에 영생의 선물이 주어집니다(롬 5:21; 6:19-23). 이 뜻을 무시하고 옛 존재의 행태를 고집하는 것이 은혜를 '헛되이' 받는 것, 곧 은혜를 받고도 거기 담긴 하나님의 뜻을 배반하는 잘못입니다.

고, 8 영광을 받거나, 수치를 당하거나, 비난을 받거나, 칭찬을 받거나, 그렇게 합니다. 우리는 속이는 사람 같으나 진실하고, 9 이름 없는 사람 같으나 유명하고, 죽는 사람 같으나, 보십시오, 살아 있습니다. 징벌을 받는 사람 같으나 죽임을 당하는 데까지는 이르지 않고, 10 근심하는 사람 같으나 항상 기뻐하고, 가난한 사람 같으나 많은 사람을 부요하게 하고, 아무것도 가지지 않은 사람 같으나 모든 것을 가진 사람입니다.

11 ○ 고린도 사람 여러분, 우리는 여러분에게 숨김없이 말하였습니다. 우리는 마음을 넓혀놓았습니다. 12 우리가 여러분을 옹졸하게 만드는 것이 아니라 여러분의 마음이 옹졸한 것입니다. 13 나는 자녀들을 타이르듯이 말합니다. 보답하는 셈으로 여러분도 마음을 넓히십시오.

우리는 살아계신 하나님의 성전이다

14 ○ 믿지 않는 사람들과 멍에를 함께 메지 마십시오. 정의와 불의가 어떻게 짝하며, 빛과 어둠이 어떻게 사귈 수 있겠습니

14절은 크리스천들에게 믿지 않는 이들과 상종하지 말라고 가르치는 구절입니까? 크리스천이라면 같은 크리스천들끼리만 어울리는 게 바람직한가요? 빛이 그렇듯, 예수님의 제자인 신자들은 숨지 않고 '사람 앞에' 드러나야 제값을 할 수 있습니다(마 5:14-16). 그래서 애초부터 신자들의 '게토'는 모순입니다. 바울도 마찬가지입니다. 바울이 말하는 것처럼, 현실적으로 우리가 크리스천이 아닌 사람들과 상종하지 않는 유일한 방법은 '지구를 떠나는' 것입니다(고전 5:10). 우리는 믿지 않는 다수의 사람들과 더불어 사회 속에서 삽니다. 이 사회적 그물을 벗어날 방법은 없습니다. '끼리끼리'의 삶도 지극히 제한된 영역의 이야기일 뿐, 정치와 경제, 사

까? 15 그리스도와 벨리알이 어떻게 화합하며, 믿는 자가 믿지 않는 자와 더불어 함께 차지할 몫이 무엇이며, 16 하나님의 성전과 우상이 어떻게 일치하겠습니까? 우리는 살아계신 하나님의 성전입니다. 그것은 하나님께서 말씀하신 바와 같습니다. "내가 그들 가운데서 살며, 그들 가운데로 다닐 것이다. 나는 그들의 하나님이 되고, 그들은 내 백성이 될 것이다." 17 "그러므로 너희는 그들 가운데서 나오너라. 그들과 떨어져라. 부정한 것을 만지지 말아라. 나 주가 말한다. 그리하면 내가 너희를 영접할 것이다." 18 "그리하여 나는 너희의 아버지가 되고, 너희는 내 자녀가 될 것이다. 나 전능한 주가 말한다."

회, 문화 등 거의 모든 영역에서 우리는 믿지 않는 사람들과 더불어 살아갑니다. 바울의 주문은 이 불가피한 '어울림'이 신앙적 타협이 되지 않도록 하라는 것입니다. 세상은 악하지만, 교회는 거룩해야 하기 때문입니다. 한편으로 이 구절은 전통적으로 믿지 않는 사람과의 결혼을 금하는 말로 이해되곤 했지만, 그런 해석의 구체적인 근거는 없습니다.

{ 제7장 }

1 그러므로 사랑하는 여러분, 우리에게는 이러한 약속이 있으니, 육과 영의 모든 더러움에서 떠나서, 자신을 깨끗하게 하며, 하나님을 두려워하는 가운데 온전히 거룩하게 됩시다.

고린도교회의 회개를 기뻐하다

2 O 여러분은 마음을 넓혀서, 우리를 받아주십시오. 우리는 아무에게도 부당한 일을 한 적이 없고, 아무도 망친 적이 없고, 아무도 속여서 빼앗은 일이 없습니다. 3 여러분을 책망하려고 내가 이런 말을 하는 것이 아닙니다. 내가 전에도 말하였거니와, 여러분은 우리 마음속에 자리 잡고 있어서, 죽어도 같이 죽고, 살아도 같이 살 것입니다. 4 나는 여러분에게 큰 신뢰

'이러한 약속'(1절)은 구체적으로 어떤 약속을 가리킵니까? '온전히 거룩하게' 된다는 건 또 무슨 뜻입니까? 바로 앞 6장 18절의 약속, 곧 하나님이 '너희'에게 아버지가 되고, '너희'는 '하나님의 자녀'가 되리라는 약속입니다(애초에 성경에는 장절 구분이 없었습니다). 하나님과 이스라엘이 처음으로 '하나님―하나님 백성' 관계를 맺었던 언약을 바탕으로 합니다(출 19장). 물론 이 언약은 이스라엘 역사 전체에 걸쳐 상황에 맞게 자주 회상됩니다. 하나님의 백성이라는 정체성의 토대이기 때문입니다. 6장 16-18절의 인용도 출애굽기, 레위기, 이사야서, 예레미야서, 에스겔서, 호세아서 등 다양한 문서에서 모은 것입니다. 이 언약의 핵심은 선택에 어울리는 구별됨, 곧 '거룩'입니다. 보이지 않는 하나님 앞에서의 거룩함이란, 율법이 잘 보여주는 것처럼, 사람들 사이에서의 도덕적 진지함, 특히 공정과 평화를 추구하는 삶을 의미합니다. 교회는 '하나님의 백성', '하나님의 자녀'라는 언약적 정체성을 그대로 계승했습니다. 교회의 거룩함에 대한 관심이 구약성경만큼이나 집요한 이유가 바로 여기 있습니다.

를 두고 있으며, 여러분을 매우 자랑스럽게 생각합니다. 우리의 온갖 환난 가운데서도, 나에게는 위로가 가득하고, 기쁨이 넘칩니다.

5 ㅇ 우리가 마케도니아에 이르렀을 때에도, 우리의 육체는 조금도 쉬지 못하였습니다. 우리는 여러 가지로 환난을 겪었습니다. 밖으로는 싸움이 있었고, 안으로는 두려움이 있었습니다. 6 그러나, 실의에 빠진 사람을 위로해주시는 하나님께서는 디도를 돌아오게 하심으로써 우리를 위로해주셨습니다. 7 그가 돌아온 것으로만이 아니라, 그가 여러분에게서 받은 위로로 우리는 위로를 받았습니다. 여러분이 나를 그리워하고, 내게 잘못한 일을 뉘우치고, 또 나를 열렬히 변호한다는 소식을 그가 전해줄 때에, 나는 더욱더 기뻐하였습니다. 8 내가 그 편지로 여러분의 마음을 아프게 했더라도, 나는 후회하지 않습니다. 그 편지가 잠시나마 여러분의 마음을 아프게 했다는 것

바울은 "안으로는 두려움이 있었다"(5절)고 털어놓습니다. 온갖 어려움과 담대하게 맞서 싸워왔던 사도의 모습과는 사뭇 딴판입니다. 어찌 된 셈이죠? 고린도전서에서도 살짝 드러나는 것처럼, 지금 바울과 고린도 신자들의 관계는 매우 어렵습니다. 7장까지 계속되는 첫 논증은 안도감으로 끝나지만 긴장의 분위기가 역력합니다. 10-13장은 바울서신 중 가장 격한 감정과 신랄한 비판이 나타납니다. 교회 설립 이후, 두 번째 방문은 가슴 아픈 상황으로 종결되었고, 바울은 다시 방문하려는 계획 대신 '눈물의 편지'를 보내야 했습니다. 원래 편지의 순서에 따라 다르겠지만, 비교적 희망 속에 상황이 종결되었을 수도 있고(1-7장), 뼈아픈 파행으로 마무리되었을 수도 있습니다(10-13장). 내적 두려움은 이런 상황을 가리킵니다. 이방인의 사도로 부르심을 받아 이방인 신자들을 거룩하고 흠이 없는 제사로 하나님께 바치는 일을 생의 목표로 삼았던 바울로서는 자신이 선포했던 참 복음으로부터의 일탈, 그에 동반된 자신과의 관계 파탄만큼 두려운 상황은 없습니다. 디도가 갖고 온 희망적 소식이 그만큼 더 흥분된 것이었을 겁니다.

을 알고서 후회하기는 하였지만, 9 지금은 기뻐합니다. 그것은 여러분이 아픔을 당했기 때문이 아니라, 아픔을 당함으로써 회개에 이르게 되었기 때문입니다. 여러분이 하나님의 뜻에 맞게 아파하였으니, 결국 여러분은 우리로 말미암아 손해를 본 것은 없습니다. 10 하나님의 뜻에 맞게 마음 아파하는 것은, 회개를 하게 하여 구원에 이르게 하므로, 후회할 것이 없습니다. 그러나 세상일로 마음 아파하는 것은 죽음에 이르게 합니다. 11 보십시오. 하나님의 뜻에 맞게 마음 아파함으로써 여러분에게 얼마나 많은 변화가 일어났습니까! 여러분이 나타낸 그 열성, 그 변호, 그 의분, 그 두려워하는 마음, 그 그리워하는 마음, 그 열정, 그 응징은 참으로 놀라운 것입니다. 여러분은 그 모든 일에 잘못이 없음을 보여주었습니다. 12 그러므로 내가 여러분에게 편지한 것은, 남에게 불의를 행한 사람이나, 불의를 당한 사람 때문이 아니라, 우리를 위한 여러분의 간절한 마음이 하나님 앞에서 여러분에게 환히 나타나게 하려는 것입니다. 13 그래서 우리는 위로를 받았습니다.

ㅇ 또한, 우리가 받은 위로 위에 디도의 기쁨이 겹쳐서, 우리는 더욱 기뻐하게 되었습니다. 그는 여러분 모두로부터 환대를 받

바울은 회개를 말하면서 독특한 표현을 사용합니다. "하나님의 뜻에 맞게 마음 아파한다"(10절)는 건 어떻게 뉘우친다는 말입니까? '죽음에 이르게 하는 병'인 '세상의 근심거리'와 대조되는 표현입니다. 상처로 끝난 지난 방문 이후 바울은 '눈물의 편지'를 보냈고, 이 편지는 바울이 기대했던 긍정적 반응을 끌어냈습니다. 신자들은 자신들의 잘못을 발견하고, 바울의 주문대로 문제 원인의 제공자를 확실하게 징계했습니다. 어떤 면에서 바울의 편지는 신자들을 아프게 했습니다. 하지만 이는 영적 건강의 회복을 위해 직면해야 할 아픔이었습니다. 당장 아픔을 피하고자 문제 상황을 방치하면 결국 훨씬 더 치명적인 결과가 생길 것이기 때문입니다. 이런 아

고, 마음에 안정을 얻었던 것입니다. 14 내가 여러분을 두고 디도에게 자랑한 일이 있었는데, 여러분이 나를 부끄럽게 하지 않았습니다. 우리가 여러분에게 모든 것을 진실하게 말한 것과 같이, 우리가 여러분을 두고 디도에게 말한 자랑도 진실한 것으로 드러났기 때문입니다. 15 디도는, 여러분 모두가 두렵고 떨리는 마음으로 자기를 영접하고 순종한 것을 회상하면서, 사랑하는 정을 더욱더 여러분에게 기울이고 있습니다. 16 나는 여러분을 온전히 신뢰할 수 있게 된 것을 기뻐합니다.

픔, 곧 하나님의 뜻으로 돌아가기 위해 겪어야 하는 회개의 아픔의 결과는 구원입니다. 엉뚱한 방향으로 엇나가던 삶을 돌이켜 하나님께서 부르신 구원의 길로 회복하는 일이기 때문입니다. 근심의 모양은 비슷할지 모르지만, 세속적 욕망에 의해 생겨나 우리 생을 갉아먹고, 결국 죽음에 이르게 하는 세상의 근심거리들과는 차원이 다른 이야기입니다.

{ 제8장 }

아낌없는 구제

1 형제자매 여러분, 우리는 하나님께서 마케도니아 여러 교회에 베풀어주신 은혜를 여러분에게 알리려고 합니다. 2 그들은 큰 환난의 시련을 겪으면서도 기쁨이 넘치고, 극심한 가난에 쪼들리면서도 넉넉한 마음으로 남에게 베풀었습니다. 3 내가 증언합니다. 그들은 힘이 닿는 대로 구제하였을 뿐만 아니라, 오히려 힘에 지나도록 자원해서 하였습니다. 4 그들은 성도들을 구제하는 특권에 동참하게 해달라고, 우리에게 간절히 청하였습니다. 5 그들은, 우리가 기대한 이상으로, 하나님의 뜻을 따라서 먼저 자신들을 주님께 바치고, 우리에게 바쳤습니다. 6 그래서 우리는 디도에게 청하기를, 그가 이미 시작한 대로 이 은혜로운 일을 여러분 가운데서 완수하라고 하였습니다. 7 여러분은 모든 일에 있어서 뛰어납니다. 곧 믿음에서, 말솜씨에서,

마케도니아의 교회들은 어떤 환난과 시련을 겪었습니까?(1-2절) 연보, 곧 모금 운동에 관한 8-9장의 논의는 바울과 신자들의 관계를 다루는 앞뒤 문맥(1-7장 및 10-13장)과 독립된 단락입니다. 마케도니아의 교회들은 빌립보, 베뢰아, 데살로니가 등의 교회를 가리킵니다(행 16-17장). 이들 교회가 겪은 시련의 구체적 양상은 알 수 없습니다. 사도행전에 유대인들의 박해가 묘사되어 있듯이 '동족들로부터의' 고난, 곧 하나님을 믿는 사람으로서 주변 사회로부터 받는 다양한 형태의 압박과 불이익 등 어려움이 상당히 컸을 것입니다(빌 1:29-30; 살전 2:14). 히브리서를 보면 재산 몰수 같은 경제적 박해도 드물지 않았던 것으로 추측됩니다. 하지만 이들은 잦은 가뭄으로 상황이 더 열악했던 예루살렘의 가난한 성도들을 돕고자 최선을 다했습니다. 이것이 그들 교회에 주신 '하나님의 은혜'였습니다(1절). 바울은 마케도니아 교회들의 남다른 열정을 소개하면서 남쪽의 고린도 신자들을 자극하는 중입니다.

지식에서, 열성에서, 우리와 여러분 사이의 사랑에서 그러합니다. 여러분은 이 은혜로운 활동에서도 뛰어나야 할 것입니다. 8 ○ 나는 이 말을 명령으로 하는 것이 아닙니다. 다른 사람들의 열성을 말함으로써, 여러분의 사랑도 진실하다는 것을 확인하려고 하는 것뿐입니다. 9 여러분은 우리 주 예수 그리스도의 은혜를 알고 있습니다. 그리스도께서는 부요하나, 여러분을 위해서 가난하게 되셨습니다. 그것은 그의 가난으로 여러분을 부요하게 하시려는 것입니다. 10 이 일에 한 가지 의견을 말씀드리겠습니다. 이 일은 여러분에게 유익합니다. 여러분은 지난해부터 이미 이 일을 실행하기 시작했을 뿐 아니라, 그렇게 하기를 원하기도 했습니다. 11 그러므로 이제는 그 일을 완성하십시오. 여러분이 자원해서 시작할 때에 보여준 그 열성에 어울리게, 여러분이 가지고 있는 것으로 그 일을 마무리 지어야 합니다. 12 기쁜 마음으로 각자의 형편에 맞게 바치면, 하나님께서는 그것을 기쁘게 받으실 것입니다. 하나님께서는

마케도니아 크리스천들처럼 '힘에 지나도록'(3절) 베푸는 게 바람직한 일일까요? 바울도 12절에서 '각자 형편에 맞게' 하라고 권하잖아요. 여기서 '연보'는 가난한 예루살렘 신자들을 위한 것입니다. 내가 감당할 수 있다면, 어려운 사람을 돕는 일이 다소 힘에 부친다고 해서 나쁠 이유는 없습니다. 영국의 신학자 C. S. 루이스는 신자들의 자선은 약간 부담스러울 정도라야 제대로 하는 것이라 말했습니다. 바울은 '균등함'이라는 매우 급진적(?) 원칙을 제시하기도 합니다(13절). 한편 지금 일부러 마케도니아 신자들의 열정을 최대한 멋있게 말하고 있다는 사실도 고려해야 합니다. 신앙 좋다고 자부하는 만큼, 헌금도 그만큼 해보라고 비꼬듯(?) 고린도교회를 자극합니다(7절). 하지만 평소에 바울은 신자들에게 경제적 부담을 주지 않으려고 애를 많이 썼습니다. 가령 데살로니가에서는 부담을 주지 않으려고 직접 일했고, 멀리 빌립보교회의 도움을 받아 선교했습니다. 지금 바울이 고린도 교인들을 자극하고 있지만, 한편으로는 자신이 그들로부터 돈을 받지 않았다는 사실을 매우 강조합니다(9장).

없는 것까지 바치는 것을 바라지 않으십니다. 13 나는 다른 사람들을 편안하게 하고, 그 대신에 여러분을 괴롭게 하려는 것이 아니라, 평형을 이루려고 하는 것입니다. 14 지금 여러분의 넉넉한 살림이 그들의 궁핍을 채워주면, 그들의 살림이 넉넉해질 때에, 그들이 여러분의 궁핍을 채워줄 수도 있을 것입니다. 이렇게 하여 평형이 이루어지는 것입니다. 15 이것은, 성경에 기록하기를 "많이 거둔 사람도 남지 아니하고, 적게 거둔 사람도 모자라지 아니하였다" 한 것과 같습니다.

디도와 그의 동역자

16 ○ 여러분을 위한 나의 열성과 똑같은 열성을 디도의 마음에 주신 하나님께 나는 감사를 드립니다. 17 그는 우리의 청을 받아들였을 뿐만 아니라, 더욱 열심을 내어서, 자진하여 여러분에게로 갔습니다. 18 우리는 그와 함께 형제 한 사람을 보냈습니다. 이 형제는 복음을 전하는 일로 모든 교회에서 칭찬이 자자한 사람입니다. 19 그뿐만 아니라, 그는 여러 교회가 우리의 여행 동반자로 뽑아 세운 사람이며, 우리가 수행하고 있는

16-24절은 디도 일행에 대한 긴 추천장 같습니다. 디도는 왜 고린도교회에 갔습니까? 이렇게 장황한 추천의 글이 필요했던 이유는 무엇입니까? 방문의 주된 목적은 예루살렘의 가난한 성도들을 위한 모금이 순조롭게 진행되도록, 그래서 바울이 방문할 때까지 성금이 잘 준비될 수 있도록 독려하려는 것입니다. 디도뿐 아니라 다른 여러 형제들도 동행했습니다. 거액의 돈이 달린 사안인 만큼, 오해와 비난의 여지가 많아 바울의 행보는 그 어느 때보다 조심스럽습니다(20절). 선한 일일수록 오해를 피하는 것이 중요하고, 그래서 바울은 주 앞에서뿐 아니라 사람 앞에서도 조심하면서 일체의 오해가 없도록 일을 처리하려고 합니다. 이 모금을 독려하고 준비

이 은혜로운 일을 돕는 사람입니다. 우리는 주님의 영광을 드러내고, 우리의 좋은 뜻을 이루려고 이 일을 합니다. 20 우리가 맡아서 봉사하고 있는 이 많은 헌금을 두고, 아무도 우리를 비난하지 못하게 하려고, 우리는 조심합니다. 21 우리는 주님 앞에서뿐만 아니라, 사람들 앞에서도, 좋은 일을 바르게 하려고 합니다. 22 우리는 그들과 함께 또 형제 한 사람을 보냈습니다. 그가 모든 일에 열성이 있음을 우리는 여러 번 확인하였습니다. 지금 그는 여러분을 크게 신뢰하고 있으므로, 더욱더 열심을 내고 있을 것입니다. 23 디도로 말하면, 그는 내 동료요, 여러분을 위한 내 동역자입니다. 그리고 그와 같이 간 우리 형제들로 말하면, 그들은 여러 교회의 심부름꾼들이요, 그리스도의 영광입니다. 24 그러므로 여러분은 그들에게 여러분의 사랑을 보여주십시오. 그리하면 그들을 파송한 교회들이 그것을 보고서, 우리가 그들에게 여러분을 자랑한 것이 참된 것이었음을 확인할 것입니다.

시키기 위해 파송하는 사람들이 믿음직한 신자여야 하고, 고린도 신자들이 그들의 정직한 열정을 신뢰할 수 있어야 한다는 것은 말할 필요가 없습니다. 그래서 바울은 디도와 그 일행의 선한 열정을 한껏 칭찬하고, 그들이 여러 교회의 신임을 받는 사람들이라는 사실을 강조합니다(19절). 서툰 일처리 때문에 귀한 섬김의 사역이 어려워지지 않도록 조심하는 것입니다.

{ 제9장 }

가난한 성도들을 돕는 헌금

1 유대에 있는 성도들을 돕는 일을 두고, 나는 더 이상 여러분에게 글을 써 보낼 필요가 없습니다. 2 여러분의 열성을 내가 알고 있기 때문입니다. 나는 마케도니아 사람들에게 "아가야에서는 지난해부터 준비가 되어 있다" 하고 자랑하고 있습니다. 여러분의 열성을 듣고서, 많은 사람이 분발하였습니다. 3 내가 이 형제들을 보낸 것은, 우리가 이 일로 여러분을 자랑한 것이 헛된 말이 되지 않게 하려는 것이고, 내가 말한 대로 여러분이 준비하고 있게 하려는 것입니다. 4 혹시 마케도니아 사람들이 나와 함께 그리로 가서, 여러분이 준비하고 있지 않은 것을 보게 되면, 여러분은 말할 것도 없고, 우리가 이런 확신을 가진 것 때문에 부끄러움을 당하지 않을까 하고 염려합니다. 5 그러므로 나는 그 형제들에게 청하여, 나보다 먼저 여러분에게로

고린도교회는 유대의 크리스천들을 위해서도 헌금을 했던 것처럼 보입니다(1절). 헌금의 주목적은 '구제'입니까? 당시에는 우리의 '헌금'과 같은 관행 자체가 없었습니다. 본문의 '헌금'은 예루살렘 성도들을 위한 특별 헌금입니다. 장기간 준비되었지만, 성격상 일회성 모금입니다. 당시에는 일반 사회에서나 교회 내에서나 상대적으로 여유 있는 사람들의 섬김이 매우 중요했습니다. 모임 장소나 공동 식사 제공. 사역자들의 생계 후원 등도 마찬가지입니다. 오늘날처럼 '교회 유지'를 위해 정기적으로 '헌금'할 필요가 거의 없었던 셈입니다. 하지만 가난한 사람을 위한 구제는 당시에도 매우 중요한 덕목으로 여겨졌습니다. 공동 식사와 성찬에도 이런 구제의 기능이 있었습니다. 물론 시대에 따라 모임 방식은 달라집니다. 따라서 오늘과 같은 구조의 교회를 형성하고 이를 유지하기 위해 '헌금'하는 일은 좋고 또 필요한 일입니다. 하지만 '헌금' 자체가 신앙이나 예배의 항구적 본질은 아닙니다.

가서, 여러분이 전에 약속한 선물을 준비해놓게 하는 것이 필요하다고 생각하였습니다. 이렇게 해서 이 선물은, 마지못해서 낸 것이 아니라 기쁜 마음으로 마련한 것이 됩니다.

6 ○ 요점은 이러합니다. 적게 심는 사람은 적게 거두고, 많이 심는 사람은 많이 거둡니다. 7 각자 마음에 정한 대로 해야 하고, 아까워하면서 내거나, 마지못해서 하는 일은 없어야 합니다. 하나님께서는 기쁜 마음으로 내는 사람을 사랑하십니다. 8 하나님께서는 여러분에게 온갖 은혜가 넘치게 하실 수 있습니다. 그러하므로 여러분은 모든 일에 언제나, 쓸 것을 넉넉하게 가지게 되어서, 온갖 선한 일을 얼마든지 할 수 있습니다. 9 이것은 성경에 기록한바 "그가 가난한 사람들에게 아낌없이 뿌려주셨으니, 그의 의가 영원히 있다" 한 것과 같습니다. 10 심는 사람에게 심을 씨와 먹을 양식을 공급하여주시는 하나님께서, 여러분에게도 씨를 마련하여주시고, 그것을 여러 갑절로 늘려주시고, 여러분의 의의 열매를 증가시켜주실 것입니다. 11 하나님께서 여러분을 모든 일에 부요하게 하시므

헌금은 '흔쾌한' 마음으로 드려야 한다고 합니다(7절). 하지만 헌금을 하지 않으면 하나님이 서운해하지는 않을까요? 뒤탈이 겁납니다. 흔쾌한 마음이란 자폐적 욕망에 휘둘리지 않는 태도, 곧 다른 사람의 필요를 보고 거기에 민감하게 응답하는 자유로운 마음입니다. 성경은 욕망, 특히 물질적 욕망을 매우 위험한 것으로 간주합니다. 그 욕망을 꺾고, 내 소유를 남을 위해 내어주는 행위는 가장 소중한 경건의 형식 중 하나입니다. 이를 귀찮아하고 사실상 나만의 안락에 안주하려 든다면, 가난한 사람을 편애하시는 하나님께서 많이 '서운해하실' 것입니다. 하지만 이를 교회의 헌금에 그대로 적용하는 것은 곤란합니다. 현대 교회의 헌금은 구제를 넘어, 좀 더 복잡한 현상이기 때문입니다. 그래서 흔쾌한 마음과 더불어 신중한 숙고도 필요합니다. 교회의 필요를 섬기는 헌금은 당연히 해야 할 일이지만, 모인 돈이 교회의 맹목적 몸집 불리기나 심지어 목회자의 사적 욕심 채우기에 사용되는 경우도 많기 때문입니다.

로, 여러분이 후하게 헌금을 하게 될 것입니다. 우리가 여러분의 헌금을 전달하면, 많은 사람이 하나님께 감사를 드리게 될 것입니다. 12 여러분이 수행하는 이 봉사의 일은 성도들의 궁핍을 채워줄 뿐만 아니라, 많은 사람들로 하여금, 하나님께 감사를 넘치게 드리게 할 것입니다. 13 여러분의 이 봉사의 결과로, 그들은 하나님께 영광을 돌릴 것입니다. 그것은 여러분이 하나님께 순종하여, 그리스도의 복음을 고백하고, 또 그들과 모든 다른 사람에게 너그럽게 도움을 보낸다는 사실이 입증되었기 때문입니다. 14 그들은 또한 여러분에게 주신 하나님의 넘치는 은혜 때문에 여러분을 그리워하면서, 여러분을 두고 기도할 것입니다. 15 말로 다 형언할 수 없는 선물을 주시는 하나님께 감사합니다.

헌금이 어떻게 크리스천임을 입증하는 증거가 됩니까?(13절) 그럼 큰돈을 헌금할수록 더 신앙이 깊다고 봐도 될까요? 우리의 행동 하나하나가 우리의 신앙을 드러내고 입증합니다. 당연히 가난한 성도들을 위한 모금은 신앙의 진정성을 검증하는 하나의 계기입니다. 많을수록 좋은 섬김입니다. 교회의 필요를 섬기는 것이라면, 매주일의 헌금 역시 신앙의 표현입니다. 얼마를 낼까 하는 물음은 내게 허락하신 살림의 규모와 교회의 필요를 함께 고려하며 적정한 수준을 찾는 과정입니다. 우리는 다양한 관계 속에서 다양한 책임을 지면서 살고, 교회도 그중 하나입니다. 다른 책임은 도외시하고 무조건 헌금만 많이 하는 건 왜곡된 신앙입니다. 또 헌금이 세속적인 확장에 대한 욕망이나 축재에 과도하게 사용된다면, 이를 거부해야 할 수 있습니다. 예배당이나 '헌금'이라는 말 자체가 정당성을 보장하지는 않으며, 실제로 나쁜 '교회'와 나쁜 '목회자'들도 적지 않기 때문입니다. 복음의 원리를 따지면, 우리가 사용하는 모든 돈이 주께 드리는 헌금입니다. 헌금뿐 아니라 우리에게 주신 모든 돈을 잘 써야 하는 이유입니다.

{ 제10장 }

바울이 자기의 사도직을 변호하다

1 나 바울은 그리스도의 온유하심과 관대하심을 힘입어서 여러분을 권면합니다. 내가 얼굴을 마주 대하고 있을 때에는 여러분에게 유순하나, 떠나 있을 때에는 여러분에게 강경하다고들 합니다. 2 내가 여러분에게 청하는 것은, 내가 가서 여러분을 대할 때에 강경하게 대해야 할 일이 없게 해달라는 것입니다. 그러나 우리가 육정을 따라서 처신한다고 여기는 사람들에게는 나는 확신을 가지고 담대하게 대하려고 생각합니다. 3 우리가 육신을 입고 살고 있습니다마는, 육정을 따라서 싸우는 것은 아닙니다. 4 싸움에 쓰는 우리의 무기는, 육체의 무기가 아니라, 하나님 앞에서 견고한 요새라도 무너뜨리는

1절("얼굴을 마주 대하고 있을 때는 유순하나, 떠나 있을 때는 강경하다")과 2절("육정을 따라서 처신한다")은 교회 안과 밖, 어느 쪽에서 나온 비난입니까? 고린도후서는 바울이 성도들에게 사도로서 자신의 진정성을 호소하려고 쓴 편지입니다. 지금 고린도의 (일부?) 신자들은 바울에 대해 깊은 의구심을 품고 있습니다. 사도의 자격도 문제 삼았고, 약해 보이는 행동거지나(1, 10절 비교) 설교자로서 말주변도 비판의 대상이었습니다. 세속적 동기를 의심하는 사람들도 있었습니다. 이런 관계 파탄은 고린도 신도들이 바울이 선포한 복음으로부터 이탈한 일과 맞물려 있습니다. 다른 가르침을 수용하고 다른 지도자들에게 마음이 기울면서 자연히 바울의 복음과 그의 권위에 대한 도전이 일어난 것입니다. 이 비판의 배후에는 집요한 세속적 가치의 위력이 느껴집니다. 이로 인해 그들의 복음 이해는 늘 설익은 상태에 머물고, 신앙적 관점은 금방 세속적 가치와 혼동됩니다. 그런 사람들에게 상식을 벗어나는 바울의 행보는 오해되기 쉬웠습니다. 바울은 매우 격하고 강렬한 언어로 복음의 원리와 그에 입각한 자신의 진정성을 다시금 보여주고자 합니다.

강력한 무기입니다. 우리는 궤변을 무찌르고, 5 하나님을 아는 지식을 가로막는 모든 교만을 쳐부수고, 모든 생각을 사로잡아서, 그리스도께 복종시킵니다. 6 그리고 여러분이 온전히 순종하게 될 때에는, 우리는 모든 복종하지 않는 자를 처벌할 준비가 되어 있을 것입니다.

7 ○ 여러분은 겉모양만 봅니다. 누구든지 자기가 그리스도께 속한 사람이라고 확신한다면, 자기가 그리스도께 속한 사람인 것과 같이, 우리도 그리스도께 속한 사람이라는 것을 다시 한 번 스스로 명심해야 할 것입니다. 8 주님께서 우리에게 주신 권위를 내가 좀 지나치게 자랑했다고 하더라도, 그 권위는 주님께서 여러분을 넘어뜨리라고 주신 것이 아니라, 세우라고 주신 것이므로, 나는 부끄러울 것이 없습니다. 9 나는 편지로 여러분에게 겁을 주려고 하는 것처럼 보이고 싶지는 않습니다. 10 "바울의 편지는 무게가 있고, 힘이 있지만, 직접 대할 때에는, 그는 약하고, 말주변도 변변치 못하다" 하고 말하

고린도의 크리스천들은 '온전히' 순종하지 않았던(6절) 듯합니다. 이들은 무엇에 (또는 누구에) 온 마음을 다해 순종하지 않았습니까? 그 이유는 무엇입니까? '온전히 순종하게 될 때'는 지금 모자란 순종이 '온전해진다'는 말일 수도 있지만, '순종하는 현재의 삶이 다 채워졌을 때', 곧 '마지막 심판의 날'을 의미하는 것으로 보입니다. 심판은 (고린도 신자들의 관심과 달리) 육체적 가치가 아니라, 하나님의 능력을 따질 것이라는 경고입니다. 바울은 고린도 신자들이 다른 예수, 다른 영, 다른 복음을 수용한다고 비판합니다(고후 11:4). 이는 세속적 기준에 기울어진 그들의 태도와 무관하지 않습니다. 그래서 고린도 신자들은 바울과 함께하는 성령의 능력보다 그의 서툰 말주변이 불편했고, 남들처럼 권위를 내세우거나 권리를 주장하지 않는 그의 '낮은' 행보가 오히려 거슬렸습니다. 그럴듯하게 사는 대신, 사서 고생을 하며 힘겹게 살아가는 그의 모습도 약점으로 여겼습니다. 바울은 이런 태도를 '육신에 따른' 것이라 규정합니다. 서로 싸우는 모습을 '어린아이'의 상태로 규정했던 것과 같습니다(고전 3:1-2). 그리고 자신의 싸움은 육체가 아니라 하나님의 능력에 초점을 맞춘 것이라고 역설합니다.

는 사람들이 있습니다. 11 이런 사람들은, 우리가 떠나 있을 때에 편지로 쓰는 말과, 함께 있을 때에 행하는 일 사이에는, 아무런 차이가 없다는 것을 알아야 합니다.

12 ○ 우리는 자기를 내세우는 사람들과 같은 부류가 되려고 하거나, 그들과 견주어보려고 하지 않습니다. 그러나 그들은 자기를 척도로 하여 자기를 재고, 자기를 기준으로 하여 자기를 견주어보고 있으니, 어리석기 짝이 없습니다. 13 우리는 마땅한 정도 이상으로 자랑을 하려고 하지 않습니다. 우리가 여러분에게까지 다다른 것도, 하나님께서 우리에게 정하여주신 한계 안에서 된 일입니다. 14 그러므로 우리는 여러분에게로 가지 못할 사람이 아닙니다. 우리가 여러분에게까지 가서 그리스도의 복음을 전한 것은, 한계를 벗어나서 행동한 것이 아닙니다. 15 우리는 주제넘게 다른 사람들이 수고한 일을 가지고 자랑하려는 것이 아닙니다. 다만 바라는 것은 여러분의 믿음이 자람에 따라 우리의 활동 범위가 여러분 가운데서 더 넓

바울이 말하는 '하나님께서 정하여주신 한계'(13절)란 구체적으로 무얼 가리킵니까? 현재의 관계 파탄은 다른 사도들의 등장과 관계가 있습니다. 바울은 이들이 세속적 기준으로 스스로를 추켜세우는 어리석은 사람이라고 말합니다(12절). 참 지혜는 하나님께서 정해주신 한계를 따르는 것, 그리고 그 기준에 따라 자랑하는 것입니다(13절). 여기에는 생명을 자라게 하시는 하나님과 달리, 인간 지도자의 역할 자체가 미미하다는 인식이 깔려 있습니다(고전 3:1-9; 4:1-4). 또 한 사람의 인간적, 세속적 조건이 아니라, 그 사람을 통해 일하시는 하나님의 능력이 가장 중요한 기준이라는 말이기도 합니다. 이 '한계'는 실제 사역의 영역에도 적용됩니다. 참 복음으로 고린도에 갔고, 열심히 수고해 성도들의 믿음을 자라게 했다는 사실, 곧 바울을 통해 성령께서 일하셨다는 사실이 참 자랑의 근거가 된다는 뜻입니다(14-17절). 고린도에서 자신의 위상과 자격에 대한 변호이기도 하고, 다른 사도들에게 기운 고린도 신자들의 세속적 기준을 꾸짖는 것이기도 합니다(18절).

게 확장되는 것입니다. 16 우리는 여러분의 지역을 넘어서 복음을 전하려는 것이요, 남들이 자기네 지역에서 이미 이루어 놓은 일을 가지고 자랑하려는 것이 아닙니다. 17 "자랑하려는 사람은 주님 안에서 자랑해야 합니다." 18 참으로 인정을 받는 사람은 스스로 자기를 내세우는 사람이 아니라, 주님께서 내세워 주시는 사람입니다.

{ 제11장 }

바울과 거짓 사도들

1 여러분은 내가 좀 어리석은 말을 하더라도 용납해주시기 바랍니다. 꼭 나를 용납해주십시오. 2 나는 하나님께서 보여주신 열렬한 관심으로, 여러분을 두고 몹시 마음을 씁니다. 나는

'다른 예수'와 '다른 영', '다른 복음'을 전한(4절) 이들은 누구입니까? 바울이 전한 예수와 영, 복음과는 어떤 차이가 있습니까? 여기서 바울은 교회의 설립자로서 아버지가 되어 자신의 딸인 고린도교회를 그리스도라는 신랑과 결혼시키려 합니다. 그런데 뱀의 유혹에 하와가 당했듯, '거물급 사도들'(5절)의 등장으로 결혼에 차질이 생겼습니다. 고린도교회가 참된 신앙인의 자태에서 이탈하고 있다는 의미입니다. 그래서 바울은 그들의 태도가 다른 예수, 다른 영에게 마음이 기우는 배반이며, 다른 복음을 용납하는 배교에 버금가는 것으로 묘사합니다. 이들의 구체적인 정체는 알 수 없지만, 바울은 이들을 '거짓 사도'이자 '사탄의 일꾼들'로 부를 만큼 위험한 존재로 간주합니다. 이 다른 복음의 핵심은 십자가의 말씀을 통해 역사하시는 하나님의 능력에는 무관심한 채, 경쟁적 논리를 앞세워 인간의 능력이나 자격을 따지는 세속적 태도입니다. 이에 대해 바울은 자신의 약함을 한껏 내세움으로써 그런 세속적 자랑의 허상을 드러내는 역설적 논법을 구사합니다.

여러분을 순결한 처녀로 그리스도께 드리려고 여러분을 한 분 남편 되실 그리스도와 약혼시켰습니다. 3 그러나 내가 두려워하는 것은, 뱀이 그 간사한 꾀로 하와를 속인 것과 같이, 여러분의 생각이 부패해서, 여러분이 그리스도께 대한 진실함[과 순결함]을 저버리게 되지나 않을까 하는 것입니다. 4 어떤 사람이 와서, 우리가 전하지 않은 다른 예수를 전해도, 여러분은 그러한 사람을 잘도 용납합니다. 여러분은 우리에게서 받지 아니한 다른 영을 잘도 받아들이고, 우리에게서 받지 아니한 다른 복음을 잘도 받아들입니다. 5 나는 저 거물급 사도들보다 조금도 못할 것이 없다고 생각합니다. 6 내가 말에는 능하지 못할는지 모르지만, 지식에는 그렇지 않습니다. 우리는 이것을 모든 일에서 여러 가지로 여러분에게 나타내 보였습니다.

7 ○ 나는 여러분을 높이기 위하여 나 자신을 낮추었고, 또 하나님의 복음을 값없이 여러분에게 전하였습니다. 그렇게 한 것이 죄라도 된다는 말입니까? 8 나는 여러분을 섬기기 위하여

7-12절에서 바울은 강한 어조로 자신의 필요를 조달하는 문제에 관해 이야기합니다. 바울이 이토록 목소리를 높이는 까닭은 무엇입니까? 이 주제는 12장 13-18절에 다시 나옵니다. 돈 문제가 갈등의 중요한 원인이었음을 알 수 있는 대목입니다. 재정 후원이라는 관행을 무시하는 것은 멋진 일로 보일 수 있지만, 사도의 권위를 떨어 뜨리는 모습으로 보일 수도 있습니다. 교회의 돈을 거부한 바울의 행보가 그랬습니다. 특히 후견인 제도 같은 당시의 문화에 익숙한 사람이라면, (벤츠 타는 장로가 소나타를 고집하는 목사를 불편해하는 것처럼) 돈도 안 받고 힘들게 노동하는 모습을 편하게 받아들이기 어려웠을 겁니다. 또 바울이 돈을 받을 수 있는 사도가 아니라서 그렇게 한다는 오해도 있었습니다(고전 9장). 그런데 그런 바울이 마케도니아 교회들의 후원은 받아서 차별 혹은 위선의 혐의가 있는 데다, 예루살렘 후원금도 그들 편으로 보낸다는 사실이 더해져 깊은 의혹의 눈길을 받았습니다. 이 부분에 대한 선명한 해명이 전체적 자기변호의 중요한 단계가 될 수밖에 없는 상황입니다.

삿은 다른 여러 교회에서 받았습니다. 그것은 다른 교회에서 빼앗아 낸 셈입니다. 9 내가 여러분과 같이 있는 동안에는 빈곤하였지만, 여러분 가운데서 어느 누구에게도 누를 끼친 일은 없습니다. 마케도니아에서 온 교우들이 내가 필요로 하는 것을 조달해주었습니다. 나는 모든 일에 여러분에게 짐이 되지 않으려고 애썼고, 앞으로도 그렇게 할 것입니다. 10 내 안에 있는 그리스도의 진실을 걸고 말합니다마는, 아가야 지방에서는 아무도 나의 이런 자랑을 막지 못할 것입니다. 11 내가 왜 이렇게 한다고 생각하십니까? 내가 여러분을 사랑하지 않기 때문입니까? 내가 여러분을 사랑한다는 것은, 하나님께서 알고 계십니다.

12 ○ 나는 지금 하고 있는 대로 앞으로도 하겠습니다. 그것은, 자기네가 자랑하는 일에서 우리와 똑같은 방식으로 일을 한다는 인정을 받을 기회를 찾고 있는 사람들에게서, 그러한 기회를 잘라 없애기 위함입니다. 13 이런 사람들은 거짓 사도요, 속이는 일꾼들이요, 그리스도의 사도로 가장하는 자들입

바울은 다른 목소리를 내는 이들을 '거짓 사도'로 규정하고(13절) 독설을 퍼붓습니다
(15절). 신학적인 의견 차이에 지나치게 격렬히 반응하는 게 아닐까요? 복음을 전하
다 투옥됐을 때 바울은 악한 경쟁심으로 복음을 전하는 이들조차 기꺼이 품어주는
포용력을 드러냅니다(빌 1:14-18). 또 우상에게 바친 제물에 관한 논의에서는 올바른
신학적 견해보다는 다른 생각을 가진 사람을 품어주는 사랑이 더 수준 높은 지식이
라고 말하면서 약한 신자들을 배려하는 모습을 보여줍니다(고전 8장). 반면 여기서나
갈라디아서, 빌립보서(빌 3:2)에서는 매우 격한 언어로 '거짓 형제들', '거짓 사도들'을
공격합니다. 적어도 바울이 보기에 현재 상황이 복음 안에서의 다름을 넘어, 복음 자
체를 팽개치는 배교의 상황이라 판단했기 때문입니다(갈 1:6-9). 바울은 인간적 조건
과 세속적 관점에 집착하며 이를 부추기는 것을 용납하지 않습니다. 복음은 새로운
삶의 능력을 약속하고, 거기서 흘러나오는 변화된 삶의 태도를 요구하는데, 다른 사람
들의 가르침은 바로 이런 복음의 초점을 망가뜨리기 쉬운 독소가 되기 때문입니다.

니다. 14 그러나 놀랄 것은 없습니다. 사탄도 빛의 천사로 가장합니다. 15 그렇다면, 사탄의 일꾼들이 의의 일꾼으로 가장한다고 해서, 조금도 놀랄 것이 없습니다. 그들의 마지막은 그들이 행한 대로 될 것입니다.

바울의 참된 자랑

16 ○ 거듭 말하지만, 아무도 나를 어리석은 사람으로 생각하지 마십시오. 그러나 여러분이 나를 어리석은 사람으로 생각하려거든, 어리석은 사람으로 받아주어서, 나도 좀 자랑하게 놓아두십시오. 17 지금 내가 하는 말은, 주님의 지시를 따라 하는 말이 아니라, 어리석음에 빠져서 자랑하기를 이렇게 장담하는 사람처럼, 어리석게 하는 말입니다. 18 많은 사람이 육신의 일을 가지고 자랑하니, 나도 자랑해보겠습니다. 19 여러분은 어지간히도 슬기로운 사람들이라서, 어리석은 사람들을 잘도 참아줍니다. 20 누가 여러분을 종으로 부려도, 누가 여러

바울은 어째서 '어리석고 부끄러운'(17절, 21절) 짓인 줄 알면서도 자기 자랑을 늘어놓는 걸까요? 이는 고도의 수사법에 해당합니다. 세속적 자랑에 집착하는 이들과 맞서는 데는 비슷한 자랑이 가장 효과적일 때가 있습니다. 적어도 싸움을 시작하는 방법으로는 그렇습니다. 그래서 고대로부터 웅변이나 논쟁적 글에는 이런 수사가 자주 나타납니다. 지금 바울의 논증도 그런 사례입니다. 자랑인 듯, 자랑 아닌, 자랑 같은 묘한 자랑입니다. 그래서 바울도 "정말 한번 해볼래?" 하는 태도로 자랑을 시작합니다. 물론 처음에는 그들의 자랑처럼 세속적 조건들로 시작합니다(22–23절 상). 하지만 이는 금방 그들의 자랑 목록에는 없는 사실들, 곧 복음을 전하다 당했던 길고 다양한 고난의 목록으로 이어집니다. 그들처럼 자랑하는 듯한 몸짓을 취하지만, 그들이라면 전혀 자랑하지 않을 '연약한' 모습들을 '자랑'함으로써 그들의 자랑을 우스운 것으로 만들고 그 자랑의 공허함을 폭로하는 전략입니다.

분을 잡아먹어도, 누가 여러분을 골려도, 누가 여러분을 얕보아도, 누가 여러분의 뺨을 때려도, 여러분은 가만히 있습니다. 21 부끄럽지만 터놓고 말씀드립니다. 우리는 너무나 약해서, 그렇게는 하지 못하였습니다. 그러나 누가 감히 자랑을 하려고 하면, 나도 감히 자랑해보겠습니다. 내가 어리석은 말을 해보겠다는 말입니다. 22 그들이 히브리 사람입니까? 나도 그렇습니다. 그들이 이스라엘 사람입니까? 나도 그렇습니다. 그들이 아브라함의 후손입니까? 나도 그렇습니다. 23 그들이 그리스도의 일꾼입니까? 내가 정신 나간 사람같이 말합니다마는, 나는 더욱 그렇습니다. 나는 수고도 더 많이 하고, 감옥살이도 더 많이 하고, 매도 더 많이 맞고, 여러 번 죽을 뻔하였습니다. 24 유대 사람들에게서 마흔에서 하나를 뺀 매를 맞은 것이 다섯 번이요, 25 채찍으로 맞은 것이 세 번이요, 돌로 맞은 것이 한 번이요, 파선을 당한 것이 세 번이요, 밤낮 꼬박 하루를 망망한 바다를 떠다녔습니다. 26 자주 여행하는 동안에는, 강물의 위험과 강도의 위험과 동족의 위험과 이방 사람의 위험과 도시의 위험과 광야의 위험과 바다의 위험과 거짓 형제의 위험을 당하였습니다. 27 수고와 고역에 시달리고, 여러 번 밤을

"꼭 자랑해야 한다면, 내 약점들을 자랑하겠다"(30절)는 바울의 말은 무슨 뜻입니까? 22-27절에서는 자신의 출신 성분과 엄청난 의지를 과시하지 않았던가요? 가끔 세속적 자랑이 필요할 때도 있습니다. 세속적 자랑의 무익함을 역설하면, "못 먹는 포도는 신포도" 하고 반응하는 사람들이 있습니다. 그러면서 자기 자랑을 계속합니다. 그럴 때는 "내가 자랑할 게 없어서 그런 줄 아냐?" 하는 공격이 필요할 수 있습니다. 바울도 여기서처럼 간혹 그런 전술을 택합니다(빌 3:4-6). 물론 이런 세속적 자랑은 그 자랑의 허망함을 폭로하기 위한 예비적 몸짓일 뿐입니다. 화려한 이력을 열심히 주워섬기고는, "하지만 이젠 이런 게 다 필요 없다"는 이야기로 넘

지새우고, 주리고, 목마르고, 여러 번 굶고, 추위에 떨고, 헐벗었습니다. 28 그 밖의 것은 제쳐놓고서라도, 모든 교회를 염려하는 염려가 날마다 내 마음을 누르고 있습니다. 29 누가 약해지면, 나도 약해지지 않겠습니까? 누가 넘어지면, 나도 애타지 않겠습니까?

30 ○ 꼭 자랑을 해야 한다고 하면, 나는 내 약점들을 자랑하겠습니다. 31 영원히 찬양을 받으실 주 예수의 아버지 하나님께서 내 말이 거짓말이 아님을 아십니다. 32 다마스쿠스에서는 아레다 왕의 총리가 나를 잡으려고 다마스쿠스 성을 지키고 있었으나, 33 교우들이 나를 광주리에 담아 성벽의 창문으로 내려주어서, 나는 그 손에서 벗어났습니다.

어갑니다. 그리스도를 통해 만나는 새 생명이 참된 가치라는 사실을 알았기 때문입니다. 여기서는 바울의 화려한 이력이 숱한 고난의 이야기로 이어집니다. 멋있다 여길 수도 있지만, "참 안 풀리는 인생이네" 하는 반응이 나올 법한 삶입니다. 그리고 나서 바울은 다시 보다 적나라한 연약함 묘사로 넘어갑니다. 결국 자신의 연약함 속에 드러나는 그리스도의 능력을 말하기 위한 움직임인 것입니다.

{ 제12장 }

바울의 신비한 체험

1 자랑함이 나에게 이로울 것은 없으나, 이미 말이 나왔으니, 주님께서 보여주신 환상들과 계시들을 말할까 합니다. 2 나는 그리스도를 믿는 사람 하나를 알고 있습니다. 그는 십사 년 전에 셋째 하늘에까지 이끌려 올라갔습니다. 그때에 그가 몸 안에 있었는지 몸 밖에 있었는지, 나는 알지 못하지만, 하나님께서는 아십니다. 3 나는 이 사람을 압니다. 그가 몸을 입은 채 그렇게 했는지 몸을 떠나서 그렇게 했는지를, 나는 알지 못하지만, 하나님께서는 아십니다. 4 이 사람이 낙원에 이끌려 올라가서, 말로 표현할 수도 없고 사람이 말해서도 안 되는 말씀을 들었습니다. 5 나는 이런 사람을 자랑하려고 합니다. 그러나 나 자신을 두고서는 내 약점밖에는 자랑하지 않겠습니다.

2–4절이 말하는 사람은 바울 자신입니까, 아니면 제3의 인물입니까? 바울 자신이라면, 이렇게 남 얘기하듯 말하는 속내는 무엇입니까? 1절에서 시작하는 방식도 그렇지만, 6–7절은 이 환상의 주인공이 편지를 쓰는 '나' 곧 바울 자신임을 분명히 보여줍니다. 바울은 그것이 무익한 줄 알면서도 '환상과 주의 계시'에 관한 자랑을 시작합니다(1절). 그런데 마치 다른 사람의 경험인 양 이야기합니다. 더욱이 환상 묘사도 별 내용 없이 막연하고, 그나마 들었던 계시도 사람의 언어로 표현할 수 없다는 말로 끝내고 맙니다. 한편으로는 이런 식의 자기 자랑이 무익하다는 생각이 깔려 있기 때문일 수도 있고, 고린도 신자들이 환상 체험에 매우 민감하게 반응할 가능성이 크다는 염려도 작용한 듯 보입니다. 자신의 환상 체험을 언급하는 것 자체는 교만한 사람들의 섣부른 자랑을 막는 효과가 있었을 겁니다. 하지만 자신을 대단한 환상 경험자로 과대평가하는 상황이 생기지 않도록 어리석은 자랑을 서둘러 끝내버립니다(5–6절). 그러고는 이 자랑 아닌 자랑 역시 자신의 연약함에 관한 이야기의 전주곡으로 삼습니다.

6 내가 자랑하려 하더라도, 진실을 말할 터이므로, 어리석은 사람이 되지는 않을 것입니다. 그러나 자랑은 삼가겠습니다. 그것은 사람들이, 내게서 보거나 들은 것 이상으로 나를 평가하지 않게 하려는 것입니다. 7 내가 받은 엄청난 계시들 때문에 사람들이 나를 과대평가할는지도 모릅니다. 그러므로 내가 교만하게 되지 못하도록, 하나님께서 내 몸에 가시를 주셨습니다. 그것은 사탄의 하수인이라고 할 수 있는데, 그것으로 나를 치셔서 나로 하여금 교만해지지 못하게 하시려는 것이었습니다. 8 나는 이것을 내게서 떠나게 해달라고, 주님께 세 번이나 간청하였습니다. 9 그러나 주님께서는 내게 이렇게 말씀하셨습니다. "내 은혜가 네게 족하다. 내 능력은 약한 데서 완전하게 된다." 그러므로 그리스도의 능력이 내게 머무르게 하기 위하여 나는 더욱더 기쁜 마음으로 내 약점들을 자랑하려고 합니다. 10 그러므로 나는 그리스도를 위하여 병약함과 모욕과 궁핍과 박해와 곤란을 겪는 것을 기뻐합니다. 내가 약할 그

'가시'(7절)는 무얼 가리킵니까? 하나님은 누구에게나 가시를 줍니까? 바울은 교만한 자랑거리가 될 수 있는 계시 체험을 서둘러 끊고, 교만하지 말라고 주께서 자신의 육체에 '가시'를 주셨다는 사실을 언급합니다. '사탄의 하수인'으로 불리는 이 가시는 모종의 육체적 질병처럼 보이지만, 구체적인 정체는 알 도리가 없습니다. 온갖 설명이 난무하지만, 모두 상상력으로 만들어낸 추측입니다. 그게 무엇이든, 이는 바울의 교만을 방지하는 것, 곧 바울이 치욕으로 느낄 만한 것이었을 겁니다. 게다가 바울은 실패한 기도를 언급합니다. 해결을 위해 3번 기도했지만, 답변은 거절입니다. 이렇게 주님께서는 바울을 늘 연약한 상태에 남겨두십니다. 그래야 주의 능력이 바울의 것이 아닌 주님의 능력으로 선명하게 드러날 것이기 때문입니다. 그래서 바울 자신도 자신의 약함을 드러내는 경력과 체험을 자랑합니다. 자신이 강한 자가 되는 게 아니라, 자신은 약한 상황에서 주의 능력이 강하게 드러나는 것이 중요하다는 사실을 알기 때문입니다.

때에, 오히려 내가 강하기 때문입니다.

고린도교회의 일을 염려하다

11 ○ 나는 어리석은 사람이 되어버렸습니다. 여러분이 나를 억지로 그렇게 만들었습니다. 그러나 여러분은 나를 인정해 주었어야 마땅합니다. 내가 비록 보잘것없는 사람일지라도, 저 우두머리 사도들보다 부족한 것이 하나도 없습니다. 12 나는 여러분 가운데서 일일이 참고 견디면서, 놀라운 일과 기적을 표징으로 삼아 사도가 된 표징을 행하였습니다. 13 내가 여러분에게 폐를 끼치지 않았다는 것을 제외하고 여러분이 다른 교회들보다 못난 점이 무엇입니까? 이렇게 한 것이 불공평한 처사라고 하면, 용서하여주시기 바랍니다.

14 ○ 지금 나는 이렇게 세 번째로 여러분에게로 갈 준비가 되어 있습니다. 그러나 여러분에게 폐를 끼치는 일은 하지 않겠

바울은 "폐를 끼치는 일은 하지 않겠다"(14절)고 장담합니다. 신세를 지지 않는다면, 도대체 어떻게 먹고, 입고, 자고, 생활을 꾸려가겠다는 말입니까? 바울은 처음부터 고린도교회의 후원을 거절했고, 이를 매우 중요한 사실로 길게 소개합니다(고전 9장). 처음 고린도에서 선교할 때 그는 브리스길라와 아굴라 부부를 알게 되었고, 그들의 사업장에서 일거리를 얻어 손수 일하면서 복음을 전했습니다. 물론 그런 '파트 타임' 노동은 생계를 유지하며 복음을 전하기에는 부족했습니다. 바울은 마케도니아로부터 온 형제들의 도움으로 부족한 비용을 충당할 수 있었다고 말합니다(고후 11:9). 늘 재정적 후원에 너그러웠던 빌립보교회의 후원이었을 겁니다. 앞서 데살로니가에서는 그들의 후원에 의존하며 선교했습니다. 그러니까 고린도교회로부터의 재정적 독립은 매우 특수한 상황일 뿐, 일관된 선교 방침은 아니었습니다. 바울이 최대한 일을 한 것은 사실이지만, 이방인의 사도가 하루 종일 일만 할 수는 없었을 테니, 어떤 방식으로든 교회의 지원에 의존할 수밖에 없었습니다.

습니다. 내가 구하는 것은 여러분의 재물이 아니라 바로 여러분입니다. 자식이 부모를 위하여 재산을 모아두는 것이 아니라, 부모가 자식을 위하여 재산을 모아두는 것이 마땅한 것입니다. 15 여러분을 위해서라면 나는 기쁜 마음으로 비용을 쓰겠고, 내 몸까지도 희생하겠습니다. 내가 여러분을 더 많이 사랑하면 할수록, 여러분은 나를 덜 사랑하겠습니까? 16 어쨌든 나는 여러분에게 짐이 된 일은 없습니다. 그런데 내가 간교한 속임수로 여러분을 사로잡았다고 말하는 사람들도 있습니다. 17 내가 여러분에게 보낸 사람들 가운데 누구를 통해서 여러분을 착취한 일이 있습니까? 18 내가 디도에게 여러분에게로 가라고 권하였고, 또 그와 함께 형제 한 사람을 보냈는데, 디도가 여러분을 착취한 일이 있습니까? 디도와 내가 같은 정신으로 행하고, 같은 방식으로 살지 않았다는 말입니까?

19 ○ 아마도 여러분은, 우리가 지금까지 여러분에게 자기변명을 하고 있는 줄로 생각할 것입니다. 그러나 우리는 그리

바울 당시에도 교회에는 싸움과 시기를 비롯해 온갖 문제들(20절)이 있었습니다. 이런 교회를 통해 구원의 길을 찾는 게 과연 이성적인 일일까요? 아무런 문제가 없는 공동체가 만들어질 수 있다면, 그곳이 바로 구원의 자리일 겁니다. 하지만 지금 세상에서는 죄가 위력을 휘두르고, 인간은 그런 죄의 다스림에서 자유롭지 못합니다. 물론 그리스도인들은 그리스도를 만나면서 옛 존재의 죽음과 새로운 존재의 탄생을 경험합니다. 하지만 이는 동시에 옛 삶의 방식과의 본격적 갈등을 의미하기도 합니다. 죽음에 이르는 경쟁적 욕망의 길을 버리고 사랑과 섬김의 삶을 살려고 노력하지만, 우리의 성과는 늘 부분적일 것입니다. 고린도교회처럼 우리도 복음에 대한 설익은 깨우침과 끈질긴 세속적 가치관의 유혹 때문에 흔들립니다. 그래서 교회 내에서도 온갖 문제들이 다 일어납니다. 중요한 것은 그런 상황에서도 은혜의 숨결을 느끼며, 부족한 중에도 욕망과의 싸움을 이어가는 일입니다. 연약함을 인정하면서도, 하나님의 도우심을 바라며 끝내 새 삶의 비전을 포기하지 않는 믿음입니다.

스도를 믿는 사람으로서 하나님 앞에서 말하는 것입니다. 사랑하는 교우 여러분, 이 모든 것은 여러분에게 덕이 되게 하려는 것입니다. 20 내가 두려워하는 것은, 내가 가서 여러분을 만나볼 때에, 여러분이 혹시 내 기대에 어긋나지 않을까 하는 것과, 또 내가 여러분의 기대에 어긋나지 않을까 하는 것입니다. 또 여러분 가운데에 싸움과 시기와 분노와 경쟁심과 비방과 수군거림과 교만과 무질서가 있지나 않을까 두렵습니다. 21 내가 여러분에게 다시 갈 때에, 여러분 때문에 내 하나님께 내가 부끄러움을 당하지나 않을까 걱정이 됩니다. 또 내가, 전에 죄를 지은 많은 사람들이 스스로 행한 부정함과 음란함과 방탕함을 회개하지 않는 것을 보고서, 슬피 울게 되지나 않을까 걱정이 됩니다.

{ 제13장 }

마지막 경고와 인사

1 나는 지금 세 번째로 여러분을 방문하려고 합니다. "모든 소송 사건은 두세 증인의 말을 근거로 하여 결정지어야 합니다." 2 내가 두 번째로 여러분을 방문하였을 때에, 전에 범죄한 사람들과 또 그 밖에 모든 사람에게 이미 말한 바와 같이, 지금 떨어져 있으면서도 다시 말하여둡니다. 내가 이번에 다시 가면, 그러한 사람들을 그냥 두지 않겠습니다. 3 여러분은 그리스도께서 내 안에서 말씀하고 계시다는 증거를 구하고 있으니 말입니다. 그리스도는 여러분에게 약하신 분이 아닙니다. 그는 여러분 가운데서 능력을 떨치시는 분입니다. 4 그분은 약하셔서 십자가에 못 박혀 죽으셨지만, 하나님의 능력으로 살아

"그리스도께서 내(바울) 안에서 말씀하고 계시다는 증거를 구하는"(3절) 행위가 어째서 "그냥 두지 않겠다"(2절)고 벼를 만큼 큰 잘못이 됩니까? 갈등의 원인은 바울에 대한 불신입니다. 고린도의 신자들이 바울에게 "그리스도께서 일하시는 증거를 보여달라"고 한 것은 아닙니다. 그들의 관심은 사도로서 바울의 객관적, 혹은 인간적 자격이었습니다. 유다 교회의 입장에서도 결격사유가 있었고, 고린도 사회의 가치로 보아도 훌륭한 웅변가/소피스트와는 거리가 멀었습니다. 그러나 바울은 비록 자신이 부족하지만 그런 자신을 통해 주께서 힘있게 일하신다고, 그래서 고린도교회 자체가 자신의 자격을 증명한다고 반박합니다(3장). 그리고 자신을 통해 드러난 성령의 능력을 강조합니다(고후 12:12). 이를 무시하고 다른 증거를 요구하는 행태는 복음의 능력 자체를 거부하는 것과 같습니다. 그들의 시선이 여전히 복음이 아닌 가치에 휘둘리고 있다는 의미입니다. 그런 상황에서 바울은 보다 강력한 방식으로 자신의 권위를 행사할 수밖에 없다고 느꼈을 것입니다. 그들의 말이 아닌 능력을 검증해보고, 그들의 아버지로서 따끔하게 혼을 낼 수도 있을 겁니다.

계십니다. 우리도 그분 안에서 약합니다마는, 하나님의 능력으로 그분과 함께 살아나서, 여러분을 대할 것입니다.

5 ○ 여러분은 자기가 믿음 안에 있는지를 스스로 시험해보고, 스스로 검증해보십시오. 여러분은 예수 그리스도께서 여러분 안에 계시다는 것을 알지 못합니까? 모른다면, 여러분은 실격자입니다. 6 그러나 나는 우리가 실격자가 아니라는 것을 여러분이 알게 되기를 바랍니다. 7 우리는 여러분이 악을 저지르지 않게 되기를 하나님께 기도합니다. 그것은 우리가 합격자임을 드러내려는 것이 아니라, 우리는 실격자인 것처럼 보일지라도, 여러분만은 옳은 일을 하게 하려고 하는 것입니다. 8 우리는 진리를 거슬러서는 아무것도 할 수 없고, 오직 진리를 위해서만 무언가 할 수 있습니다. 9 우리는 약하더라도, 여러분이 강하면, 그것으로 우리는 기뻐합니다. 우리는 여러분이 완전하게 되기를 기도합니다. 10 내가 떠나 있는 동안에 이렇게 편지를 하는 것은, 내가 가서, 주님께서 주신 권한을 가지고 사

자기가 믿음 안에 있는지를 어떻게 스스로 시험하며 검증할(5절) 수 있습니까? 기도, 봉사, 헌금 같은 지표를 만들어서 점수를 매겨야 할까요? 검증의 지표는 성도들의 삶입니다. 물론 핵심은 그들의 삶 속에 성령의 능력이 드러나게 하는 것입니다. 바울의 섬김 속에 성령께서 일하셨던 것처럼, 신자들의 믿음 역시 사람의 지혜가 아닌 하나님의 능력을 바라보는 것이라야 합니다(고전 2:5). 세속적 가치에 휘둘려 서로 경쟁하고, 바울과 아볼로 같은 지도자들조차 그런 눈길로 바라보는 것은 영적 어린아이의 상태, 곧 성령과 무관한 육적 상태에 머무르는 길입니다(고전 3:1–4). 교회에서 바울이 제시하는 가장 중요한 기준은 내가 아닌 이웃의 유익을 추구하는 배려와 사랑입니다. 그것이 그리스도의 삶이었고, 바울이 본받고자 하는 삶이었습니다. 바울은 신자들이 자기 욕심에 휘둘리지 말고, 성령의 이끌림을 받으며 이런 삶을 본받기를 기대합니다. 종교적 행위도 중요하지만, 그 자체로서가 아니라, 사랑을 위한 섬김의 수단으로서 중요합니다. 이런 사랑이 없다면 그 어떤 것도 무용지물이기 때문입니다(고전 13장).

건들을 처리할 때에, 너무 엄하게 대할 필요가 없게 하려는 것입니다. 이 권위는 여러분을 넘어뜨리라고 주신 것이 아니라 세우라고 주신 것입니다.

11 ○ 끝으로 말합니다. 형제자매 여러분, 기뻐하십시오. 온전하게 되기를 힘쓰십시오. 서로 격려하십시오. 같은 마음을 품으십시오. 화평하게 지내십시오. 그리하면 사랑과 평화의 하나님께서 여러분과 함께하실 것입니다. 12 거룩한 입맞춤으로 서로 인사하십시오. 모든 성도가 여러분에게 문안합니다.

13 ○ 주 예수 그리스도의 은혜와 하나님의 사랑과 성령의 사귐이 여러분 모두와 함께하기를 빕니다.

바울은 마지막 당부를 "기뻐하십시오"(11절)라는 말로 시작합니다. 기뻐할 만한 일이 없어도 즐거운 분위기를 유지하려고 애쓰라는 뜻인가요? 끈질긴 삶의 태도로서 기쁨은 '즐거운 분위기'와는 다릅니다. 분위기로 치자면, 신자들의 삶은 다른 사람의 삶과 다를 바 없습니다. 좋은 일, 나쁜 일은 누구에게나 생기고, 그래서 울고 웃는 삶의 모양 자체는 다를 바 없기 때문입니다. 신앙적 자태의 하나로서 기쁨은 삶전체를 주의 뜻에 내어드리는 헌신, 그리고 하나님의 뜻 안에서 나의 삶 전체를 감사의 눈으로 바라보는 것과 상통합니다. 그래서 기쁨과 기도와 감사의 '명령'이 한호흡으로 주어집니다(살전 5:16-18). 여기서는 모든 것을 바로잡고, 서로 권고하며, 갈등을 해결하고 평화를 회복하라는 주문과 함께 나타납니다. 이것이 바로 '성령께서 이루시는 사귐'(성령의 교제)의 구체적인 모습일 것입니다(13절). 그러니까 기뻐하라는 말은 기쁨의 삶을 살 수 있도록, 기쁨을 가능하게 하는 공동체를 만들기 위해 힘쓰라는 말과 같습니다.

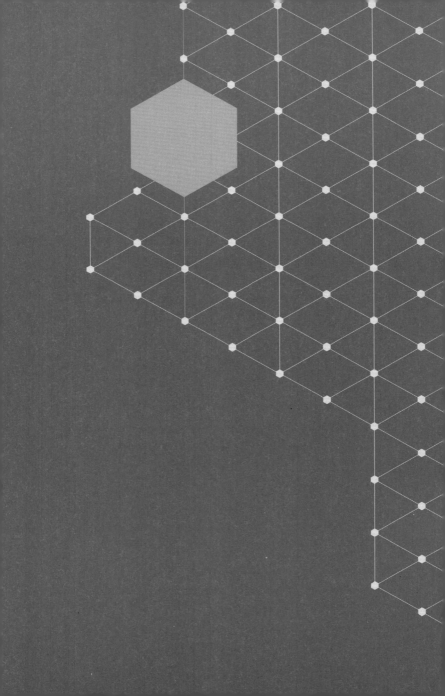

갈라디아서

Galatians

신앙의 삶에서
놓치지 말아야 할 것

바울은 할례와 같은 외적/육체적 표지 대신 믿음을 강조합니다.
그가 율법 대신 믿음을 내세우는 것은 믿음만이
성령의 통로가 될 수 있기 때문입니다. 곧 할례 여부가 아니라
성령이 하나님의 백성에게 필요한 결정적 조건입니다.
성령이 결정적이라는 것은 성령이 이미 주어진 구원의
증거이기 때문이 아니라, 이 성령을 통해 우리가 의로움이라는 소망에,
하나님나라라는 미래의 상속에, 영생이라는 궁극적 목표에
이를 수 있기 때문입니다.
그래서 바울의 해법은 할례와 같은 외적 조건이 아니라,
성령을 따라 걸으며 성령의 열매를 맺는 삶입니다.

유독 날카로운 어조로 기록된 편지

이 편지의 수신자인 갈라디아 사람들의 지리적 정체는 분명하지 않습니다. 예전부터 그 이름으로 불렸던 좁은 의미의 갈라디아(현재의 터키 중부)일 수도 있고, 로마의 행정구역에서 '갈라디아 지방'(province)을 가리킬 수도 있습니다. 이렇게 되면 사도행전에서 바울이 1차 선교여행 당시 교회를 세웠던 지역들(터키 남부)도 포함됩니다. 갈라디아서 자체를 이해하는 데는 큰 차이가 없지만, 바울의 선교와 저술들의 연대를 파악하는 데는 매우 중요한 사안입니다.

바울의 초기 저작 중 하나인 갈라디아서는 다른 어떤 편지들보다 더 날카로운 어조를 보여줍니다. 신학적 논증 부분을 제외한 직접적 대화는 거의 대부분이 따지는 질문으로 이루어져 있을 정도입니다. 그만큼 상황이 심각했고, 신자들에게 불만이 컸다는 뜻입니다. 당시 편지에는 감사의 말이 의례적으로 들어가는데, 바울의 편지들 중 유일하게 갈라디아서에만 이 부분이 생략되었습니다. "감사합니다"라는 말이 나올 대목에는 대신 "내가 도저히 이해를 못하겠습니다" 하는 꾸지람의 말이 등장합니다(1:6). 이런 '살벌한' 분위기는 편지가 끝날 때까지 그대로 유지됩니다(6:17).

분위기가 이처럼 심각한 것은 바울이 신자들의 행태에서 발견한 문제가 그만큼 심각한 사안이었기 때문입니다. 신자들은 항간의 오해와 달리, 모세 율법을 둘러싼 논쟁이 도덕적 순종 여부에 관한 논쟁이 아니라는 사실을 기억할 필요가 있습니다.

십계명과 같은 도덕적 계명의 절대적 유효성은 바울 역시 복음의 핵심 요소로 강조했던 사항입니다. 올바른 순종 없이 구원에 이를 수 없다는 주장은 갈라디아서를 비롯한 바울의 글들에 매우 선명하게 나타납니다. 논쟁의 핵심은 도덕적 순종이 아니라, 독특하게 유대적인 특징들, 곧 당시 사회에서 유대인이라는 정체성의 핵심적인 상징들이었습니다. 그래서 이 논쟁은 무엇보다 "하나님의 백성이 되려면 할례를 받아야 하는가?"라는 물음으로 집약되었습니다.

관점이 전혀 달랐겠지만, 적어도 바울은 그들의 태도가 사실상 하나님을 떠나는 배교에 버금가는 것으로 판단합니다(1:6). 신자들은 누군가의 방해를 받아 더 이상 진리에 순종하지 않습니다(5:7). 이는 하나님으로부터 다시 돌아서는 일종의 역회심이자 성령을 팽개치는 일이며, 그리스도로부터 끊어지는 일이기도 합니다(3:3; 4:8-10; 5:2, 4). 그동안 이방인의 사도로 바울이 고생하며 이루어놓은 선교의 열매를 헛수고로 만드는 비극적 상황입니다(4:10).

모세 율법을 둘러싼 논쟁의 핵심, 할례를 받아야 하는가

배교라는 신학적 평가의 배후에는 할례를 둘러싼 논쟁이 자리합니다(5:2-6; 6:12-13). 다양한 날짜를 지키는 것도 포함됩니다(4:10). 이는 유대인이 되는 것, 유대인으로 살아가는 것을 의미합니다. '유대인'이 되는 것이 중요한 까닭은 그들이 하나님께 선택받은 백성이기 때문입니다. 그들은 아브라함의 후손이며 하나님의 자녀입니다. 그들에게 주어진 '율법'은 바로 선택받은 백성으로 살아가는 삶을 의미합니다.

갈라디아교회 내의 갈등은 비유대인이 예수님을 믿었을 때, 하나님의 백성이 되기 위해 여전히 유대인이 되어야 하는가 여부였습니다. 바울은 믿음과 성령이 하나님의 백성을 규정하는 결정적 열쇠라고 믿은 반면, 보다 보수적인 (유대) 기독교인들은 할례를 받고 유대인으로 살아가는 것이 필요하다고 생각했습니다. 이를 집약하는 표현이 '율법의 행위들'이라는 구절입니다(2:16).

항간의 오해와 달리, '모세 율법'을 둘러싼 논쟁이 도덕적 순종 여부에 관한 논쟁이 아니라는 사실을 기억할 필요가 있습니다. 십계명과 같은 도덕적 계명의 절대적 유효성은 바울 역시 복음의 핵심 요소로 강조했던 사항입니다(고전 7:19). 올바른 순종 없이 구원에 이를 수 없다는 주장은 갈라디아서를 비롯한 바울의 글들에 매우 선명하게 나타납니다(5:19-21; 고전

할례와 같은 무가치한 것들 때문에 사랑을 팽개치고 서로 투쟁하는 행태는 멸망으로 향하는 지름길이 됩니다. 할례 자체가 아니라, 바로 이런 영적 상태가 바울이 염려한 위기의 본질입니다. 신앙의 삶에서 우리가 놓치지 말아야 할 것이 무엇이냐 하는 물음인 셈입니다.

6:9-11; 롬 2:6-11; 8:13). 논쟁의 핵심은 도덕적 순종이 아니라, '독특하게 유대적인' 특징들, 곧 당시 사회에서 유대인이라는 정체성의 핵심적인 상징들이었습니다. 그래서 이 논쟁은 무엇보다 "하나님의 백성이 되려면 할례를 받아야 하는가?"라는 물음으로 집약되었습니다.

하나님의 백성에게 필요한 결정적 조건

바울은 할례와 같은 외적/육체적 표지 대신 믿음을 강조합니다. 그가 율법 대신 믿음을 내세우는 것은 믿음만이 성령의 통로가 될 수 있기 때문입니다(3:2-5, 10-14; 21). 곧 할례 여부가 아니라 성령이 하나님의 백성에게 필요한 결정적 조건입니다. 성령이 결정적이라는 것은 성령이 이미 주어진 구원의 증거이기 때문이 아니라, 이 성령을 통해서 우리가 의로움이라는 소망에, 하나님나라라는 미래의 상속에, 영생이라는 궁극적 목표에 이를 수 있기 때문입니다(3:3; 5:5, 19-21; 6:7-9). 그래서 바울의 해법은 할례와 같은 외적 조건이 아니라, 성령을 따라 걸으며 성령의 열매를 맺는 삶입니다(5:16-26).

반면, 할례와 같은 무가치한 것들 때문에 사랑을 팽개치고 서로 투쟁하는 행태는 멸망으로 향하는 지름길이 됩니다(5:15, 26). 할례 자체가 아니라, 바로 이런 영적 상태가 바울이 염려한 위기의 본질입니다. 신앙의 삶에서 우리가 놓치지 말아야 할 것이 무엇이냐 하는 물음인 셈입니다.

{ 제1장 }

인사

1 사람들이 시켜서 사도가 된 것도 아니요, 사람이 맡겨서 사도가 된 것도 아니요, 예수 그리스도께서 그리고 그분을 죽은 사람들 가운데서 살리신 하나님 아버지께서 임명하심으로써 사도가 된 나 바울이, 2 나와 함께 있는 모든 믿음의 식구와 더불어 갈라디아에 있는 여러 교회에 이 편지를 씁니다. 3 우리 아버지 하나님과 주 예수 그리스도께서 내려주시는 은혜와 평화가 여러분에게 있기를 빕니다. 4 예수 그리스도께서는 하나님 우리 아버지의 뜻을 따라 우리를 이 악한 세대에서 건져주시려고, 우리의 죄를 대속하기 위하여 자기 몸을 바치셨습니다. 5 하나님께 영광이 영원무궁하도록 있기를 빕니다. 아멘.

고린도교회에 보낸 편지에 이어 다시 '다른 복음'을 이야기합니다(6절; 고전 11:4). '다른 복음'은 당시 교회의 보편적인 문제였습니까? 삶이 복잡한 만큼, 복음을 벗어나는 방식도 다양합니다. 고린도교회는 당시 사회의 세속적 가치관에 경도된 경쟁과 분열이 주된 문제였습니다. 반면 갈라디아교회는 하나님의 백성이 되는 데 할례, 곧 유대인의 신분이 필요한가라는 문제로 갈등이 생겼고, 이로 인해 바울이 선포했던 복음의 진리, 곧 '사랑을 통해 진면목을 드러내는 믿음'을 팽개치는 것이 문제의 핵심이었습니다. 고린도가 당시 주류 사회의 가치관과 복음의 갈등 사례라면, 갈라디아는 하나님의 백성이라는 정체성을 둘러싼 교회 내의 신학적 갈등이 원인이 되어 발생한 공동체의 와해가 문제의 핵심이었습니다. 이처럼 문제의 표면적 양상은 다르지만, 바울이 참 신앙과 그로부터의 일탈을 규정하는 기본 원칙은 동일합니다. 생명을 주시는 하나님의 능력을 담은 복음, 반면 사람들 사이에서는 중요하나 생명을 줄 수 없는 가치, 둘의 차이입니다.

다른 복음은 없다

6 ○ 여러분을 [그리스도의] 은혜 안으로 불러주신 분에게서, 여러분이 그렇게도 빨리 떠나 다른 복음으로 넘어가는 데는, 나는 놀라지 않을 수 없습니다. 7 실제로 다른 복음이 있는 것은 아닙니다. 다만 몇몇 사람이 여러분을 교란시켜서 그리스도의 복음을 왜곡시키려고 하는 것뿐입니다. 8 그러나 우리들이나, 또는 하늘에서 온 천사일지라도, 우리가 여러분에게 전한 것과 다른 복음을 여러분에게 전한다면, 마땅히 저주를 받아야 합니다. 9 우리가 전에도 말하였지만, 이제 다시 말합니다. 여러분이 이미 받은 것과 다른 복음을 여러분에게 전하는 사람이 있다면, 그가 누구이든지, 저주를 받아야 마땅합니다. 10 ○ 내가 지금 사람들의 마음을 기쁘게 하려 하고 있습니까? 아니면, 하나님의 마음을 기쁘게 해드리려 하고 있습니까? 아니면, 사람의 환심을 사려고 하고 있습니까? 내가 아직도 사람의 환심을 사려고 하고 있다면, 나는 그리스도의 종이 아닙니다.

오늘날에도 '다른 복음'들이 있습니까? '다른 복음'들의 공통적인 특성은 무엇입니까? 다른 복음의 종류가 다양해서 공통된 특징을 찾는 것은 어려울 수 있습니다. 복음은 하나님께서 예수님의 죽음과 부활을 통해 우리 죄를 해결하시고, 새로운 삶을 부여하시며, 이를 통해 인간과 사회, 더 나아가 온 창조세계를 회복하시는 이야기입니다. 회복의 드라마인 만큼, 복음은 죄와 죽음의 증상들, 그리고 그 원인이 되는 악한 욕망과의 결별과 더불어 시작됩니다(갈 5:24). 하지만 타락 이후 인간의 본성이 된 욕망과의 결별은 어렵습니다. 그래서 우리는 욕망을 버리지 않으면서 버린 척을 하는, 위선적 해법에 매력을 느낍니다. 새로운 삶을 위한 결정적이고 뼈아픈 '결별'을 요구하지 않으면서도 예수님을 믿고 새로운 존재가 된 것처럼 보이게 하는 종교적 처세술입니다. 이런 모습은 다양한 자리에서 온갖 모습으로 드러납니다. 소위 '번영복음', 곧 신앙을 돈에 대한 세속적 욕망과 결혼시키려는 경향도 대표적 사례입니다.

바울이 사도가 된 내력

11 ○ 형제자매 여러분, 내가 여러분에게 밝혀드립니다. 내가 전한 복음은 사람에게서 비롯된 것이 아닙니다. 12 그 복음은, 내가 사람에게서 받은 것도 아니요, 배운 것도 아니요, 예수 그리스도의 나타나심으로 받은 것입니다.

13 ○ 내가 전에 유대교에 있을 적에 한 행위가 어떠하였는가를, 여러분이 이미 들은 줄 압니다. 나는 하나님의 교회를 몹시 박해하였고, 또 아주 없애버리려고 하였습니다. 14 나는 내 동족 가운데서, 나와 나이가 같은 또래의 많은 사람보다 유대교 신앙에 앞서 있었으며, 내 조상들의 전통을 지키는 일에도 훨씬 더 열성이었습니다. 15 그러나 나를 모태로부터 따로 세우시고 은혜로 불러주신 [하나님께서], 16 그 아들을 이방 사람에게 전하게 하시려고, 그를 나에게 기꺼이 나타내 보이셨습니다. 그때에 나는 사람들과 의논하지 않았고, 17 또 나보다

사도가 된 내력을 말하면서, 바울은 예루살렘에 가거나 사도들을 만나고 다니지 않았음을 유난히 강조합니다. 여기엔 어떤 의도가 숨어 있습니까? 갈라디아교회들의 갈등의 배후에 바울의 위상, 곧 예루살렘교회 지도자들과 바울의 관계 문제가 얽혀 있었을 가능성이 크지만, 정확히 어떤 상황인지는 특정하기 어렵습니다. 당시 예루살렘교회는 교회 내에서 생각할 수 있는 최고의 인간적 권위에 해당합니다. 바울은 회심 당시부터 자신의 행보가 이런 인간적 권위와 무관한 것이라고 말합니다. 이방인의 사도라는 직분도 예루살렘에 의해서가 아니라 하나님의 부르심으로 주어진 것이며(1절), 자신이 선포하는 복음 역시 사람에게 받거나 배운 것이 아니라 예수 그리스도의 계시로 이루어졌다고 역설합니다(11~12절). 뿐만 아니라 바울의 신학적 논증 전체는 "하나님이냐 사람이냐" 하는 이분법적 논리에 이끌립니다. 생명을 주시는 하나님의 이야기인지, 그럴 능력이 없는 인간적 가치와 조건에 대한 이야기인지 여부가 복음의 진리를 판별하는 핵심이기 때문입니다.

먼저 사도가 된 사람들을 만나려고 예루살렘으로 올라가지도 않았습니다. 나는 곧바로 아라비아로 갔다가, 다마스쿠스로 되돌아갔습니다.

18 ○ 삼 년 뒤에 나는 게바를 만나려고 예루살렘으로 올라 갔습니다. 나는 그와 함께 보름 동안을 지냈습니다. 19 그러 나 나는 주님의 동생 야고보밖에는, 사도들 가운데 아무도 만 나지 않았습니다. 20 (내가 여러분에게 쓰는 이 말은, 하나 님 앞에 맹세코 거짓말이 아닙니다!) 21 그 뒤에 나는 시리아 와 길리기아 지방으로 갔습니다. 22 그래서 나는 유대 지방에 있는 그리스도의 교회들에게는 얼굴이 알려져 있지 않았습니 다. 23 그들은 다만 "전에 우리를 박해하던 그 사람이, 지금은 그가 전에 없애버리려고 하던 그 믿음을 전한다" 하는 소문을 들을 따름이었습니다. 24 그래서 그들은 나를 두고 하나님께 줄곧 영광을 돌렸습니다.

13절에서는 '하나님의 교회'라고 하더니 22절에서는 '그리스도의 교회'라고 부릅니 다. 둘은 같은 의미입니까? 이렇게 표현을 달리하는 이유는 무엇입니까? 같은 복음 이라도 강조점에 따라 하나님의 복음, 예수 그리스도의 복음, 혹은 '내(=바울)의 복 음'으로 다르게 불립니다(11절; 롬 2:16). 교회도 마찬가지입니다. 하나님의 백성이니 '하나님의 교회'이고, 그리스도 안에 있으니 '그리스도의 교회'입니다(롬 16:16). 위 치한 지역에 따라 '유대의 교회들'로 불릴 수도 있습니다. 본문처럼 '그리스도 안에 있는 유대의 교회들'로 부를 수도 있습니다(22절). 흥미로운 것은 이 편지의 수신자 들을 '교회들'(복수)로 부른다는 점입니다(2절). 교회로 번역되는 헬라어 '에클레시 아'는 온갖 '모임'을 가리킬 수 있는 평범한 단어입니다. 혼란스러운 군중도, 도시 의 민회도 이 단어로 지칭할 수 있습니다(행 19:32, 39). 당시 각 가정에서 신자들이 함께 모인 것도 '모임'이라 불렸는데, 그 '모임' 곧 '교회'가 우리에게는 매우 소중한 이름이 되었습니다. '함께 모이는' 일이 처음부터 중요했던 것입니다.

{ 제2장 }

예루살렘 회의

1 그다음에 십사 년이 지나서, 나는 바나바와 함께 디도를 데리고, 다시 예루살렘으로 올라갔습니다. 2 내가 거기에 올라간 것은 계시를 따른 것이었습니다. 나는 이방 사람들에게 전하는 복음을 그들에게 설명하고, 유명한 사람들에게는 따로 설명하였습니다. 그것은, 내가 달리고 있는 일이나 지금까지 달린 일이 헛되지 않게 하려고 한 것입니다. 3 나와 함께 있는 디도는 그리스 사람이지만, 할례를 강요받지 않았습니다. 4 몰래 들어온 거짓 신도들 때문에 할례를 강요받는 일이 있었던 것입니다. 그들은 우리를 노예로 만들고자 하여, 그리스도 예수 안에서 누리는 우리의 자유를 엿보려고 몰래 끼어든 자들입니다. 5 우리는 그들에게 잠시도 굴복하지 않았습니다. 그것

'유명한 사람들'(2절)은 누굴 가리킵니까? 이들은 베드로(게바), 요한, (예수님의 친동생) 야고보처럼, 당시 교회 내에서 '기둥과 같은' 사람들, 곧 권위 있는 지도자로 인정받던 사도들입니다(6, 9절). 예루살렘교회에 기반을 둔 이 사도들은 모두 처음부터 예수님의 제자들로 그분의 선교활동에 적극적으로 동참했으며, 또 예수님의 죽음과 부활을 몸소 목격한 '사도들'이거나 예수님과 깊은 관계에 있는 사람들이었습니다. 반면 바울은 '유대교에 있던' 시절 이들의 교회를 심하게 박해하다가(갈 1:13–14) 갑자기 하나님의 부르심을 받았고(갈 1:15–16), 이때부터 스스로 '이방인의 사도'로 자처했습니다. 그래서 그의 사도 직분에는 늘 자격 시비가 있었습니다. 반면 바울은 하나님께서 자신을 부르고 자신을 통해 일하신다는 사실을 강조하며, 인간적 권위의 중요성을 상대화합니다. 그들의 역할을 충분히 존중하지만(갈 1:18; 2:1–2, 7–10), 복음의 능력이 인간의 권위에 달린 것이 아니라는 점에서는 매우 단호한 입장을 보였습니다.

은 복음의 진리가 언제나 여러분과 함께 있게 하려고 한 것입니다. 6 그 유명하다는 사람들로부터 나는 아무런 제안도 받지 않았습니다. ─그들이 어떤 사람들이든지, 나에게는 아무 상관이 없습니다. 하나님께서는 사람을 겉모양으로 판단하지 않으십니다.─ 그 유명한 사람들은 나에게 아무런 제안을 하지 않았습니다. 7 도리어 그들은, 베드로가 할례 받은 사람에게 복음을 전하는 일을 맡은 것과 같이, 내가 할례 받지 않은 사람에게 복음을 전하는 일을 맡은 것을 알게 되었습니다. 8 그들은, 베드로에게는 할례 받은 사람에게 복음을 전하게 하시려고 사도직을 주신 분이, 나에게는 할례 받지 않은 사람에게 복음을 전하게 하시려고 사도직을 주셨다는 사실을 깨달았습니다. 9 그래서 기둥으로 인정받는 야고보와 게바와 요한은, 하나님이 나에게 주신 은혜를 인정하고, 나와 바나바에게 오른손을 내밀어서, 친교의 악수를 하였습니다. 그렇게 하여, 우리는 이방 사람에게로 가고, 그들은 할례 받은 사람에게로 가기

할례란 무엇입니까? 할례를 둘러싸고 바울과 '몰래 들어온 거짓 신도들'(4절) 사이에는 어떤 입장 차이가 있었습니까? 할례(포경수술)는 유대인이 되는 의식입니다. '할례'가 아예 유대인이라는 뜻으로 쓰이기도 합니다(우리말 성경은 대개 '할례자'로 번역). 처음 교회는 유대인들만의 공동체였지만, 금방 비유대인들도 예수님을 믿고 신자가 되기 시작합니다. 이때부터 교회에는 "누가 하나님의 백성인가?" 하는 물음, 곧 비유대인(무할례자) 신자들의 위상 문제를 둘러싸고 심각한 논쟁과 갈등이 생겼습니다. 예수님에 대한 믿음과 성령의 선물이 주어졌으니 이제 유대인 신분은 무의미하다고 본 '진보' 진영과 (구약)성경을 따라 지금도 할례를 받아야 한다고 주장하는 '보수' 진영 간의 갈등입니다. 교회는 베드로와 야고보 등의 주도 아래 '진보'적 입장을 받아들였습니다(행 15장). 하지만 이에 동조하지 않은 이들도 많았습니다. 바울은 외적 정체성을 고집하면서 할례를 강요하는 이들이 믿음과 사랑으로 집약되는 복음의 진리를 훼손한다고 보았고, 그 점에서 그들을 '거짓 신도들'이라 부릅니다.

로 하였습니다. 10 다만, 그들이 우리에게 바란 것은 가난한 사람을 기억해달라고 한 것인데, 그것은 바로 내가 마음을 다하여 해오던 일이었습니다.

안디옥에서 바울이 게바를 나무라다

11 ○ 그런데 게바가 안디옥에 왔을 때에 잘못한 일이 있어서, 나는 얼굴을 마주 보고 그를 나무랐습니다. 12 그것은 게바가, 야고보에게서 몇몇 사람이 오기 전에는 이방 사람들과 함께 음식을 먹다가, 그들이 오니, 할례 받은 사람들을 두려워하여 그 자리를 떠나 물러난 일입니다. 13 나머지 유대 사람들도 그와 함께 위선을 하였고, 마침내는 바나바까지도 그들의 위선에 끌려갔습니다. 14 나는 그들이 복음의 진리를 따라 똑바로 걷지 않는 것을 보고, 모든 사람 앞에서 게바에게 이렇게 말하

예루살렘에 모인 사도들이 이방인과 유대인을 나누어 맡기로(9절) 결정한 이유는 무엇입니까? 민족을 가리지 않고 복음을 전하는 게 더 합리적이지 않은가요? 어차피 모두가 모든 곳에 가서 선교할 수 없다면, 각자에게 어울리는 지역을 나누어 맡는 것이 현명한 전략입니다. 그렇다면 유대 지역에서 나고 자란 본토 유대 사도들은 유대인들 위주로, 디아스포라 출신으로 비유대인들과의 삶에 좀 더 익숙한 바울은 이방인들 위주로 선교하는 것이 자연스럽습니다. 언어 역시 중요한 고려 사항이었을 겁니다. 당시 교회의 유대인들 중에는 본토 팔레스타인 유대인의 일상어였던 아람어를 사용하는 '히브리파'도 있었고, 헬레니즘 시대의 공용어였던 헬라어(고대 그리스어)를 사용하는 '헬라파'도 있었기 때문입니다(행 6장). 또 바울 스스로가 이방인의 사도로 부르심을 받았다고 확신한 것도 그런 결정의 이유 가운데 하나입니다. 물론 이런 합의도 기계적인 구분은 아닙니다. 사실 베드로 역시 로마까지 갈 정도로 두루 선교를 했고, 바울 또한 선교하면서 유대인의 회당을 출발점으로 삼을 때가 많았습니다.

였습니다. "당신은 유대 사람인데도 유대 사람처럼 살지 않고 이방 사람처럼 살면서, 어찌하여 이방 사람더러 유대 사람이 되라고 강요합니까?"

믿음으로 의롭게 하여주심을 받다

15 ○ 우리는 본디 유대 사람이요, 이방인 출신의 죄인이 아닙니다. 16 그러나 사람이, 율법을 행하는 행위로 의롭게 되는 것이 아니라, 예수 그리스도를 믿는 믿음으로 의롭게 되는 것임을 알고, 우리도 그리스도 예수를 믿은 것입니다. 그것은, 우리가 율법을 행하는 행위로가 아니라, 그리스도를 믿는 믿음으로 의롭다고 하심을 받고자 했던 것입니다. 율법을 행하는 행위로는, 아무도 의롭게 될 수 없기 때문입니다. 17 우리가 그리스도 안에서 의롭다고 하심을 받으려고 하다가, 우리가

16-20절은 행위가 아니라 믿음과 은혜로 의로워진다고 설명합니다. 그럼 선하게 살려고 열심히 노력하고 애써야 할 이유가 있을까요? 믿기만 하면 되잖아요. 몇 가지 서로 다른 해석이 첨예하게 대립되는 구절입니다. 거의 모든 단어가 논쟁의 주제가 된다고 할 수 있습니다. 그러나 믿음과 은혜를 어떻게 이해하든, 결과적으로 순종의 중요성을 약화시킬 수는 없습니다. 성령에 이끌리는 삶의 열매 없이는 미래 구원에 이를 수 없다고 강력하게 경고하기 때문입니다(갈 5:19-21; 6:7-8). 따라서 구원의 방식으로서 '믿음'과 '은혜'는 우리의 행위를 대체하는 것이 아니라, 하나님 앞에서 무의미하거나 나쁜 행위들을 성령에 이끌리는 올바른 행위들로 바꾸는 것이라 할 수 있습니다. 갈라디아서에서 바울은 예수님의 십자가와 믿음을 시종일관 성령과 연결합니다(갈 3:1-5, 13-14; 4:1-7). 율법을 내세워 유대적 정체성을 고집하는 태도는 비판하지만, 율법의 도덕적 요구에 대한 순종을 비판한 경우는 없습니다(갈 5:13-14). 순종하지 않고 믿기만 하면 된다는 생각은 바울을 비롯한 신약성경 어디에서도 찾을 수 없는 이단적 발상입니다.

죄인으로 드러난다면, 그리스도는 우리로 하여금 죄를 짓게 하시는 분이라는 말입니까? 그럴 수 없습니다. 18 내가 헐어버린 것을 다시 세우면, 나는 나 스스로를 범법자로 만드는 것입니다. 19 나는 율법과의 관계에서는 율법으로 말미암아 죽어버렸습니다. 그것은 내가 하나님과의 관계 안에서 살려고 하는 것입니다. 20 나는 그리스도와 함께 십자가에 못 박혔습니다. 이제 살고 있는 것은 내가 아닙니다. 그리스도께서 내 안에서 살고 계십니다. 내가 지금 육신 안에서 살고 있는 삶은, 나를 사랑하셔서 나를 위하여 자기 몸을 내어주신 하나님의 아들을 믿는 믿음 안에서 살아가는 것입니다. 21 나는 하나님의 은혜를 헛되게 하지 않습니다. 의롭다고 하여주시는 것이 율법으로 되는 것이라면, 그리스도께서는 헛되이 죽으신 것이 됩니다.

{ 제3장 }

갈라디아 교인들에게 호소하다

1 어리석은 갈라디아 사람들이여, 예수 그리스도께서 십자가에 못 박히신 모습이 여러분의 눈앞에 선한데, 누가 여러분을 홀렸습니까? 2 나는 여러분에게서 이 한 가지만을 알고 싶습니다. 여러분은 율법을 행하는 행위로 성령을 받았습니까? 그렇지 않으면, 믿음의 소식을 들어서 성령을 받았습니까? 3 여러분은 그렇게도 어리석습니까? 성령으로 시작하였다가, 이제 와서는 육체로 끝마치려고 합니까? 4 여러분의 그 많은 체험은, 다 허사가 되었다는 말입니까? 참말로 허사였습니까? 5 하나님께서 여러분에게 성령을 주시고 여러분 가운데서 기적을 행하시는 것은 여러분이 율법을 행하기 때문입니까,

바울은 다그치듯 질문을 쏟아냅니다. 갈라디아의 크리스천들은 무슨 잘못을 저질렀습니까? 기독교 신앙을 버리기라도 했습니까? 사실 바울이 직접 신자들에게 던지는 대사는 대부분 그들의 어리석음을 따지는 질문입니다. 바울의 눈에 이들의 행태는 사실상 배교였습니다. 하나님을 버리고 다른 복음을 따르며(갈 1:6), 성령으로 시작했다가 육체로 끝내려 하고(갈 3:3), 잘 달리다가 누군가에게 막혀 '진리에 대한 순종'을 멈춰버렸습니다(갈 5:7). 표면상 바울의 비판은 할례, 곧 유대인이 되려는 시도를 겨냥합니다(갈 5:2-4). 날짜 준수도 그런 노력의 일부입니다(갈 4:10). 하지만 그것이 사태의 본질은 아닙니다. 할례나 무할례나 쓸데없기는 매한가지입니다(갈 5:6; 6:15). 그래서 바울은 율법의 이 무기력함을 문제 삼습니다(갈 3:2, 5, 21). 정작 문제는 이런 쓸데없는 관심에 휩쓸려 복음의 진리를 팽개치는 것입니다. 그리스도 안에서 새로운 존재로 사는 일, '사랑이라는 형태로 활동하는 믿음'의 삶에 실패하고 있다는 사실입니다(갈 5:6; 6:15-16). 서로 간의 경쟁적이고 적대적인 관계 방식은 이런 일탈의 현실을 적나라하게 드러냅니다(갈 5:15, 25).

아니면 믿음의 소식을 듣기 때문입니까? 그렇지 않으면, 여러분이 복음을 듣고 믿어서 그렇게 하신 것입니까? 6 그것은, "아브라함이 하나님을 믿으니, 하나님께서 그것을 의로운 일로 여겨주셨다"는 것과 같습니다.

7 ○ 그러므로 믿음에서 난 사람들이야말로 아브라함의 자손임을 여러분은 아십시오. 8 또 하나님께서 이방 사람을 믿음에 근거하여 의롭다고 여겨주신다는 것을 성경은 미리 알고서, 아브라함에게 "모든 민족이 너로 말미암아 복을 받을 것이다" 하는 기쁜 소식을 미리 전하였습니다. 9 그러므로 믿음에서 난 사람들은 믿음을 가진 아브라함과 함께 복을 받습니다. 10 율법의 행위에 근거하여 살려고 하는 사람은 누구나 다 저주 아래에 있습니다. 기록된바 "율법책에 기록된 모든 것을 계속하여 행하지 않는 사람은 다 저주 아래에 있다" 하였습니다. 11 하나님 앞에서는, 율법으로는 아무도 의롭게 되지 못한다는 것이 명백합니다. "의인은 믿음으로 살 것이다" 하였기 때문입

11절대로라면, 하나님은 심술궂은 폭군이 아닐까요? '아무도 의롭게 만들 수 없는' 법을 내려주고 지키라고 명령했으니 말입니다. 바울의 율법관은 매우 어려운 주제입니다. 바울은 하나님의 계명을 지키는 일의 중요성을 굳게 믿었습니다(고전 7:19). 또한 하나님의 계명을 지키는 이런 (도덕적) 순종을 할례 같은 유대인의 독특한 규정들과 명확히 구별합니다(갈 5:3; 6:13; 고전 7:19). 갈라디아의 상황을 고려하면, 11절은 '율법을 지킨다고 해서' 의롭게 되는 게 아니라는 말로 해석하기는 어렵습니다. 하나님나라의 상속을 보장하는 성령의 열매들은 율법이 가르치는 삶과 같습니다(갈 5:19~24). 그리스도를 향한 믿음은 사랑을 통해 작동하는데(갈 5:6), 이 사랑은 온 율법의 요약입니다(갈 5:14; 롬 13:8~10). 그래서 '율법으로' 안 된다는 말은 율법을 내세워 유대인이 된다고 해서 의롭게 되는 게 아니라는 의미일 가능성이 높습니다. 할례 등으로 확보되는 '육체'적 정체성은 무의미하며, 중요한 것은 그리스도 안에서 성령으로 새로운 존재가 되어 사는 것이기 때문입니다(갈 3:3; 5:16~26; 6:15~16). 바울은 그리스도 안에서 변화가 이루어진다고 말합니다.

니다. 12 그러나 율법은 믿음에서 생긴 것이 아닙니다. 오히려 "율법의 일을 행하는 사람은 그 일로 살 것이다" 하였습니다. 13 그리스도께서 우리를 위하여 저주를 받은 사람이 되심으로써, 우리를 율법의 저주에서 속량해주셨습니다. 기록된바 "나무에 달린 자는 모두 저주를 받은 자이다" 하였기 때문입니다. 14 그것은, 아브라함에게 내리신 복을 그리스도 예수 안에서 이방 사람에게 미치게 하시고, 우리로 하여금 믿음으로 말미암아 약속하신 성령을 받게 하시려는 것입니다.

율법과 약속

15 ○ 형제자매 여러분, 나는 사람의 관례를 예로 들어서 말하겠습니다. 어떤 사람이 적법하게 유언을 작성해놓으면, 아무도 그것을 무효로 하거나, 거기에다가 어떤 것을 덧붙일 수 없습니다. 16 그런데 하나님께서 아브라함과 그 후손에게 약속을 말씀하실 때에, 마치 여러 사람을 가리키는 것처럼 '후손들에

하나님은 '아브라함과 그 후손'에게(16절) 어떤 약속을 하셨습니까? 가나안 땅을 주겠다는 약속입니다. 물론 아브라함에게 아들이 없는 상황이라, 아들을 주어 큰 민족을 이룰 것이라는 약속도 더해집니다. 땅에 대한 약속은 이후 하나님을 향한 소망을 고백하는 중요한 언어로 정착됩니다. 그리고 이 땅은 포로기 이후 초기 유대교에서 종말론적 구원의 땅 개념으로 넓어집니다. 한 걸음 더 나가면 하나님나라에 대한 약속이 됩니다. 그래서 산상수훈에서 '땅의 상속'은 '하나님나라 소유'와 겹칩니다. 로마서에도 아브라함과 그 후손에게 "세상의 상속자가 될 것이라" 약속하신 것으로 나옵니다(롬 4:13). 기독교인들에게 이는 그리스도를 통해 도래할 종말론적 하나님나라, 곧 미래의 구원을 나타내는 표현입니다. 아브라함과 '그 후손에게' 주신 약속은 원조 아브라함의 후손이신 그리스도 안에서 함께 '아브라함의 후손'이 된 신자들에게로 확장됩니다(갈 3:28-29). 신자들이 그리스도와 공동 상속자인 것입니다(롬 8:17).

게'라고 말씀하시지 않고 단 한 사람을 가리키는 뜻으로 '너의 후손에게'라고 말씀하셨습니다. 그 한 사람은 곧 그리스도이십니다. 17 내가 말하려는 것은 이것입니다. 하나님께서 이미 맺으신 언약을, 사백삼십 년 뒤에 생긴 율법이 이를 무효로 하여 그 약속을 폐하지 못합니다. 18 그 유업이 율법에서 난 것이면, 그것은 절대로 약속에서 난 것이 아닙니다. 그러나 하나님께서는 약속을 통하여 아브라함에게 유업을 거저 주셨습니다.

19 ○ 그러면 율법의 용도는 무엇입니까? 율법은 약속을 받으신 그 후손이 오실 때까지 범죄들 때문에 덧붙여주신 것입니다. 그것은 천사들을 통하여, 한 중개자의 손으로 제정되었습니다. 20 그런데 그 중개자는 한쪽에만 속한 것이 아닙니다. 그러나 하나님은 한 분이십니다.

종과 아들

21 ○ 그렇다면 율법은 [하나님의] 약속과는 반대되는 것입니까? 그렇지 않습니다. 그 중개자가 준 율법이 생명을 줄 수 있는 것이었다면, 의롭게 됨은 분명히 율법에서 생겼을 것입니

24절은 율법을 '개인교사'에 빗댑니다. 개인교사는 대체 무얼 가르치는 선생입니까? 헬라어로 '파이다고고스'인데, 어원은 '아이를 인도하는 사람'을 의미합니다. 고대 그리스에서 개인교사는 주인의 자녀의 등굣길을 안전하게 지키기도 하고, 때로 집에서 자녀를 가르치는 가정교사 노릇도 했습니다. 물론 아이 입장에서는 아버지의 명령을 받아 자신의 자유를 제약하는 감시자의 역할이 크게 느껴졌을 것입니다. 22-23절에 분명히 나오는 것처럼, 바울은 율법을 '개인교사'에 비유하면서 바로 이런 '감시'와 '속박'의 부정적 역할에 초점을 맞춥니다. '율법 아래' 매였다(23절)는 것은 실제로 "죄 아래 갇혔다"(22절)는 뜻입니다. 율법에는 우리를 순종으로 이끌

다. 22 그러나 성경은 모든 것이 죄 아래에 갇혔다고 말합니다. 그것은 약속하신 것을, 예수 그리스도를 믿는 믿음에 근거하여, 믿는 사람들에게 주시려고 한 것입니다.

23 ○ 믿음이 오기 전에는, 우리는 율법의 감시를 받으면서, 장차 올 믿음이 나타날 때까지 갇혀 있었습니다. 24 그래서 율법은, 그리스도께서 오실 때까지, 우리에게 개인교사 역할을 하였습니다. 그것은, 우리로 하여금 믿음으로 의롭다고 하심을 받게 하시려고 한 것입니다. 25 그런데 그 믿음이 이미 왔으므로, 우리가 이제는 개인교사 아래에 있지 않습니다.

26 ○ 여러분은 모두 그 믿음으로 말미암아 그리스도 예수 안에서 하나님의 자녀들입니다. 27 여러분은 모두 세례를 받아 그리스도와 하나가 되고, 그리스도를 옷으로 입은 사람들이기 때문입니다. 28 유대 사람도 그리스 사람도 없으며, 종도 자유인도 없으며, 남자와 여자가 없습니다. 여러분 모두가 그리스도 예수 안에서 하나이기 때문입니다. 29 여러분이 그리스도께 속한 사람이면, 여러분은 아브라함의 후손이요, 약속을 따라 정해진 상속자들입니다.

생명의 능력이 없고(21절), 하나님의 율법의 권위로 우리를 정죄할 뿐입니다. 그리스도는 이 율법을 통한 죄의 지배를 종식시킵니다. 이처럼 바울은 율법의 시대를 어두운 속박의 시대로 규정함으로써, 그리스도와 믿음의 도래를 통해 주어지는 해방과 새로운 생명의 '약속'을 대조합니다.

{ 제4장 }

1 내가 또 말합니다. 유업을 이을 사람은 모든 것의 주인이지만, 어릴 때에는 종과 다름이 없고, 2 아버지가 정해놓은 그때까지는 보호자와 관리인의 지배 아래에 있습니다. 3 이와 같이, 우리도 어릴 때에는, 세상의 유치한 교훈 아래에서 종노릇을 하였습니다. 4 그러나 기한이 찼을 때에, 하나님께서는 자기 아들을 보내셔서, 여자에게서 나게 하시고, 또한 율법 아래에 놓이게 하셨습니다. 5 그것은 율법 아래에 있는 사람들을 속량하시고, 우리로 하여금 자녀의 자격을 얻게 하시려는 것이었습니다. 6 그런데 여러분은 자녀이므로, 하나님께서 그 아들의 영을 우리의 마음에 보내주셔서 우리가 하나님을 "아빠, 아버지"라고 부를 수 있게 하셨습니다. 7 그러므로 여러분 각 사람은 이제 종이 아니라 자녀입니다. 자녀이면, 하나님께서 세워주신 상속자이기도 합니다.

가게 하나를 물려줄 때도 맞춤한 인물을 고르고 고르는 법입니다. 그런데 하나님은 보잘것없는 우리를 자녀로 삼아(6절) 그 나라를 물려준다고요? 그분이 뭐가 아쉬워서요? 은혜로운 사랑의 핵심은 조건이 없다는 것입니다. 그래서 은혜의 수혜자들은 한결같이 "왜 나에게?" 하는 물음을 던지게 됩니다. 바로 이 혁명적 은혜가 새로운 삶의 시작이자 돌파구가 됩니다. 우리의 삶은 대개 조건을 따라 움직입니다. 우리에게 중요한 가치를 따라 움직인다고 말할 수도 있습니다. 그리고 그 조건을 확보하기 위한 경쟁의 그물을 만들어냅니다. 그 조건과 가치의 바닥에는 남과의 경쟁에서 나를 인정받고 내 존재를 세우고자 하는 욕망이 작동합니다. 인간의 삶이 여실히 보여주듯, 이런 삶은 공정과 평화의 행복 대신 투쟁과 갈등의 불협화음을 만들어냅니다. 우리를 죽음으로 이끄는 생존 방식입니다. 이런 세상에 복음은 조건 없는 사랑의 모습으로 찾아옵니다. 그리고 그 사랑 안에서 우리는 비로소 새로운 삶의 비전을 발견합니다. 〈미녀와 야수〉에서처럼, 자격이 있어 사랑을 받는 게 아니라 사랑을 받아 비로소 사람다운 자격을 갖추는 이야기입니다.

바울이 갈라디아교회를 염려하다

8 ○ 그런데 전에는 여러분이 하나님을 알지 못해서, 본디 하나님이 아닌 것들에게 종노릇을 하였지만, 9 지금은, 여러분이 하나님을 알 뿐만 아니라, 하나님께서 여러분을 알아주셨습니다. 그런데 어찌하여 그 무력하고 천하고 유치한 교훈으로 되돌아가서, 또다시 그것들에게 종노릇하려고 합니까? 10 여러분이 날과 달과 계절과 해를 지키고 있으니, 11 내가 여러분을 위하여 수고한 것이 헛될까 염려됩니다.

12 ○ 형제자매 여러분, 내가 여러분과 같이 되었으니, 여러분도 나와 같이 되기를 바랍니다. 여러분이 내게 해를 입힌 일은 없습니다. 13 그리고 여러분이 아시는 바와 같이, 내가 여러분에게 처음으로 복음을 전하게 된 것은, 내 육체가 병든 것이 그 계기가 되었습니다. 14 그리고 내 몸에는 여러분에게 시험이 될 만한 것이 있는데도, 여러분은 나를 멸시하지도 않고,

갈라디아의 크리스천들이 지켰던 '날과 달과 계절과 해'(10절)는 무얼 가리키는 말입니까? 날짜 준수는 할례와 더불어 갈라디아 신자들이 실제로 보여준 행동입니다. 할례는 유대인이 되는 의식입니다. 원래 유대인이 하나님의 택한 백성인 만큼, 예수님을 믿어도 유대인이 되어야 한다고 주장한 이들이 많았습니다. 날짜 준수도 유대인이 되려는 노력의 일부입니다. 큰 명절들도 있지만, 가장 중요한 것은 안식일이었습니다. 할례와 함께 안식일 준수는 유대인의 신분을 표현하는 가장 중요한 방식 중 하나였습니다. 그러나 부활하신 주를 만난 뒤 바울은 이런 외면적 정체성의 무의미함을 절감했습니다(빌 3:4-12). 중요한 것은 그리스도를 통해 주시는 생명입니다. 갈라디아서는 이를 '성령'으로 표현합니다. 사람들 사이에서나 통하는 외적 정체성이 아니라, 성령의 이끌림 속에서 사랑의 삶을 살아가는 것이 구원에 이르는 참된 길임을 발견한 것입니다. 옛 욕망에 이끌리는 파괴적 삶을 버리고, 성령에 이끌리는 창조적 삶을 살아가라는 주문입니다(갈 5:16-26).

외면하지도 않았습니다. 여러분은 나를 하나님의 천사와 같이, 그리스도 예수와 같이 영접해주었습니다. 15 그런데 여러분의 그 감격이 지금은 어디에 있습니까? 나는 여러분에게 증언합니다. 여러분은 할 수만 있었다면, 여러분의 눈이라도 빼어서 내게 주었을 것입니다. 16 그런데 내가 여러분에게 진실을 말하기 때문에 여러분의 원수가 되었습니까? 17 위에서 내가 말한 사람들이 여러분에게 열심을 내는 것은 좋은 뜻으로 하는 것이 아니라, 여러분을 내게서 떼어놓아서, 여러분으로 하여금 자기네들을 열심히 따르게 하려고 하는 것입니다. 18 그런데 그들이 좋은 뜻으로 여러분에게 열심을 낸다면, 그것은, 내가 여러분과 함께 있을 때뿐만 아니라, 언제든지 좋은 일입니다. 19 나의 자녀 여러분, 나는 여러분 속에 그리스도의 형상이 이루어지기까지 다시 해산의 고통을 겪습니다. 20 이제라도 내가 여러분을 만나 어조를 부드럽게 바꾸어서 말할 수 있으면 좋겠습니다. 나는 여러분의 일을 어떻게 하면 좋을

"그리스도의 형상이 이루어진다"(19절)는 건 무슨 말입니까? 그리스도의 복음을 듣고 믿는 게 전부가 아니란 뜻인가요? 문자적으로 "그리스도께서 모양을 갖춘다"는 의미입니다. 사실 출산이라는 바울의 그림 언어는 매우 놀랍습니다. 이 본문에서 바울이 출산의 고통을 겪으며 낳는 대상은 갈라디아 신자들의 공동체입니다. 그런데 여기에 또 하나의 그림이 겹칩니다. 바로 '그리스도께서 모양을 갖추는' 이야기, 곧 바울이 갈라디아의 신자들을 대상으로 출산의 고통을 겪으며 그들의 공동체에 그리스도를 출산하는 그림입니다. 공동체 속에 그리스도께서 형체를 갖추고 드러난다는 말은 수많은 관중들이 멋진 그림이나 문구를 만들어내는 카드 섹션을 생각나게 합니다. 물론 이는 신자들이 그리스도의 생김새를 닮아간다는 말과 다르지 않습니다(롬 8:29; 고후 3:13). 이는 성령의 열매와 같은 삶, 특히 사랑의 삶으로 집약됩니다. 이것이 우리를 미래 구원에 이르게 하는 삶이며(갈 5:5, 21; 6:7-8), 그리스도는 이런 삶을 위해 자신을 내어주셨습니다(갈 5:1, 13).

지 당황하고 있습니다.

하갈과 사라

21 ㅇ 율법 아래에 있기를 바라는 사람들이여, 나에게 말해보십시오. 여러분은 율법이 말하는 것을 듣지 못합니까? 22 아브라함에게 두 아들이 있었는데, 한 사람은 여종에게서 태어나고 한 사람은 종이 아닌 본처에게서 태어났다고 기록되어 있습니다. 23 여종에게서 난 아들은 육신을 따라 태어나고, 본처에게서 난 아들은 약속을 따라 태어났습니다. 24 이것은 비유로 표현한 것입니다. 그 두 여자는 두 가지 언약을 가리킵니다. 한 사람은 시내산에서 나서 종이 될 사람을 낳은 하갈입니다. 25 '하갈'이라 하는 것은 아라비아에 있는 시내산을 뜻하는데, 지금의 예루살렘에 해당합니다. 지금의 예루살렘은 그 주민과 함께 종노릇을 하고 있습니다. 26 그러나 하늘

바울은 '지금의 예루살렘'과 '하늘의 예루살렘'을 말합니다(25-26절). '약속'은 오직 후자와만 관련이 있습니까? 지금 이 세상에선 '박해'를 받으며(29절) 살 수밖에 없습니까? 바울은 현재의 시간을 '박해'의 시간으로 규정하면서, 장차 우리가 누릴 구원의 영광과 대조합니다(롬 8:17-18; 고후 4:17-18). 현재가 그리스도의 고난에 함께 참여하는 삶이라면, 그 결과로 주어지는 미래는 그리스도의 부활에 참여하는 삶입니다(빌 3:10-12). 우리가 고대하는 궁극적 구원은 마지막 심판 때 하나님의 진노로부터 건짐받는 것입니다(살전 1:10; 롬 5:9-10). 따라서 이 구원의 '약속'은 미래일 수밖에 없습니다. 하지만 그리스도 안에서 주어진 미래의 소망은 오늘의 의미를 근본적으로 바꿉니다. 추구하는 가치가 바뀌고, 작용하는 욕망이 달라집니다. 신자들의 '고난'과 '박해'는 상당 부분 이런 달라짐과 관련됩니다. 하지만 우리는 이 고난을 절망의 절규가 아닌 소망의 자랑스러움으로 받아들입니다(롬 5:2-4). 그리스도 안에서 하나님의 사랑을 발견했기 때문이고, 이 사랑 안에서 우리의 미래가 확실함을 알기 때문입니다(롬 5:5-11; 8:31-39).

에 있는 예루살렘은 종이 아닌 여자이며, 우리의 어머니입니다. 27 성경에 기록하기를, "아이를 낳지 못하는 여자여, 즐거워하여라. 해산의 고통을 모르는 여자여, 소리를 높여서 외쳐라. 홀로 사는 여자의 자녀가 남편을 둔 여자의 자녀보다 더 많을 것이다" 하였습니다. 28 형제자매 여러분, 여러분은 이삭과 같이 약속의 자녀들입니다. 29 그러나 그때에 육신을 따라 난 사람이 성령을 따라 난 사람을 박해한 것과 같이, 지금도 그러합니다. 30 그런데 성경은 무엇이라고 말합니까. "여종과 그 아들을 내쫓아라. 여종의 아들은 절대로, 종이 아닌 본처의 아들과 함께 유업을 받지 못할 것이다" 하였습니다. 31 그러므로 형제자매 여러분, 우리는 여종의 자녀가 아니라, 자유를 가진 여자의 자녀입니다.

{ 제5장 }

1 그리스도께서 우리를 해방시켜주셔서, 자유를 누리게 하셨습니다. 그러므로 굳게 서서, 다시는 종살이의 멍에를 메지 마십시오.

그리스도인의 자유

2 ○ 나 바울이 여러분에게 말합니다. 여러분이 할례를 받으면, 그리스도는 여러분에게 아무런 유익이 없습니다. 3 내가 할례를 받는 모든 사람에게 다시 증언합니다. 그런 사람은 율법 전체를 이행해야 할 의무를 지닙니다. 4 율법으로 의롭게 되려고 하는 사람은 그리스도에게서 끊어지고, 은혜에서 떨어져나간 사람입니다. 5 그러나 우리는 성령을 힘입어서, 믿음으로 의롭다고 하심을 받을 소망을 간절히 기다리고 있습니

그리스도가 자유를 누리게 했고(1절), 할례 자체가 문제가 되는 게 아니라면(6절) 바울은 왜 이렇게 한사코 할례를 막으려 드는 걸까요? 할례는 받아도 그만, 안 받아도 그만입니다(갈 5:6; 6:15; 고전 7:19). 원칙적으로는 그렇습니다. 할례가 믿음의 반대일 필요도 없습니다. 아브라함의 경우처럼 때론 할례가 믿음으로 의롭게 되었다는 사실을 확증하는 증거로 활용될 수도 있습니다(롬 4:11, '할례의 표시'). 갈라디아서에서 바울이 할례를 반대한 것은 할례 자체의 교리적 이유 때문이 아니라, 할례와 관련된 논쟁과 갈등이 교회를 혼란하게 만드는 단초가 되었기 때문입니다. 할례를 강요하는 일부 사람들 때문에 교회가 혼란스러워졌습니다. 이 혼란의 와중에 정작 중요한 신앙의 자태, 곧 성령에 이끌리며 믿음으로 사는 삶이 흔들립니다. 할례 논쟁 때문에 '믿음과 성령의 삶'이라는 복음의 진리가 훼손되는 상황입니다. 상황이 이렇다 보니 바울은 할례를 주장하는 이들을 향해 비판의 날을 세웁니다. 믿음과 사랑의 삶을 지키기 위한 상황적 조치에 해당하는 셈입니다.

다. 6 그리스도 예수 안에서는, 할례를 받거나 안 받는 것이 문제가 되는 것이 아닙니다. 가장 중요한 것은, 믿음이 사랑을 통하여 일하는 것입니다.

7 ○ 여러분은 지금까지 잘 달려왔습니다. 그런데 누가 여러분을 가로막아서, 진리를 따르지 못하게 하였습니까? 8 그런 꾐은 여러분을 부르신 분에게서 나온 것이 아닙니다. 9 적은 누룩이 반죽 전체를 부풀게 합니다. 10 나는 여러분이 다른 생각을 조금도 품지 않으리라는 것을 주님 안에서 확신합니다. 그러나 여러분을 교란시키는 사람은, 누구든지 심판을 받을 것입니다. 11 형제자매 여러분, 내가 아직도 할례를 전한다면, 어찌하여 아직도 박해를 받겠습니까? 그렇다면, 십자가의 거리낌은 없어졌을 것입니다. 12 할례를 가지고 여러분을 선동하는 사람들은, 차라리 자기의 그 지체를 잘라버리는 것이 좋겠습니다.

13 ○ 형제자매 여러분, 하나님께서는 여러분을 부르셔서, 자유

"믿음이 사랑을 통하여 일한다"(6절)는 게 무슨 뜻인지 모르겠습니다. 바울은 믿음의 가치를 강조하면서도 왜 '사랑을 통하여'라는 제한을 붙였을까요? 우리는 몸으로 살아갑니다. 하늘을 생각하지만 우리 발은 땅을 딛고 섭니다. 하나님을 섬기지만 우리 몸은 이웃과 함께합니다. 믿음은 우리의 제한된 삶을 둘러싼 더 큰 세계, 곧 하나님께서 통치하시는 세계를 향한 열림이지만, 그 열림의 구체적인 모습은 신앙의 가족과 세상의 이웃을 향한 몸짓으로 드러납니다. 하나님을 향한 우리의 수직적 믿음은 언제나 이웃을 향한 수평적 몸짓과 얽힙니다. 보이지 않는 하나님을 향한 믿음이 이웃을 향한 사랑의 형태로 가시화됩니다. 그래서 하나님을 향한 섬김은 늘 이웃을 위한 섬김입니다. 우리는 사랑이라는 육체노동을 피하기 위해 믿음이라는 추상적 언어로 도피하곤 하지만, 성경은 그것을 위선이라 정죄합니다. 이 땅에서 진솔한 믿음은 늘 사랑으로 드러납니다. 아직 보이지 않는 주님을 섬기는 방법은 지금 보이는 형제자매와 이웃들을 사랑하는 것입니다. 그래서 믿음은 사랑을 통해 활동합니다. 성령이 사랑의 열매를 맺는다는 말과 다르지 않습니다.

를 누리게 하셨습니다. 그러나 여러분은 그 자유를 육체의 욕망을 만족시키는 구실로 삼지 말고, 사랑으로 서로 섬기십시오. 14 모든 율법은 "네 이웃을 네 몸과 같이 사랑하여라" 하신 한마디 말씀 속에 다 들어 있습니다. 15 그런데 여러분이 서로 물어뜯고 잡아먹고 하면, 피차 멸망하고 말 터이니, 조심하십시오.

육체의 행실과 성령의 열매

16 ○ 내가 또 말합니다. 여러분은 성령께서 인도하여주시는 대로 살아가십시오. 그러면 육체의 욕망을 채우려 하지 않을 것입니다. 17 육체의 욕망은 성령을 거스르고, 성령이 바라시는 것은 육체를 거스릅니다. 이 둘이 서로 적대관계에 있으므로, 여러분은 자기가 원하는 일을 할 수 없게 됩니다. 18 그런데 여러분이, 성령의 인도하심을 따라 살아가면, 율법 아래에

성령이 인도하는 대로 살려면(16절) 어떻게 해야 합니까? 성령이 귀에 대고 이리저리 살라고 이야기해주는 것도 아니지 않습니까? 원론적으로 성령은 구체적 지침 제공자는 아닙니다. 사실 올바른 삶의 길은 이미 분명합니다. 하나님의 선한 율법도 있고, 사회의 도덕규범도 그렇습니다. 문제는 우리의 죄요, 죄의 도구인 욕망입니다. 죄는 하나님의 뜻(율법)을 아예 무시하거나 교묘히 왜곡하면서 우리의 욕망을 구현하려 합니다. 하지만 십자가에 달리신 예수 그리스도와의 만남은 우리의 욕망을 고스란히 드러내며, 그런 삶의 위험과 궁극적 허망함을 깨우칩니다. 그래서 예수 그리스도와의 만남은 우리 자신을, 우리의 욕망을 십자가에 못 박는 사건이기도 합니다(24절). 욕망에 이끌린 삶의 실상을 깨닫고, 하나님께서 보여주신 새로운 삶을 살겠다는 돌이킴이자 결단입니다. 이는 '어떻게?'의 문제 이전에, 나의 의지적 선택과 결단의 문제입니다. 옛 생활 방식을 포기하고 새로운 삶을 살겠다는 고백이자 선언입니다. 간혹 구체적인 지시가 필요할 때도 있겠지만, 바울이 말하는 성령의 이끄심은 상황적 '점괘'가 아니라 내 욕망을 포기하고 하나님을 생각하는 새로운 의지의 문제입니다.

있는 것이 아닙니다. 19 육체의 행실은 환히 드러난 것들입니다. 곧 음행과 더러움과 방탕과 20 우상숭배와 마술과 원수 맺음과 다툼과 시기와 분냄과 분쟁과 분열과 파당과 21 질투와 술 취함과 흥청망청 먹고 마시는 놀음과, 그와 같은 것들입니다. 내가 전에도 여러분에게 경고하였지만, 이제 또다시 경고합니다. 이런 짓을 하는 사람들은 하나님의 나라를 상속받지 못할 것입니다.

22 ○ 그러나 성령의 열매는 사랑과 기쁨과 화평과 인내와 친절과 선함과 신실과 23 온유와 절제입니다. 이런 것들을 막을 법이 없습니다. 24 그리스도 예수께 속한 사람은 정욕과 욕망과 함께 자기의 육체를 십자가에 못 박았습니다. 25 우리가 성령으로 삶을 얻었으니, 우리는 성령이 인도해주심을 따라 살아갑시다. 26 우리는 잘난 체하거나 서로 노엽게 하거나 질투하거나 하지 않도록 합시다.

'다툼과 시기와 분냄'까지 하나님나라를 상속받지 못하는 죄가 된다면(20절), 온 세상을 통틀어 그 나라에 들어갈 이가 도대체 몇이나 되겠습니까? 바울은 이런 목록을 자주 작성합니다. 하나님나라 상속을 막는 것들이니 더없이 심각한 잘못들입니다. 문제는 우리가 이런 짓을 잘한다는 것입니다. 늘 다투고 화내고 시샘하는 우리에게는 하나님나라의 합격 커트라인이 너무 높아 보입니다. 바울도 우리의 현실을 잘 압니다. 그런데도 이런 경고를 자주 반복합니다. 우리가 자주 한다고 해서 그런 행실이 허용되는 건 아닙니다. 세상은 이를 '관행'이라 부르며 심리적으로 사회적으로 정당화하겠지만, 이런 행태들은 여전히 삶을 파괴하는 죽음의 증상들입니다. 바울은 그 점을 분명히 합니다. 물론 현실 속의 우리는 죄의 욕망과 싸우며, 때론 이기고 때론 집니다. 하지만 지더라도 포기하고 욕망의 하수인이 되지는 않습니다. 곧 이런 악행이 우리 삶의 '방식'이 되도록 놔두지는 않습니다. 그래서 이 목록은 우리 삶의 방향 혹은 방식을 그려 보여줍니다. "한 번 실수면 땡!"이라는 의미가 아니라, 이런 악행들이 우리 삶의 방식이 된다면 아무 희망이 없다는 뜻입니다.

{ 제6장 }

서로 짐을 져줍시다

1 형제자매 여러분, 어떤 사람이 어떤 죄에 빠진 일이 드러나면, 성령의 인도하심을 따라 사는 사람인 여러분은 온유한 마음으로 그런 사람을 바로잡아주고, 자기 스스로를 살펴서, 유혹에 빠지지 않도록 조심하십시오. 2 여러분은 서로 남의 짐을 져주십시오. 그렇게 하면 여러분이 그리스도의 법을 성취하실 것입니다. 3 어떤 사람이 아무것도 아니면서 무엇이 된 것처럼 생각하면, 그는 자기를 속이는 것입니다. 4 각 사람은 자기 일을 살펴보십시오. 그러면 자기에게는 자랑거리가 있더라도, 남에게까지 자랑할 것은 없을 것입니다. 5 사람은 각각 자기 몫의 짐을 져야 합니다. 6 말씀을 배우는 사람은 가르치는 사람과 모든 좋은 것을 함께 나누어야 합니다. 7 자기를 속이지 마십시

2절은 서로 짐을 져주라고 하고, 5절은 각자 자기 짐을 지라고 합니다. 도대체 어떻게 하라는 건지 모르겠습니다. 2절은 오늘의 삶을 위한 실천적 '권고'입니다. 우리는 다양한 상황 속에서 강자이기도 하고 약자이기도 합니다. 몸은 건강하지만 마음이 약한 사람도 있고, 돈은 많지만 다른 면에서 모자란 게 많은 사람도 있습니다. 우리가 함께 가려면 이런 약점을 서로 메워줘야 합니다. 남편이 시각장애인 아내의 눈이 되어주고, 아내가 하반신 불구 남편의 발이 되어주는 것과 같습니다. "사랑으로 서로 종노릇하라"는 권고와 같습니다(갈 5:13). 바울은 이것이 '그리스도의 (율)법' 곧 우리 삶의 근본적 원리라 말합니다. 반면 5절은 심판을 염두에 둔 미래적 경고입니다. 짐을 "지라"는 명령이 아니라 "질 것이라"는 미래형 사실 진술입니다. 심판은 대리시험이 없습니다. 각자 자신의 삶을 토대로 심판을 받습니다. 그런 의미에서 우리는 모두 "자신의 짐을 질" 것입니다. 남에게 기댈 수도 없고, 비교와 경쟁에 토대한 자랑도 무의미합니다. 하나님께서 원하시는 삶의 열매들만이 중요할 뿐입니다(7-8절).

오. 하나님은 조롱을 받으실 분이 아니십니다. 사람은 무엇을 심든지, 심은 대로 거둘 것입니다. 8 자기 육체에다 심는 사람은 육체에서 썩을 것을 거두고, 성령에다 심는 사람은 성령에게서 영생을 거둘 것입니다. 9 선한 일을 하다가, 낙심하지 맙시다. 지쳐서 넘어지지 아니하면, 때가 이를 때에 거두게 될 것입니다. 10 그러므로 기회가 있는 동안에, 모든 사람에게 선한 일을 합시다. 특히 믿음의 식구들에게는 더욱 그렇게 합시다.

마지막으로 하는 경고와 축복

11 ○ 보십시오, 내가 여러분에게 직접 이렇게 큰 글자로 적습니다. 12 육체의 겉모양을 꾸미기를 좋아하는 사람은, 여러분에게 할례를 받으라고 강요합니다. 그것은 그들이 그리스도의 십자가 때문에 받는 박해를 면하고자 하는 것입니다. 13 할례를 받는 사람들 스스로도 율법을 지키지 않으면서 여러분에게 할례를 받게 하려는 것은, 여러분의 육체를 이용하여 자랑하려는 것입니다. 14 그런데 내게는 우리 주 예수 그리스도의 십자가밖에는, 자랑할 것이 아무것도 없습니다. 그리스도로 말

바울이 몸에 지니고 다닌다는 '예수의 상처 자국'(17절)은 무얼 말합니까? 바울에게도 옆구리와 손발에 예수와 똑같은 상처가 있었습니까? 달리 설명이 없어 추측할 뿐입니다. '스티그마'(stigma)라는 단어로, '상흔'을 가리킵니다. 문자적으로 이해하면 바울이 이방인의 사도로 섬기며 갖게 된 육체의 상흔들을 가리킬 겁니다. 그가 자주 말한 대로, 바울은 유대 회당에서나 로마 관리들로부터 많은 체형을 당했습니다. 자칫 목숨을 잃을 수도 있는 심한 벌이었습니다. 당연히 바울의 몸에는 이런 상흔이 가득했을 것입니다. 그리고 이는 자신의 섬김과 열정을 말해주는 매우 인상적인 증거가 되었을 것입니다. 비유적으로 표현하자면, 조폭 두목이 어깨를 슬쩍 내

미암아, 내 쪽에서 보면 세상이 죽었고, 세상 쪽에서 보면 내가 죽었습니다. 15 할례를 받거나 안 받는 것이 중요한 것이 아니라, 새롭게 창조되는 것이 중요합니다. 16 이 표준을 따라 사는 사람들에게와 하나님의 백성 이스라엘에게 평화와 자비가 있기를 빕니다.

17 ○ 이제부터는 아무도 나를 괴롭히지 마십시오. 나는 내 몸에 예수의 상처 자국을 지고 다닙니다.

18 ○ 형제자매 여러분, 우리 주 예수 그리스도의 은혜가 여러분의 심령에 있기를 빕니다. 아멘.

려 무서운 문신을 보여주는 것과 비슷한 효과일 수 있습니다. "나 이런 사람이니 더 이상 까불지 말라"는 의도입니다. 만일 비유적 표현이라면 구체적인 의미는 알 수 없습니다. 다만 성도들이 몸가짐을 고칠 만큼 중요한 무언가였으리라 추측됩니다. 바울은 이것이 '예수의 상흔'이라 말합니다. 무엇이든, 주를 향한 섬김의 흔적입니다. 그런 자신을 더 이상 괴롭히지 말고, 복음의 진리를 회복하라는 호소입니다.

신약 한눈에 보기

마태복음서 마태가 기록한 예수님의 삶과 가르침. 세금 징수원으로 일하다 부름을 받고 제자가 된 마태는 예수님의 중요한 행적과 가르침들을 낱낱이 기록으로 남겼다. 메시아가 나타나 새로운 나라의 임금이 되어 옛 영화를 되찾아주길 간절히 기다리던 유대인들에게 예수님이 곧 그분이라고 소개한다. 메시아가 임금이 되어 다스리는 나라는 어떤 모습일까? 마태의 눈을 통해 함께 들여다보자.

마가복음서 마가가 정리한 예수님의 삶과 가르침. 예수님께서 부활해 하늘로 올라가신 이후에 제자가 된 마가는 직접 그리스도를 따라다녔던 여러 선배들의 증언을 바탕으로 그 활동과 메시지를 정리했다. 예수님은 하나님의 아들이라고 단언하면서 그토록 고귀한 이가 섬기는 종의 모습으로 세상에 왔다고 설명한다. 주로 유대인과 로마인들을 겨냥해 구원의 소식을 전한다.

누가복음서 누가가 적은 예수님의 삶과 가르침. 의사였던 누가는 마치 기자처럼 예수님의 말과 행동을 상세히 기록한다. 인간 예수의 뒤를 따라가며 각종 사건과 발언들을 받아 적었다. 탄생, 어린 시절, 세례, 갖가지 비유와 기적, 죽음과 부활, 승천에 이르기까지 예수님께서 이 땅에 오셨다가 뜻을 이루고 다시 하늘로 올라가신 과정 전체를 이 책 한 권만 가지고도 넉넉히 살필 수 있다.

요한복음서 예수님을 따라다니며 큰 사랑을 받았던 제자 요한이 기록한 복음서. 앞의 책들과 마찬가지로 굵직굵직한 사건들과 중요한 메시지들을 다루지만, 다소 신학적이고 깊이 있는 설명을 덧붙이기도 한다. 예수님은 곧 하나님임을 강조하고, 그러기에 죄를 용서하는 권세가 그분에게 있다고 단언한다. 요한의 안내를 따라가노라면 예수님의 정체, 예수님께서 말씀하신 구원의 속성을 정확히 알 수 있다.

사도행전 부활한 예수님께서는 하늘로 올라가시고 제자들은 덜렁 이 땅에 남았다. 줄곧 예수님을 따라다니며 온갖 기적을 목격하고 그 메시지를 두 귀로 또렷이 들었지만, 막상 스승이 십자가에 달리게 되자 줄행랑을 쳤던 이들이었다. 그런데 어느 순간, 그

오합지졸들이 변해 죽음도 무릅쓰는 용사들이 되었다. 이들에게 무슨 일이 있었던 걸까? 이들은 어떻게 예수님의 메시지를 온 세상에 퍼트렸을까? 교회는 어떻게 태어나고 성장했을까? 사도행전은 그 비밀을 알려준다.

로마서 로마의 그리스도인들에게 보낸 바울의 편지. 구원의 메시지는 사방팔방으로 무섭게 퍼져나갔고 그리스도인의 숫자는 점점 더 불어났지만, 그와 함께 정리해야 할 신학적인 문제도 많아졌다. 뛰어난 전도자이자 신학자였던 바울은 구원이란 무엇이며 무엇으로 구원을 받는지, 하나님의 은혜는 어떤 역할을 하는지, 의로운 생활의 의미와 가치는 무엇인지 명쾌하게 제시한다.

고린도전서 고린도의 그리스도인들에게 보낸 바울의 첫 번째 편지. 고린도는 오늘날 뉴욕에 견줄 만한 대도시로, 살림이 풍요롭고 문화가 방탕하기로 소문이 자자했다. 이런 분위기는 교회 안에도 스며들어 고린도의 그리스도인 공동체는 갖가지 성적인 문제와 분열로 몸살을 앓았다. 바울은 이런 병폐들을 지적하면서 신앙의 본질과 질서를 지키며 은혜와 사랑에 기대어 살기를 촉구한다.

고린도후서 고린도의 그리스도인들에게 보낸 바울의 두 번째 편지. 서신을 보내 꾸짖고 타이르며 격려한 덕에 고린도 교회의 형편은 한결 나아졌다. 하지만 여전히 바울의 지적을 불편하게 여기고 그 권위를 부정하는 지도자들도 있었다. 현지를 살피고 돌아온 제자들에게서 그 사연을 전해 들은 바울은 다시 편지를 보내 그들의 불평에 일일이 답하고, 마땅히 가야 할 길을 제시한다.

갈라디아서 갈라디아 지역의 교회에 보낸 바울의 편지. 일찍이 바울은 갈라디아 지방을 두루 다니며 그리스도의 메시지를 전했고, 수많은 사람들이 이를 받아들여 그리스도인이 되었다. 하지만 얼마 지나지 않아 거짓 선생들이 나타나 모세의 율법을 지키고 예식을 따라야 구원을 얻을 수 있다고 가르치는 바람에 큰 혼란이 일어났다. 정말 그럴까? 바울은 전혀 다른 답을 내놓는다.

에베소서 에베소의 그리스도인 공동체에 보낸 바울의 편지. 같은 복음을 듣고 교회를 이루었지만, 유대인과 이른바 이방인들 사이에는 미묘한 생각의 차이가 존재했다. 바울은 그리스도를 통해 이미 한 몸이 되었으므로 구별은 무의미하며, 교회는 사랑의 원리로 움직여야 한다고 설명한다. 아울러 그리스도인으로 이 세상을 살아갈 힘의 원천이 무엇이며 어떤 무장을 해야 하는지 가르친다.

빌립보서 바울이 유럽에 세운 첫 번째 공동체인 빌립보 교회에 보낸 편지. 옥에 갇힌 바울은 빌립보의 그리스도인들이 보낸 선물을 받고, 감사의 뜻과 아울러 격려를 아끼지 않는다. 그리스도를 본받아 겸손한 마음가짐으로 서로 사랑하고 세워주며 하나님의 의로움을 드러내라고 권하는 한편, 종착점에 이르기까지 달음박질을 멈추지 말라며 기운을 북돋운다.

골로새서 바울이 이단에 시달리고 있는 골로새 교회에 보낸 편지. 골로새의 그리스도인들은 유대교를 비롯한 동방의 다양한 종교들이 뒤섞인 특이한 사상의 영향을 받고 있었다. 바울은 이들에게 예수 그리스도는 어떤 분이며 어떤 일을 하셨는지, 그 안에서 산다는 게 무슨 의미인지, 그 생명을 품은 이로서 어떻게 세상을 살아야 할지 이야기한다.

데살로니가전서 바울이 데살로니가 교회에 보낸 첫 번째 편지. 데살로니가 교회는 세워진 지 얼마 되지 않아 아직 단단히 여물지 않은 상태였다. 밖으로는 심한 박해에 시달리고, 안으로는 재림을 둘러싼 의문이 깊었다. 이를 전해 들은 바울은 한편으론 식구들을 격려하고, 다른 한편으로는 예수님께서 어떤 모습으로 세상에 다시 오실지, 그때 살아 있는 또는 세상을 떠난 그리스도인들은 어떻게 그분과 함께하게 될지 설명한다.

데살로니가후서 바울이 데살로니가 교회에 보낸 두 번째 편지. 첫 번째 편지로는 하고 싶은 말을 다 하지 못했다고 생각했던 걸까? 바울은 다시 서신을 보내 주님이 틀림없이 다시 오셔서 세상을 심판하신다고 강조한다. 아울러 데살로니가의 그리스도인들을 위로하고 용기를 북돋우며, 낙심하지 말고 선한 일을 하라고 권한다.

디모데전서 바울이 '아들'이라고 부를 만큼 아끼고 신뢰하는 제자 디모데에게 보낸 첫 번째 편지. 에베소에서 그리스도인들을 돌보고 있는 디모데에게 바울은 거짓 선생들과 거짓 가르침을 경계하며 기도하고 예배에 힘쓰길 당부한다. 또 한편으로는 여러 교회의 직분을 열거하면서 어떤 자격을 갖춘 인물들이 그 자리를 맡아야 하는지 설명한다.

디모데후서 삶의 마지막 시기를 마주한 바울이 사랑하는 제자 디모데에게 보낸 두 번째 편지. 바울은 디모데를 향한 따듯한 마음을 솔직하게 표현하면서 어서 와 자신을 만나달라고 부탁한다. 그러면서도 스승다운 면모를 잃지 않은 바울은 타락한 세상을 살더라도 은혜로 굳세져서 고난을 달게 받으며 살림살이에 얽매이지 말고 말씀을 선포하라고 훈계한다.

디도서 바울이 자신을 통해 예수님을 믿고 교회의 지도자가 된 디도에게 보낸 편지. 바울은 크레타 섬에서 활동하고 있는 디도에게 하나님의 말씀에는 거짓이 없음을 강조하고, 어떤 인물들을 리더로 세워야 하는지 설명하면서 선한 말과 행동의 모범이 되길 당부한다.

빌레몬서 바울이 부유한 그리스도인 빌레몬에게 보낸 편지. 희한하게도 달아난 노예 오네시모를 관대하게 처분해달라는 부탁을 담고 있다. 로마법대로라면 마땅히 사형감 이지만 자비를 베풀라고 권한다. 노예의 빚을 자신이 갚아주겠다고 약속까지 한다. 목숨으로 갚아야 할 죄를 지은 죄인의 편에 서서 변호하며, 대신 짐을 지겠다는 바울의 모습. 어디서 많이 보던 장면이지 않은가?

히브리서 유대인 그리스도인들에게 예수님이야말로 구약성경이 줄곧 예언해온 바로 그 메시아이며 구원을 이루실 분임을 설명하는 편지. 서신의 형식을 띠고 있지만, 누가 누구에게 보낸 글인지를 두고는 의견이 분분하다. 제사장, 언약, 희생제물, 멜기세덱 등 등 유대인들에게 익숙한 개념을 동원해 구원의 진리를 설파하면서, 예수님을 신뢰하며 소망하라고 가르친다.

야고보서 예수님의 동생 야고보가 곳곳에 흩어져 살고 있는 유대인들을 염두에 두고 쓴 편지. 핍박과 시련 속에서 믿음을 가지고 인내하는 삶을 이야기한다. 말, 인간을 대하는 태도, 한결같은 마음가짐. 말씀에 따라 사는 그리스도인의 행동 양식에 관한 가르침이 상당 부분을 차지한다. 믿음과 행위가 구원과 어떻게 연결되는지에 관해서도 관심을 둔다.

베드로전서 예수님의 제자 베드로가 박해를 당하는 그리스도인들에게 보낸 첫 번째 편지. 교회가 막 세워져갈 무렵, 그리스도인이 된다는 건 엄청난 핍박과 시련을 감수해야 하는 모험이었다. 그럼에도 불구하고 예수님의 뒤를 따르기로 작정한 그리스도인들에게 베드로는 뜻밖의 위로와 격려를 전한다. 언젠가 고달픈 세월이 닥치겠지만, 하나님은 어김없이 약속을 지키는 분이므로 그분을 바라보고 불같은 시련을 견디라는 것이다. 심지어 고난을 영광스럽게 여기라고 권한다.

베드로후서 베드로가 같은 뜻으로 예수 그리스도를 따르는 동료 그리스도인들에게 보낸 두 번째 편지. 세상을 떠날 날이 멀지 않았음을 감지한 베드로는 예수의 복음이 얼마나 진실하고 확실한지 다시 한번 강조한다. 아울러 거짓 예언자와 교사들의 속임수에 넘어가지 말고, 반드시 다시 오신다는 그리스도의 약속을 바라보라고 가르친다.

요한1, 2, 3서 예수님의 제자 요한이 거짓 가르침들을 경고하고 대처하기 위해 교회에 보낸 편지들. 요한서는 하나님을 빛에 빗대면서 그 아들 예수님을 통해서만 빛 가운데 살아갈 수 있음을 분명히 한다. 사랑이야말로 빛의 자녀들의 증표라고 못 박고, 하나님께서 우리를 사랑하신 것처럼 서로 사랑하며 순종으로 그 사랑을 드러내 보이라고 명령한다. 요한2서는 속이려 드는 자들이 세상에 허다함을 지적하고, 그런 자들과는 단호하게 거리를 두라고 요구한다. 요한3서 역시 앞의 편지들과 맥락을 같이하면서 선한 것을 본받으라고 권면한다.

유다서 예수님의 형제 유다가 교회에 보낸 편지. 몰래 스며든 거짓 선생들이 그릇된 가르침을 퍼트리고 있음을 알게 된 유다는 곧바로 강력한 경계경보를 발령한다. 참 진리를 다시 한번 상기시키고 거짓말을 일삼는 교사들을 맹렬히 비난하면서, 믿음을 터로 삼으라고 주문한다.

요한계시록 장차 닥쳐올 세상과 관련한 하나님의 계시. 밧모 섬에서 귀양살이를 하 던 사도 요한은 어느 날 엄청난 환상을 보고 그 내용을 고스란히 글로 옮겼다. 사탄과 악이 하나님의 손에 완전히 소멸되고 새 하늘과 새 땅이 열리는 거대한 환상이었다. 창 세기에서 시작된 성경의 메시지는 마침내 종결되고, 승리의 노래가 울려 퍼진다. 독특 한 상징과 이미지로 숱한 예술작품의 모티브가 된 이 기묘한 책 속으로 조심스럽게 들 어가 보자.

Bible in Hand | 교양인을 위한 성경

Bible in Hand | 교양인을 위한 성경 시리즈는 성경 원문의 뜻을 우리말 어법에 맞게 정확하게 번역한 〈성경전서 새번역〉 본문과 해제로 구성되어 있다. 성경을 읽으면서 생기는 질문에 답을 주는 질문과 해제 부분의 경우, 구약은 김근주 교수(기독연구원 느헤미야), 신약은 권연경 교수(숭실대 기독교학과)가 성경을 읽어가는 재미와 정보의 길어내를 맡았다.

구약

세상의 모든 처음
창세기 | 248p | 11,000원

**영광의 탈출,
새로운 삶을 향하여**
출애굽기 | 212p | 11,000원

선택, 어느 편에 설 것인가?
여호수아기·사사기·룻기 | 278p
| 15,000원

**왕국의 출발,
왕의 조건을 묻다**
사무엘기(상·하) | 316p | 19,000원

**마음의 끝에서
부르는 새 노래**
시편 | 358p | 19,000원

지혜와 삶과 사랑
잠언·전도서·아가 | 192p | 8,500원

신약

어둠을 딛고 빛을 읽다
이사야서 | 278p | 15,000원

성취된 약속,
왕으로 온 메시아
마태복음서 | 188p | 10,000원

너희는
나를 누구라고 하느냐?
마가복음서 | 128p | 7,000원

검은 현실을 부수는
빛의 소리
요한복음서 | 156p | 8,000원

행진, 담대하게 거침없이
사도행전 | 176p | 8,500원

BIBLE in Hand 교양인을 위한 성경

벼랑 끝 인생에게 주는 생존방정식

신약 | 로마서 · 고린도전후서 · 갈라디아서

1쇄 발행일 2021년 8월 15일

펴낸이 최종훈
펴낸곳 봄이다 프로젝트
등록 2017-000003
주소 경기도 양평군 서종면 황순원로 414-58 (우편번호 12504)
전화 02-733-7223
이메일 hoon_bom@naver.com

책임편집 이나경 박준숙
디자인 designGo
표지 이미지 shutterstock
인쇄 SP

ISBN 979-11-971383-8-6
값 15,000원